高等学校人文素质教育系列教材

AN INTRODUCTION TO
HUMANISITIC CULTIVATION

人文素养概论

（第二版）

高长江　主编

ZHEJIANG UNIVERSITY PRESS
浙江大学出版社
·杭州·

图书在版编目（CIP）数据

人文素养概论／高长江主编. -- 2 版. -- 杭州：
浙江大学出版社，2025. 3(2025. 8 重印). -- ISBN 978
-7-308-25377-2

Ⅰ. G40-012

中国国家版本馆 CIP 数据核字第 202495X91C 号

人文素养概论

高长江　主编

责任编辑	柯华杰
文字编辑	赵　钰
责任校对	曾　熙
封面设计	周　灵
出版发行	浙江大学出版社
	（杭州市天目山路 148 号　邮政编码 310007）
	（网址：http://www. zjupress. com）
排　　版	杭州星云光电图文制作有限公司
印　　刷	杭州杭新印务有限公司
开　　本	787mm×1092mm　1/16
印　　张	13. 25
字　　数	266 千
版 印 次	2025 年 3 月第 2 版　2025 年 8 月第 2 次印刷
书　　号	ISBN 978-7-308-25377-2
定　　价	49. 00 元

总　序

高长江

在《科学与近代世界》一书中,哲学家怀特海在批评现代教育存在的弊端时曾这样写道:普通教育与专业教育的不平衡,过分注重知识的分析和求得公式化的材料,导致受教育者个性、价值观以及智慧的衰退,已成为现代教育的主要问题。怀特海当年所说的"普通教育",以现代教育哲学的范式解读,也就是我们所说的素质教育。所谓"素质",可以把它理解为人类在生物性存在基础上通过后天的环境塑造和知识与理性训练所获得的内在的、相对稳定的、长期发挥作用的身心特质及基本品格,包括感受与认知、分析与体验、共性与个性、情感与理性等。其智识层面的主要表征即哲学、艺术、伦理、审美、语言等修养。也正如怀特海所指出的,正是艺术、美学等人文素质教育,因其增加了受教育者"个性的深度",从而可形成其认知的敏感性和知识的创造力。可以认为,90多年前怀特海的这种教育理念,对于当代高等教育尤其是职业技术教育观念的变革仍具有十分重要的启示。

按照国家关于推动高等教育高质量发展的方针,我国职业教育的宗旨为"培养更多高素质技术技能人才、能工巧匠、大国工匠"。工匠精神作为职业素养的核心,是职场人安身立命的生命坐标,也是各个不同职业的共同信仰。它以精益求精的态度雕琢专业精度,用专注坚守的定力抵御浮躁诱惑,更以持续创新的追求突破固有边界。当工匠精神融入职业血脉,便如同北斗星指引航程。反之,若缺失这份精神内核,职业发展将沦为无舵之舟:粗制滥造的产品堆积如山却难获市场认可,敷衍塞责的工作态度滋生职业倦怠,急功近利的投机心理导致技术断层。这些既是经济损失,更是职业伦理的溃败。庄子"庖丁解牛"寓言揭示的"以神遇而不以目视"的境界,恰是当代职场人对抗异化的精神解药——唯有将工匠精神内化为价值信仰,方能在专业化深耕中实现自我超越,在创造社会价值的过程中完成人生意义的升华。

培养名副其实的"大国工匠",高等学校的人文素养教育尤其重要。因为"工匠精神"不只是一种知识与技术素养,更是一种职业道德,一种审美意识,类似于海德格尔眼中的老铁匠对"锤打的迷魅"、棺材部木匠因对死者深切关怀而精制棺木、农人把种子交给生产之力后精心守护种子发育这种职业恭敬。检视人类科技发展史上那些伟大的发现发明,正源于科学家和"大工匠"的职业信仰——对道德与美的追求。薛定谔如此说:如果科学世界被

1

剥夺了伦理学和美学价值,就好像孩子在没有颜色的图画模板上着色;彭加勒也毫不含糊:如果自然不美,它就不值得去探求,生命也不值得存在。正是对世界、生命的爱和审美感知,才建构了人的职业信仰,才使得匠者能够专注不苟、呕心沥血、精益求精,执着创新。就此意义而论,人文素养教育不仅是高等教育的底基,更是人类教育文化的终极使命。

正是基于对当代中国高等教育性质及其发展目标的这一认知,我们结合当前我国文旅融合发展,尤其是高等职业教育人文素质教育现状,启动了旅游类高职院校"人文素养教育工程"。"工程"以历史意识、科学思维、规范模式,从行政文化、知识文化、学术文化、校园文化四位一体的系统框架对人文素养教育的实施进行了统一规划。经过两年多的探索、反思、求证与教学实践检验,在相关学科领衔专家和学院的共同努力下,"高等学校人文素质教育"系列教材编写工作圆满结束,并陆续由浙江大学出版社出版。作为这套教材的主编和总设计,我感到十分欣慰。现借此机会向大家介绍一下这套教材。

这套教材的总体设计方针为:紧扣"人文素养"这一主题,知识结构锚定"中国服务之美"素养筑基;教学方式讲究理论与实践、讲授与自修、基本素质与专业技能相结合;根本目标朝向建设高起点、高标准、高质量、高效用的中国高校人文素养教育教材。作为公共基础课教材的《人文素养概论》和《旅游职业礼仪》,宗旨在于从内到外即从人文基础知识和人文形象塑造两个层面为大学生尤其是旅游职业人才基本人文素养进行筑基。《旅游哲学》和《旅游生活美学》则具体到文化与旅游项目规划、开发、建设的哲学思维和旅游生活服务的审美维度为知识传递的目的,将人类文化创造中的理性思辨和感性体验的最高知识成果——哲学和美学嵌入旅游文化建设的时间—空间(旅行过程和景观建构)系统之中,通过旅游时间—空间物理结构的人文编码,对未来中国文旅融合人才进行思辨能力和审美能力的模塑。可以说,就旅游教育学领域而言,前沿性与时代性是它们的鲜明特征。《艺术与人文修养》和《旅游与国学修养》则将知识视野由普遍性的高阶知性层次拉回到本土性、具象性的认知层面,在"中国传统智慧"与"人类艺术传统"两个不同知识层面扩展大学生的人文素养。将博大精深、充满人生智慧的国学文化和诗情画意、体现文化美学特色的现代艺术嵌进专业知识与职业教育,并未游离中国高校人才培养的"当下策略"和"产业战略"之外,而是引导受教育者重拾现代高等教育因"当下"和"产业"膨胀叙事所遮蔽的东西,把从业者从多少年来的技术迷恋中解放出来,从而将自己塑造成为拥有回忆和想象、过去的故事和尚待发掘的故事这样一种现代素养的"大国工匠"。

经过近三年的反复审读、斟酌和修改,我个人认为这套教材尽管还存在一些问题,如理论与实践的平衡性、知识的前沿性、科学性与学生接受便易性的有机结合等尚需进一步调整和完善,但总体而观基本接近"工程"设定的目标。我相信,经过教学实践的检验、编写者对教材的不断反思和修订,以及高等教育界,特别是中国文旅职业教育的信息反馈,它们将更加完善、更加科学,也更加适用。

目　录

第一章　人文素养导言

第一节　人类与人文

自进化人类学所说的智人在这颗行星上出现,其思想的光芒和行为的方式一定与人文精神有关,尽管那时的"人文精神"还未上升到今天哲学或人文科学理论上的"人文精神"的层次,但其基本的意识向度应该是人文性的,如寻找更为适宜的生命环境,开拓更为舒适的生存环境,创造更为美好的生活环境。用研究进化的人类学家的话来说,这就是"自由意志",或者说是"天性的善"。

太初有道,道即人文。

回顾人类精神发生史和远古文化史,当人类第一次抬起头,通过前额叶皮质感知这个陌生世界,当人类第一次有意识地展开自己的生活之日起,与人类这个物种朝夕相伴、对话交流的文化符号就是艺术与宗教。山洞里,篝火旁,狩猎中,器皿上……狂野的舞姿、纵情的歌唱等各种粗犷神秘的符号,不仅丰富了智人日常存在的意象,而且也使其生存世界得以秩序化,使存在与生活成为可能。如果说属人的意识为蛮荒时代的先民提供了生命管理的生物装置[①]的话,那么,神话、艺术则是人类生命管理的人文机制。正是因为生物与文化两种机制对人类生命的照料,人类这个物种才得以不断进化和发展。时至今日,尽管人类已经不再记得自己是在那些粗蛮的歌舞和神秘的图像陪伴下走过来的一个物种,但人类祖先的这种生命管理模式已经在后人的生命组织里刻下了痕迹:我们快乐时,需要艺术为我们助兴;我们悲愤时,需要文学为我们抚平伤痛;孤寂的夜晚,我们愿与神话依偎在一起,一个个神秘故事使漫漫长夜不再孤单;甚至当我们接近生命之终点,人生故事的叙述即将中

---

① 从神经生物学的意义上来说,人类的生命管理装置有基本的和高级的两种:前者是自然嵌套的生物适应行为,后者是文化建构的心智活动。

断,将要成为世界的一个模糊的记忆而为此哀伤时,人文文化也会厮守在我们身边,用她那轻柔哀婉的细语为我们轻轻歌唱,令我们在迷离恍惚的意境中心平气和地任生命的火花渐渐熄灭在永恒的恬静之中。

如果说人类学意义上的"人"的存在是建构在"文化"地基上的话,那么,人文文化就是这一文化的底座。"人并不是抽象地栖息在世界以外的东西,人就是人的世界。"①所谓人的世界,不仅是环境与社会,还包括文化,尤其是人文文化。它优化人类的生命管理,美化人类的生活世界,升华人类的人生境界。然而,对人类文化世界这位尊贵的女主人,人类灵魂的"守护神",很多人却知之甚少。"人文主义""人文精神""人文文化"等这些词已成为当代社会大众的日常语言和修辞美学。

因此,不仅仅是因为美感饥渴的满足,而且是因为人类能够雍容高贵地存在于地球上。回归人文世界就是回归人类的原始的精神家园。

 **知识延展**

从"人"谈起

孙正聿　李璐玮

在大学生辩论赛中,有过这样一个论题:"人类最大的敌人就是人类自己"。

这论题真有点禅宗"当头棒喝"的味道,令人震惊而又发人深省,不能不让人反躬自问:人类最难认识的是什么?人类最难控制的是什么?人类最难战胜的是什么?给人类造成最大危害的是什么?人类面对的最大难题是什么?

经过认真思考,首先我们就会承认,人类最难认识的正是人类本身。

古希腊哲学有一句脍炙人口的名言——"认识你自己"。20 多个世纪过去了,人类创建了灿烂辉煌的文明,然而人类对自己的认识又是如何呢? 在 20 世纪 50 年代,我国著名学者梁漱溟先生曾感慨万千地说:"科学发达至于今日,既穷极原子、电子种种之幽渺,复能以腾游天际,且即攀登星月,其有所认识于物,从而控制利用乎物者,不可谓无术矣。顾大地之上人祸方亟,竟自无术以弭之。是盖:以言主宰乎物,似若能之;以言人之自主于行止进退之间,殆未能也。"

古往今来,无数智慧的头脑在追问人的本质,探索人的本性,寻找人生的意义与价值;每个正常的普通人也总是以"像不像人""够不够人"乃至"是不是人"来反躬自问和评论他人。"不是人",这大概是最刻薄的骂人语言。然而,究竟什么是"人"?

---

① 马克思,恩格斯. 马克思恩格斯全集(第 1 卷)[M].中共中央马克思恩格斯列宁斯大林著作编译局,编译. 北京:人民出版社,2001:452.

《辞海》给"人"下的定义是:"能够制造工具并使用工具进行劳动的高等动物"。学过形式逻辑的人都知道,这是一个所谓"属加种差"的标准定义,即:人"属"动物,与其他动物的"种差"则在于"能够制造工具并使用工具进行劳动",因而是"高等动物"。显然,这个定义表述的是把"人类"与其他"动物"区别开来的"类特性"。在"类"的意义上,这个定义或许是无可非议的(迄今为止,似乎还没有更为恰当的关于"人类"的定义)。

然而,"人类"的特性是每个"类分子"所共有的,即使是那些仅仅"使用工具"而并不"制造工具"的"类分子",以至那些"丧失劳动能力"或"不劳而获"的"类分子",也不会因为不符合这个关于"人"的定义而被视作"非人"。人们扪心自问或指斥他人的"是不是人"的问题,似乎与关于"人类"的定义并无关系。"人"的问题另有深意。

"人"总得有"人性""人情""人格""人味"。"泯灭人性""没有人情""丧失人格""缺少人味",这大概才是所说的"不是人"。然而,人究竟有哪些"性"(性质、特性)?人到底有哪些"情"(情欲、情感)?怎样品评人的"格"(做人的资格)?何鉴别人的"味"(不是与禽兽为伍的感觉)?这大概已经是不大容易讲清楚的。

进一步说,人是"性本善",还是"性本恶",抑或"非善非恶"?人的"情欲"和"情感"该抑,该扬,或是任其自然?人的"品格"乃至"资格"是亘古不变的,因时而异的,还是"万变不离其宗的"?人的区别于禽兽的"味"是逐步"进化"的,还是不断"异化"的,抑或是没有变化的?这大概更是众说纷纭了。

再进一步,每个人的"性""情""格""味"总是在与他人的关系中比较鉴别出来的,因而又提出"人群""人伦""人道""人权"的问题。然而,人究竟何以为"群"?人到底怎样成"伦"?人之"道"何在?人之"权"何义?这恐怕更是"见仁见智"了。

如果不是抽象地谈论人之"性""情""格""味",而是具体地考虑到人的"历史性""民族性""时代性"等,"是不是人"的问题就会更加错综复杂,扑朔迷离了。

人类最难认识的是自己,因而人类最难控制的也是自己。

人类曾经是自然的奴隶。"征服自然""做大自然的主人",曾经一直是人类的理想和追求。近代以来,特别是20世纪中叶以来,这种理想在某种程度上变成了现实。然而,准备"跨世纪"的人类却面对着空前严峻的"全球问题":环境污染,生态失衡,人口爆炸,粮食短缺,资源枯竭,能源危机,地区战争不断,恐怖主义嚣张,享乐主义盛行……。于是:"治理环境污染""保护生态平衡""与大自然交朋友"之声不绝于耳;"缉拿毒品走私""惩治恐怖主义"之举遍及全球。然而,这些呼唤与"举措"是否能够解决日趋严峻的"全球问题"呢?

1992年,我国著名社会学家费孝通先生曾在《读书》杂志发表《孔林片思》一文,认为"全球问题"是人类能否"共存共荣"的问题,其中"共存"是"生态"问题,"共荣"则是"心态"问题,共存不一定共荣,所以"心态研究必然会跟着生态研究提到我们的日程上来"。

"心态"问题似乎难于"生态"问题。这是因为,"生态"问题本身属于"形下"问题,其是非曲直、善恶美丑大体可以给出或"是"或"否"的回答。比如,环境污染是否必须治理,奇珍动植物是否应该保护,人类自身生产是否需要控制,核战争是否必须制止,人们从自身的生存与发展出发,总有一个判断的根据和评价的尺度,因而也就有控制自身行为的准则。然而,人们却并不因此就按照"应该"的行为准则去解决包括"生态"问题在内的全球问题。其中的重要根源,就在于"生态"问题并非仅仅是采取哪些行动去治理环境污染和保护生态平衡的问题,而是无孔不入地渗入了制约人类全部行为的"心态"问题。

"心态"问题之难,难在它是"人"的问题,是"人心"的问题。中国有句成语叫作"人心难测"。这倒并非说人人各自"心怀鬼胎"。不过,人人总有"心照不宣"的"心想事成"甚至"痴心妄想",因而总是难以"以心比心""推心置腹""心心相印"。那"心有灵犀一点通"所"通"的也往往是"心照不宣"的"各揣心腹事"。倘若人们以这种"心态"去对待"生态"问题,就会以局部利益牺牲整体利益,以暂时利益牺牲长远利益,甚至以一己私利牺牲人类利益。因此,"心态"问题之难,首先是难在它包含着遮蔽"良知"的利益冲突问题。

"心态"问题之难,又难在它不是"生态"的"形下"问题,而是牵涉着混沌"良知"的"形上"问题。所谓"形上"问题,总是人类实践、人类生活和人类历史中的"二律背反"的问题,因而使人感到困惑难解和深不可测。比如在知识界中热了又热的文化问题。人类的历史本是"文化"或"人化"的过程,即把"自然的世界"变成"属人的世界"的过程。而"文化"或"人化"就是"人为"即"伪"的过程,也就是愈来愈远离"自然状态"的过程。在这个过程中,既有马克思所说的人在"神圣形象"中的"自我异化",也有马克思所说的人在"非神圣形象"中的"自我异化"。盛行于当代的所谓"后现代主义",就把"科学技术""意识形态""主人话语""权力隐含""基础主义""中心主义"等统统指斥为当代人"自我异化"的"非神圣形象"。因此,当代人极力探讨"文化"的正、负效应问题。可这"文化"的正、负效应又总是"剪不断,理还乱"。只从"负"效应去看,那就只好是什么也别做;只从"正"效应去看,那"负"效应又无可逃避地危及人的生存与发展。这正如一首歌里所说,人们总是"得不到想要的,又推不掉不想要的"。然而,人们又总是费尽心机地去争"想要的",千方百计地去推"不想要的"。人类最难控制的,莫过于人类自己的行为。

人类要控制自己,就要战胜自己。巴金先生曾经翻译过德国革命作家鲁多夫·洛克尔的一本书——《六人》。这部书为我们展现了人类心灵的搏斗和战胜自我的艰难。

在这部有如"一曲伟大的交响乐"的著作中,洛克尔以其独到的思想和凝练的文笔"复活"了六个文学形象,这就是:歌德的诗剧中的"浮士德",莫里哀的话剧中的"唐·璜",莎士比亚的诗剧中的"哈姆雷特",塞万提斯的小说中的"唐·吉诃德",霍夫曼笔下的"尚麦达尔都斯"以及18世纪德国名诗《歌人的战争》中的歌者"冯·阿夫特尔丁根"。

在这六个文学形象中,对于中国读者来说,浮士德、哈姆雷特和唐·吉诃德曾经使几代青年浮想联翩,激动不已。而在洛克尔的笔下,似乎是凝聚了人们的感慨、联想与沉思,并升华为对"人"和"人性"的反思。

（孙正聿,李璐玮.现代教养[M].长春:吉林教育出版社,1996.有删改）

第二节　人文素养的内涵

近年来,"人文素养"这个概念有些被泛化了。有时我们用它来指文化修养;有时我们用它来指素质教育。当然,"文化修养"和"素质教育"也可能包含"人文素养"的内容,但人文素养肯定与它们不是同一语义。为了彻底厘清人文素养的内涵,这里我们需要对"人文素养"这一概念做一厘定。

一、"人文"的内涵

"人文"通常也是"人文主义""人文精神""人文学科""人文关怀"这些概念的代名词。作为一个使用比较广泛、内蕴比较丰富的概念,不同的时代、不同的学科对它的定义并不完全相同。

从历史学的语境考察,"人文"这个概念最早源于古希腊。古希腊人把语法、修辞、逻辑以及算术、几何、天文、音乐称为人文学科。在古希腊人看来,这些学科有一个共同的特点,即通过这类知识教育,可以塑造人的个性,培养人的自由性,以及在公共生活中所具备的基本品质。

"人文主义"这个概念出现得比较晚。据历史学家考察,它最早出现于中世纪后期的意大利文艺复兴运动,所以人们也将这场运动称为"人文主义"运动。雅各布·布克哈特将"人文主义"置于意大利文艺复兴运动的历史视角下,把"人文主义"的思想意向描述为人的发现、古典文化的复兴与世界的发现。荷兰历史学家彼得·李伯庚在总结人文主义者的精神意向时这样说道:人们"对人生的态度,渐渐倾向于重视世俗,也就是说,倾向人间多于倾向神,倾向现世多于来世。"①

18世纪在欧洲发生的启蒙运动,"人文主义"又一次得到了突显。不过,对于启蒙思想家而言,人文主义的主要表征是对理性的信仰。

---

① 李伯庚.欧洲文化史[M].赵复三,译.上海:上海社会科学院出版社,2004:232.

尽管不同时代人们赋予了"人文""人文主义"概念以不同的内涵，但我觉得这只是其概念边缘部分的一些变化，而其语义中心仍是明晰而稳定的。比如，无论一个人自己对"人文"有怎样的理解，他都不会把"天命观""决定论""犬儒主义""痞子哲学"作为人文主义来崇信。英国历史学家阿伦·布洛克曾把西方历史上的"人文主义"思想核心归结为这样三个维度：

第一，与神学、科学对待人的观点不同，人文主义把焦点集中在人的身上（神学集中在神那里，科学集中在自然那里），从人的经验开始；

第二，每个人的身世都是有价值的，即肯定人的尊严，其他一切价值的根源和人权的根源就是对此的尊重；

第三，对思想的尊重，尤其是重视理性，不是因为理性建立体系的能力，而是因为在具体人生经验中遇到问题（道德的、心理的、社会的、政治的）时，理性能够做到应用批判性和实用性。①

从知识论和思想史的角度看，"人文主义"的概念发源和发展于西方文化，但是，西方文化的人文主义有一些问题，如"片面强调个人主义，推崇个人，使个人进入到社会竞争中发挥能动性，促使社会以前所未有的速度前进，但同时也产生了问题的负面效应，这就是个人主义横行，人与人之间相互隔阂，孤独感、荒诞感油然而生"②等。因此，我们并不能以其作为今天人文素养的基底。

根据上述对"人文""人文主义"这两个概念历史语义的考察，结合新时代中国特色社会主义现代化建设对人才的需求，我们可以这样说，今天的人文素养工程，就是要培养受教育者关注人的存在，关心人的价值，肯定人的尊严，张扬人的真善美品质与创造性这类素质和修养。它符合人类人文精神的基本意向，也是人类文化世界的人文主义由古至今亘古不变的永恒品质。③

 知识延展

人文主义的本质

阿伦·布洛克

人文主义不是一个哲学体系或者信条，而是一场曾经提出了非常不同的看法而且现在仍在提出非常不同看法的持续的辩论。这是一点也不奇怪的。当然，什么可以算是人文主

---

① 布洛克.西方人文主义传统[M].董乐山，译.北京：生活·读书·新知三联书店，1997：233-235.
② 陈志良.与先哲对话：世纪转折中的中国与传统文化[M].北京：中华工商联合出版社，1996：278.
③ 高长江.现代化：文化批评与重建[M].长春：吉林人民出版社，1999：52.

义,或者什么可以自称是人文主义,还是有一定的限制的。例如,我本人就不会把那种在人生和意识的问题上具有决定论或简化论观点的看法视为人文主义,或者把权威主义的和偏狭不容异见的看法视为人文主义。但是在这种限度之内,辩论是自由的和连续的:它并不产生可以解决问题的最终答案。

为了同样的原因,没有人有权利可以说他对人文主义传统的看法是最后的定论,它只能是个人的看法。这一点明确以后,那么我认为人文主义传统的最重要和始终不变的特点,似乎有以下几点:

第一,神学观点把人看成是神的秩序的一部分,科学观点把人看成是自然秩序的一部分,两者都不是以人为中心的,而与此相反,人文主义的焦点集中在人的身上,从人的经验开始。它认为,这是所有男女可以依据的唯一东西,这是对蒙田的"我是谁"问题的唯一答复。但是,这并不排除对神的秩序的宗教信仰,也不排除把人作为自然秩序的一部分而作科学研究。但是这说明了一点:像其他任何信仰——包括我们遵循的价值观,还有甚至我们的全部知识一样,这都是人的思想从人的经验中得出的。

人文主义信念的第二个特点,是每个人在他或她自己的身上都是有价值——我们仍用文艺复兴时期的话,叫人的尊严——其他一切价值的根源和人权的根源就是对此的尊重。这一尊重的基础是人的潜在能力,而且只有人才有这种潜在能力:那就是创造和交往的能力(语言、艺术、科学、制度),观察自己,进行推测、想象和辩理的能力。

这些能力一旦释放出来,就能使人有一定程度的选择和意志自由,可以改变方向,可以进行创新,从而打开改善自己和人类命运的可能性——我强调可能性,不是比这更多的东西,不是肯定性。

为了要解放这些能力,使男男女女都能发挥他们的潜力,有两件事是必需的。一是教育,教育的目的不是具体任务或技术方面的训练,而是唤醒对人类生活的可能前景的认识,引发或者说培养青年男女的人性意识。有的人生来就具有这种意识,他们的潜力就自然得到发挥。但是大多数人需要唤醒他们这种意识。因此人文主义者不仅对教育寄予中心地位的重视,而且他们也在总体上主张打下全面教育的基础,目的在全面发展个性和充分发挥个人才能。

要解放人的能力的第二个先决条件是个人自由。18世纪的哲学家用理性这一武器除去了由世俗的和宗教的习俗、过时的法律、权威主义的制度所加的限制和禁忌,驱散了教会和整个天启宗教的机器所利用的恐惧和迷信。他们想用改革后的法律制度和世俗化国家来代替。这个法律制度建立在法律面前人人平等、思想自由和意见自由的基础上;这个国家则由代议制来治理,对于个人自由和个人创业,尽可能少地予以干涉和立法。

......

人文主义的第三个特点是它始终对思想十分重视,它一方面认为,思想不能孤立于它们的社会和历史背景来形容和加以理解,另一方面也不能把它们简单地归结为替个人经济利益或阶级利益,或者性的其他方面的本能冲动作辩解。马克斯·韦伯关于思想、环境、利益的相互渗透的概念,是最接近于总结人文主义关于思想的看法的,即它们既不是完全独立的,也不是完全派生的。

……

人文主义当初在14世纪的意大利开始时,就是抱着这样一个目的,想深入和恢复遥远的希腊和罗马的古人世界。四个世纪以后,歌德重复了这个经验,从中得出灵感,重新塑造自己的生活和艺术。古代希腊思想、文学和艺术的活力远远没有消耗掉,这可以从俄狄浦斯神话对弗洛伊德和斯特拉文斯基仍旧有着魅力可以看出来。我们可能感到遗憾,因为古典文明已不再是许许多多受过教育的人所熟悉或所能接触到的了。但更为重要的是,通过学习其他国家人民的语言,他们的历史,他们的艺术和他们的信仰,把自己投入其他国家人民的思想和感情中去,不论他们是古代希腊人,还是中国人,西班牙人,或者美洲印第安人,或者投入我们自己社会的早期阶段中去,这样的努力不应该让它消失。这种移情的艺术,狄尔泰叫作 Verstehen(理解),对人文主义教育是极其重要的,而且在打破那种除了自己这一时代和文化以外对其他时代和文化都一无所知的愚昧性方面,有极大的价值。语言和通过谈话,通过文学、戏剧、演讲、歌曲进行交往的力量,是人文主义传统中核心的东西。幽默也是,从古希腊的瓶瓮画家到查理·卓别林,这是最有特点的交往形式之一,是只有人才掌握的笑自己和笑别人的能力,也是除了看到人生所处的困境的悲剧一面以外也看到它的喜剧一面的能力。

艺术与人文主义有着一种特殊的血缘关系,这除了适用于文学和戏剧以外,也适用于音乐、舞蹈,以及其他非口头艺术如绘画、雕塑、陶瓷,因为它们有着越过不同语言的障碍进行交往的力量。在十七世纪,维柯曾经指出,象征和神话表达了一个社会的信念和价值观,这可以从有关诞生、婚姻、死亡的普遍经验的风俗和习惯中看出,也可以从一个社会的有关财产和家庭的法律和制度中看出。这里又是一个极其丰富的源泉,人文学的研究和人类学社会学的研究可以为此提供途径,人文主义传统也可由此吸收营养。

(布洛克.西方人文主义传统[M].董乐山,译.北京:生活·读书·新知三联书店,1997.有删改)

二、人文素养

"人文素养"这个概念是当代社会的流行语,其频频见诸各种媒体以及大众的话语之中。然而,大多数言说者——无论是大众、媒体人还是一些学者——其实并没有把握与深刻反思他们所说的"人文素养"这个概念的内涵。在有的人看来,人文素养的最典型标志是人文精神。所谓人文精神,泛指人文科学体现出的对人类生存意义和价值的关怀,所追求的人生美好的境界,所推崇感性和情感以及想象性和多样化的生活。其一切追求和努力都归结为对人本身的关怀,概括并包容了科学精神、艺术精神和道德精神。也有人将其总结为以下四个方面的素质。

第一,具备人文知识,即人类人文领域(主要是精神生活领域)的基本知识,如历史知识、文学知识、政治知识、法律知识、艺术知识、哲学知识、宗教知识、道德知识、语言知识等。

第二,理解人文思想,即理解支撑人文知识的基本理论及其内在逻辑。同科学思想相比,人文思想有很强的民族色彩、个性色彩和鲜明的意识形态特征。

第三,掌握人文方法,即掌握人类人文思想中所蕴含的认识方法和实践方法,学会用人文的方法思考和解决问题。

第四,遵循人文精神,即追求人文思想、人文方法产生的世界观、价值观。作为人类文化或文明的真谛所在,民族精神、时代精神从根本上说都是人文精神的具体表现。

还有人认为,人文素养主要是指个体所拥有的人文知识与技能、人文能力与方法、人文精神与品质。这里将结合"人文"这个概念的历史内涵,以及近年来国内外相关领域关于"核心素养"的认知和理念对"人文素养"的概念内涵做一界定。

在《真理与方法》一书中,格奥尔格·伽达默尔曾对"人文"的几个主导性概念——教化、共通感、判断力、趣味——作了比较详尽的诠释。伽达默尔对这几个概念的考察并不是为了解释我们这里所说的"人文素养"的内容,但他确实为我们对"人文素养"进行确切定位开启了思路。比如,在伽达默尔看来,受到"教化"的意识超越了自己的感觉范畴,形成一种普遍的感觉。这就是马克思在"巴黎手稿"中所说的"同人的本质和自然界的本质的全部丰富性相适应的人的感觉"的创造。[①] 再如,伽达默尔认为,"趣味"是以特有的方式——以反思判断力的方式从个体去把握个体可以归于其下的一般性。

进入 21 世纪以来,伴随着世界经济政治形势的快速变化,以及所引发的人类社会情境、生活情境的复杂化,国民如何通过自我修炼与文化教育培养自己的核心素养,从而将自我塑造为能够优质生活和建立优质社会关系的人生,成为世界各国和地区新的文化发展理念。一些国际组织和机构也纷纷开始行动,为这场新兴的"人类工程学"运动推波助澜。如欧盟在 2006 年启动了"国民核心素养建议案";联合国教科文组织 2013 年发布了《走向终身学习:每位儿童应该学什么?》报告,提出从"工具性目标"转变为"人本性目标",发展

---

① 马克思.1844 年经济学哲学手稿[M].中共中央马克思恩格斯列宁斯大林著作编译局,译.北京:人民出版社,2014:88.

学生核心素养的教育理念。国民尤其是学生核心素养的发展正成为新世纪一场新人文主义思潮和教育革命。

何谓"核心素养"？按一些国际组织和教育学者的观点,核心素养指的是个体通过教育而习得的能够应对复杂社会与生活需求不可欠缺的知识、能力和态度等优良教养。世界经合组织将其内涵框定为"自主性的""沟通互动""社会参与"三种基本素养;欧盟开出了语言能力、科技素养、信息素养、学习素养、社会素养、创新精神、艺术素养等指标;联合国教科文组织则将其解释为能够使人的情感、智力、身体、心理诸方面的潜能和素质得以全面发展的素养。北京师范大学发布的《中国学生发展核心素养报告》将其分为文化知识、个人发展、社会参与三个范畴六个指标——人文底蕴、科学精神、学会学习、健康生活、责任担当、实践创新。对相关思想进行整合,我们认为可以把"核心素养"之内涵概括为人文知性(人文知识和性情)、社会担当(创建优质社会的责任和能力)和优质生活三大素养簇。

根据古往今来"人文"语义内涵,即关注人的存在,关心人的价值,肯定人的尊严,张扬人的自由与创造性,以及有关方面关于"核心素养"的界定,我们可以把"人文素养"这个概念的核心内涵概括为:通过自我修养与文化教育将自我形塑为能够优质生活和建立优质社会的成功人生,即追求存在的高级生命意义,关注人生的价值和生命的尊严,张扬人的主体性、自由性、创造性这样一种素质与教养。

如果再具体一些,我们将"人文素养"这个短语分开来解析。这是两个语词凝练而成的短语:人文素质和人文教养。其基本内涵也可以概括为:通过人文知识和人文精神的教养而形成个体的自尊与自律、理想与追求、德性与美感的人格、品位等。可以将其分为三个不同层次。

第一,人文知识储备。指具体的人文知识学习和存储,例如哲学知识、艺术知识、文学知识、历史知识、语言知识等。以及由此而形成的开放的态度、原则和方法。

第二,人文方法应用。指通过人文知识学习和教育所掌握的人文科学方法在思想和实践中的应用,包括认识论和实践论的人文性。与自然科学方法强调实验、精确和普遍适用性不同,人文方法重在从历史性、人本性的角度理解世界和人类生活,其更注重认识世界的思辨性、体验性和感受性。

第三,人文精神构建。指个体经过人文知识修习和人文品性教养而形成的精神意向和精神追求,如个体在现实社会活动和生活实践中表现出的人文品性,诸如自尊自律、自信自强、诚信友好、爱与尊重,以及对于人生意义与价值的把握、真善美的追求、探索与创造创新能力等。

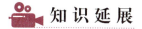

知识延展

古典文化的继续存在和人文主义的开始出现

彼得·李伯庚

人们通常以为西欧对希腊罗马古典文化的再度热情,是直到15、16世纪才出现的。其实不然。从查理曼宫廷时代,希腊罗马文化便再度兴起。更为明显的是自从12世纪以后,学术界再度兴起对希腊罗马文化的浓厚兴趣。甚至我们可以说,从公元3、4世纪罗马帝国衰亡以后,这种兴趣始终存在着。这样的看法可能更符合历史的实际。虽然许多古代的文献被毁坏或被故意弃置一旁,但罗马公教会对古典文化中与基督教信仰没有冲突的部分,与这方面有关的文献手稿,还是用心保存了下来。因此西欧受过教育、有文化素养的少数人得以和古代的地中海文化保持联系,构成前面所说的"大传统"。

但丁可以被看为这种"大传统"的一个实例。他是十字军武士的后代,过的却是佛罗伦萨市民的生活;在文字素养上,他对古典拉丁文和后期拉丁文都同样娴熟;在诗歌传统上,他对普罗旺斯的诗歌(如《玫瑰之歌》Romance of the Rose)和法国北部的诗歌也同样熟悉;在绘画上,他既欣赏文艺复兴时期画家乔托(Giotto, 1266? —1337年,意大利画家、雕刻家、建筑家——译注)把新的生活气息带入绘画,又同样浸润于拉温那(Ravenna,意大利东海岸北部城市,在4世纪到7世纪间曾为拜占庭帝国首都——译注)的希腊-拜占庭壁画的古老传统。他既耳闻教皇和皇帝为争夺权力而发的政治和神学辩论,又目击他们虚浮的宫廷,还卷入了教皇和国王两党在佛罗伦萨的现实斗争。带着这样的背景,他在临终的1321年完成了《神曲》,其中描绘了他耳闻目睹的当代历史。在《神曲》里,但丁在空间和时间里漫游,其中既有真实的历史人物,又有神话中的人物。最后,他到天堂漫游,默想创造的完美,从中领会神是欢乐的创世主(lieto fautore);世人正是因为有神赐的灵魂,才能领略神创造的世界。在但丁心目之中,人的全部生命经验,包括生和死,都要通过基督教信仰的解释,才显示出它的意义和重要性。就这方面说,但丁是基督教世界观的一个典型代表。但是在其他方面,他是城市中产阶级市民的代表,而不是神职人员、有土地的贵族的代表。他所代表的市民阶级在此后几十年里以其对事物的新思想、新观点创立了一种新文化,后人称之为"人文主义文化"。

13世纪到15世纪这300年间,意大利由于地中海贸易和发达的制造业,成为欧洲最富庶的地区。意大利的许多城邦,以佛罗伦萨、威尼斯、曼图阿(Mantua,即现Mantova,在意大利北部,米兰东南——译注)、乌比诺(Urbino,意大利北部,以文艺复兴时期艺术著名——译注)和归属教皇的罗马为首,都是由富商、银行家、公爵、伯爵、教皇和枢机主教在政治和文化上统辖,他们都住在豪华的皇宫、别墅里,享受着一切用钱能买到的奢侈品。他们对人生的态度,渐渐倾向于重视世俗;也就是说,倾向人间多于倾向神,倾向现世多于来世。从当时的文献以生活中的新事物为中心,就充分说明了这一点。

在这段时期,在意大利城邦里,富翁为抬高身价,而要结交文人雅士,学术和艺术由此受到人们的尊崇,以个人为中心的人文主义思想开始发展成为体系。个人不再是被神创造、顺服于神的芸芸众生一分子,而被看作是独特的、有理性、有创造性的个人。在过去的世代里,人是依附于神的;现在,已经由神转到以个人为中心,个人的发展成为人生的目标和价值。人们把这种个人的觉醒和基督教信仰结合起来,认为每个人的特性都是神所赐的,每个人充分发挥自己的特长才是对神最高的尊崇。

为发展这些品质,就要研读人文学科(studium humanitatis),其中包括文法、修辞、诗歌、历史和道德哲学。这几个学科远不足以包括当时大学里的全部课程,但和当时经院教育的狭隘内容相比,已经远远突破了。经院教育强调的是对概念进行分析,没有任何实际意义。当时的人文学者还认为,人文学科有更为重要的意义就是,它是发展个人创造潜力所必需。这种个人创造潜力被概括成一个词就是"品德"(virtù)。人靠"品德",可以在社会里,以服侍他人为自己的道德责任,这样充分发挥人生的意义。这样的人生体现了神造世人的心意。这些人文主义思想家、作家、艺术家都仍然保持着基督教信仰,但更强调个人的意义,也肯定地更世俗化了。

人文学科的研习需要读古典文献,以求帮助人更透彻地了解这些理想。但是古典文献有两种:最容易找到的是基督教会的经院哲学著作,这种著作只能起限制人思想的作用;因此,要找的是更早的古典文献,能够使人接触到古代罗马的文明。人文主义者便去找这样的文献,结果找到了大量著作,它们就埋在被当时人轻蔑的教会和修道院尘封的藏书中间;还令人出乎意料的是,在阿尔卑斯山那边的落后国家里竟有许多这样的著作。在德国南部,竟找到了西塞罗(Cicero,公元前106—公元前43年,罗马哲人——译注)、皮楚尼乌斯(Petronius,约死于公元66年,罗马讽刺作家——译注)的佚失作品和昆体良(Quintilian,约35—95年,罗马修辞学家——译注)的《雄辩术原理》(Institutes of Oratory)。当时的人文学者为宣传他们的思想,正需要演讲术一类的书,因此,这些古罗马著作成了人文学者的一份宝贵遗产。

这种人文主义文化在13到15世纪传入西欧,还有另一条渠道就是来自罗马公教会控制不到的地方。在8到12世纪是伊比利亚半岛的穆斯林向西欧介绍了古代人文主义文化,给西欧基督教国一个新的文化动力。13到15世纪间则是东南欧以东正教为主的拜占庭文化起了这样的作用。这些东南欧国家本来和西欧有共同的希腊罗马文化渊源关系,同时又有自己的文化。到13至15世纪间,才和西欧结合在一起。这又是由于穆斯林的活动而间接促成。

在 15 和 16 世纪,学者、艺术家、建筑师、音乐家和作家等塑造人文主义文化的人都逐渐感到,社会在进入一个新时代,它是在先前那个黑暗时代之后的新生,它是"复兴"。如果就这个时代的思想究竟"新"到什么程度和当时的物质文明水平来看,认为它是全新的,未免有夸张的成分。但是不可否认的是,这一时期的确形成了一种对人(包括妇女)的新看法。这种"新人"被认为是世界的主人,他有理性和创造性,有能力参透任何奥秘,创造出新的东西。

15 至 16 世纪的人们,在发现古代文献的同时,也热衷于发掘地下的古代文物;由此产生了考古学。从古罗马的遗址里发掘出无数艺术品。这些艺术品也支持了 14 世纪以后对人的新看法。具体说来,中世纪雕刻的人像都是头小身体长,不符合人的正常身体比例。而考古发掘出的古代希腊罗马雕刻的人体比例都非常匀称,例如"掷枪的人"和"受伤的武士"。此后,画家、雕刻家都制作出体态完美的人形,代表一种新"理想"的新人类。

这个新生代(或文艺复兴运动)不仅把人文主义的个人观念、世俗观念结合起来,它还包含了一种现实主义精神。从绘画中可以看出,极力要表达事物的本来面貌。过去的绘画里,所要表达的是宗教信仰的观念,因此,无论人、动物或植物的细枝末节都不受重视。从 14 世纪起,即人文主义文化的初期,画家们就力图撇开道德上、宗教上的先入之见,使现实本身再现出来。于是,凭眼睛能够观察测量的距离、透视深度、颜色甚至丑恶,都被表现出来了。这是欧洲绘画艺术中开始运用透视法的时代。在雕塑中也一样,过去 1000 年里,雕刻只是建筑上附属的装饰,并不是要表现一个真正站着的人;同时,它们所表现的只是人的类型,男的或女的,神职人员、贵族或农民。现在,要表现的是已经取得独立地位、可以自由行动的人。人个体化了,如果需要,就表现在走、在跑、在打仗的人;而且要表现具体的人的面貌。

(李伯庚.欧洲文化史[M].赵复三,译.上海:上海社会科学院出版社,2004.有删改)

第三节　人文素养的意义

自 2018 年国家推出"文旅融合"发展文旅事业战略以来,特别是随着近年来国家提出大力发展职业技术教育,培养"大国工匠""能工巧匠",实施"技能中国行动",为适应文旅业文旅融合发展大势,实施人文素质教育,培养高素质文旅职业人才,成为新时期我国文化和旅游行业、旅游职业院校人才培养的新目标。经过几年的实践,如今我们反思旅游职业教育包括普通高职教育系统的人文素质教育,虽然话语的型构势头不减,但其语义却仍然

逻辑松散,语用①乏力:很多学校对"人文素质教育"的价值认知仍停滞在知识补充的层面;至于人文素质教育实践方式更是"随心所欲"。经验证明,在很多高职院校,职业技术仍为教育之"意",人文素质仅为教育之"形";"形"所以在场是因为它可向"意"投射一道美学光芒。面对这种情势,尤其是在文旅融合构建文旅新业态,以及培养"技艺精湛,素质优良"的职业人才,推进"技能中国行动"这一国策语境下,旅游职业教育如何科学认知并重构人文素养教育体系已成为其重大的理论问题和时代课题。

中共中央、国务院在《关于加强新时代高技能人才队伍建设的意见》(2022年10月)中提出,"打造一支爱党报国,敬业奉献,技艺精湛,素质优良……的高技能人才队伍"。虽前者指向思想道德层面;后者指向知识技艺层面,但其均与"人才"的人文素养密切相关。比如爱党报国、敬业奉献思想品质的形成不能仅靠思想政治教育,还需要对受教育者进行道德伦理教育、中国革命史教育乃至艺术审美教育,形成其对中国共产党和社会主义现代化事业及其所从事的职业所显现出来的真善美的感知和认同。这个问题关涉政治美学等知识领域,论证起来相当复杂,故暂搁置于此。这里我们把讨论的重点放到技能人才知识素养与人文素养的关系方面。

怀特海在90多年前论及劳动者优良素质的培养与教育的关系时指出:教育的原则不应过分偏重知识的分析和求得公式化的材料技巧,而应注重受教育者"智慧"的获得。所谓"智慧",不仅包括探索精神、分析能力等知性素养,更重要的是受教育者的人文素养,如哲学、历史、语言、审美,正是它们增加了个体对事物的敏感性。"没有敏感性推动力就会变成粗野。"②在怀特海"智慧"教育的视角下,我们也可以这样说,成为"技术精湛,素质优良"的高技能人才,人文素养是基础工程。这一论断包括由下游和上游两个逻辑理据组成。下游理据是:人才的优良素质不仅由专业知识素质所构成,还包括人文素质。上游理据是:精湛的技艺素养离不开哲学、历史、审美素养的筑基。

在当代中国教育领域,人文素养虽然已经成为一种话语时尚,但它并没有完全成为一种教育实践。

这个时代中混杂了许多"文化快餐"。然而,这并不意味着人文科学和人文教育事业自我放逐,远走他乡。越是在这样的历史情境下,我们就越需要疾呼"人文"回归现实世界。那么,对于大学生,对于社会,对于当代中国,人文素养到底具有什么意义?概言之,人文素养使学生存在既具有一种历史价值维度,即在肯定自我存在主体性和价值性的基础上,成为这个世界上的具有个性、拥有自由、享受幸福的存在;又具有功用价值维度,即培养

---

① 这里的"语用"是奥斯汀"哲学语用学"的含义,指话语施事行为(illocutionary acy)和话语施效行为(perlocutionary act)。

② 怀特海.科学与近代世界[M].何钦,译.北京:商务印书馆,2016:218,220,219.

学习能力、发现能力和工匠精神。具体而言,其主要价值在以下几个方面。

一、人文素养可深化人的知性

为使问题讨论更加深入,我们以人文素养重要范畴的艺术审美素养为例做一分析。在审美人类学意义上,艺术、审美教育"引导我们以一种全新的眼光看待世界,从而使我们拥有更加丰富的新经验,产生一种认识、理解和创造世界的新的能力"[1]。那么,艺术审美教育在职业教育领域中的重要性究竟体现在哪里?

审美人类学研究证明,具备一定审美素养的人与普通人感知世界的方式与维度是不同的。审美感知不同于概念、推理、观念等抽象理性认知行为,它是一种情境性、情感性、想象性的知觉方式。正是这种情感性、想象性的认知活动,使得主体所觉知的世界变成了一个丰富多样、生机盎然的世界。这种新的世界观不仅激活了主体更好掌握将来履行职业的专业知识和技能的激情与潜能,而且还培养了劳动者在技术世界工作的艺术。知识社会学昭示的一个道理,即人类的知识学习活动与学习者对知识关联世界的情感沉浸密切相关。从经验的角度看,人类科技史上那些重大的科技创新,很多源于科技工作者对认知对象的价值感受以及技术实践愉悦体验所激发出的求索欲望和创造激情。再如,一个景观设计或环境设计专业的学生如果没有对山川河流、原野森林风景之美的感知,他就不可能虔诚地修业精技,更不可能将自己塑造成素质优良的旅游人才。梅洛-庞蒂当年敏锐地洞察到了人的"素质深度"与"知性深度"的内在关联:"深度向我敞开了,因为我有了这种维度,以便将我的目光移到这种深度中,移到这敞开中。"[2]依循梅洛-庞蒂的这一知觉现象学理论,我们也可以这样定论旅游管理教育中艺术审美教育于高素质人才培养的重要意义:主体因对"操作"事物,即对知识世界、自然世界、旅游文化世界——旅游开发、旅游管理和旅游景观的深度知觉,不仅可以激活其学习掌握旅游职业技术的热情,而且还能使其畅享旅游知识实践、技艺施展过程中的愉悦,从而淬炼更加精湛的旅游管理技艺。

二、人文素养教育可以培养学生"工匠精神"

弘扬"劳模精神""劳动精神""工匠精神"是新时期国家高技能人才培养的文化方针,也是旅游职业人才培养的基本方针。其实,在当今国内各类职业技术教育领域,"劳模精神""工匠精神"已然普遍流行的语汇。在各类职校的各种训诫和演讲中、在知识传授的课堂上随处可见这一文化语体。然而在职业技术教育中,对职业精神的培育仍有很大的提升

---

[1]　高长江. 艺术人类学[M]. 北京:中国社会科学出版社,2010:32.
[2]　梅洛-庞蒂. 可见的与不可见的[M]. 罗国祥,译. 北京:商务印书馆,2016:278.

空间。如果职业精神教育的缺席,职业者没有精神的栏杆可以倚靠,便有可能走向阿伦特当年所描述的技艺人职能和人性双重沉沦那种严重后果:"尽管他获得了一种从未梦想过的创新力量来设计工具,测量无穷大和无穷小的事物,他却被剥夺了在制作过程开始之前和制作过程结束之后,都一直存在的永恒尺度","此时唯一需要个人做出的积极决定就是随波逐流,也即放弃他的个性,忘记他个人仍然感觉着的生活的痛苦与艰辛,默认一种昏昏沉沉的、'让人麻醉的'功能化行为类型"。① 在这种意义上我们可以说,"劳模精神""工匠精神"等职业精神培育乃职业技术教育的灵魂工程。

如何培养学生的"劳动精神""工匠精神"?要解释清楚这一问题,我们首先需要搞清楚它们的本质是什么。

什么是"劳动精神""工匠精神"?有人把它概括为一种职业精神,一种职业道德、职业能力、职业品质的体现,诸如敬业、精益、专注、创新等。我们认为,这些表述虽都揭示了"劳动精神""工匠精神"的一些特征,但没有触及其灵魂。劳动精神、工匠精神的核心乃劳动者对其职业的神圣信仰以及由此产生的职业工作的理念。海德格尔所说的老铁匠对"锤打的迷魅"、农人把种子交给生产之力并精心守护种子发育就是人类劳动精神和工匠精神。可见劳动精神、工匠精神等不只是一种良好的技术素养,也是一种人文素养。无数事实证明,人类劳动史和科技史上那些伟大的创造和发明,都离不开劳动者良好的人文素养。薛定谔曾如此说:如果科学世界被剥夺了伦理学和美学价值,就好像孩子在没有颜色的图画模板上着色;② 彭加勒更是毫不含糊:"如果自然不美,它就不值得去探求,生命也不值得存在。"正是对世界和职业(科技活动)的人文感悟,才产生了科技工作者神圣的职业信仰,才使得劳动者专注不苟、呕心沥血、精益求精,执着创新。因为他们不是在履行某种职责,而是在创造真善美的世界和人生。正如马克思在论及人类工匠劳动与其他动物活动的区别时所说:"蜜蜂建筑蜂房的本领使人间的许多建筑师感到惭愧。但是,最蹩脚的建筑师从一开始就比灵巧的蜜蜂高明的地方,是他在用蜂蜡建筑蜂房之前,已经在头脑中把它建成了。劳动过程结束时……他还在自然物中实现自己的目的。"③马克思这里所说的"观念",不仅指建筑工匠大脑中的建筑材料和建筑形式观念,更主要的是一种人文理念——自由、创造;"在自然物中实现自己的目的",即通过技艺实践创造出"合规律性和合目的性"即美的世界。用马克思在《巴黎手稿》中的语言来表述,也就是人类的技艺操作实践就是"按照美的规律来构造"。再向前一步,人文素养教育对受教育者的"劳动精神"培养尤其重

① 阿伦特.人的境况[M].王寅丽,译.上海:上海人民出版社,2009:243,254.
② 薛定谔.生命是什么[M].仇万煜,左兰芬,译.海口:海南出版社,2017:1-147.
③ 马克思,恩格斯.马克思恩格斯全集(第23卷)[M].中共中央马克思恩格斯列宁斯大林著作编译局,编译.北京:人民出版社,1972:202.

要。专注、创造、个性等，若不通过人文意识的修剪调校，则可能变成"反人文"的魔性。各种职业技术犯罪并非缺失"劳动精神"，而是他们的"劳动精神"是丑与恶的向度。就此意义而论，人文素养教育不仅是劳模精神、劳动精神、工匠精神型构的基底，更是人类教育文化的终极使命。

三、人文素养筑牢个体发展的根基

多少年来我们一直坚守这样一个信条：个体的发展既得益于我们先天的财富，如染色体，又得益于社会，如文化教育对我们的心智开发。确实不错。诚如现象学社会学创始人阿尔弗雷德·许茨所说的，我们的成熟和老练就是通过家庭、学校、社会以及个体的生平情境、经验为我们提供的知识储备实现的。但是我们必须清楚，人类的环境适应能力、改造能力并不完全取决于知识储备的数量而是取决于知识储备的质量。尽管迄今为止，人类仍然还在用千万年前进化出来的那个不可思议的古脑处理环境信息，经验、常识、传统知识仍然在发挥作用。然而，我们现在面临的时代已经不是20世纪，而是一个社会快速发展、知识爆炸、信息主宰的大变革时代。人们从家庭、社会、学校所学到的那些传统的生活、技术知识在当代社会并没有给个体的发展提供多少助力。近几年国家教育部门、劳动力市场公布的诸多热门职业在10年前还都没有出现，由此可见社会发展以及人类的知识、技能更新之急速。英国著名社会学家乌尔里希·贝克曾这样说过：在这样一个更新迅猛、瞬息万变的社会面前，只有极少数人是幸运儿，能够把握他们自己的命运。[1]

那么，那些"能够把握自己命运的人"所依凭的是什么呢？通过几年来对毕业生回访的样本分析，我们认为，最重要的因素是他们在学校所储备的人文知识、积累的人文素养为其较好地适应这个"风险"社会提供了最基本的认知资源和心理承受能力，如哲学、历史、文学、艺术等人文学科所形成的坚韧、毅力、勇气、责任等人格结构以及自由的想象力、对善恶美丑的辨别力、对美好事物的感知力，尤其是对世界万物的好奇心与追问的精神活力。我想，人类文明几千年来沧海桑田，大浪淘沙，但人类这个种族对人文知识、人文主义的追求之所以始终如一，就在于人文素养在人类生命的底层、在人类心灵的深层为人们提供了适应环境、驾驭环境的认知数据、认知能力，形成"人的灵性"而拥有存在智慧。[2] 也许人文主义态度并不能保证我们一直做出好的选择，正确地预见到结果，或者避开灾祸，但有一点可以保证，如果我们能找到勇气和意愿来作选择，那么仍有许多选择供我们去做。更深层次地审视，在人类所创造的文化系统中，之所以存在着人文文化，并非出于人类对文化多元

① 贝克,贝克-格恩斯海姆.个体化[M].李荣山,范譞,张惠强,译.北京:北京大学出版社,2011:58.
② 江畅,周鸿雁.幸福与优雅[M].北京:人民出版社,2006:11.

的渴求和文化创新的欲望,而是因为人无法脱离人文文化而存在。人可谓对此别无选择。也可以这样说,人类人文文化的创造并非为了挣脱野性而拥有人文性这样一种"生命美学"的考量,而是在弥补自己生命能力的先天不足。

四、人文素养引领存在的意义

人文素养价值的述说虽是一个传统的话题,但却是人之为人的一个永恒话题,是一个人之为人所必须思考、必须搞清楚的一个问题。作为与这个地球上的其他动物一起从自然选择进化而来的一个特殊物种,人之所以能够区别于其他近亲动物,就在于人是一个能够对存在意义进行思考、建构、反思、再建构的动物。用东西方哲学共同的人学母题来表述,也就是人之为人不仅要知道"我是谁?",还要知道"我不是谁?""我从哪里来? 我要到哪里去?"这些存在的大问题。缺失了这种思考,丧失了这种意义,散失了这一文化记忆,人就会复归于动物的水平,人生、生活就如同其他动物一样只是由于环境的刺激所产生的各种感觉搅拌在一起的本能反应而已。

论说并强调人文素养的这一价值也许会令一些人觉得不舒服。正如很多人所诘难的:现在这样有什么不好? 活得开心任性,玩的就是心跳,俗得无羞无愧。意义、理性、价值、尊严,我为什么要去思考那些沉重的东西? 为什么我的人生不应是无意义的? 不应该是平滑的? "哇"的尖叫的? 那不是快乐的生命吗? 这使我想起德国小说家、剧作家福伊希特万格根据史诗《奥德赛》改编的剧本中的一个片段:

> 奥德修斯在率领他的船队远航时,他的水手被女巫喀尔刻施了妖术变成了猪。于是,水手们沉浸于现状,并坚决反对奥德修斯破除魔法使他们恢复人形的种种努力。当奥德修斯告诉他们已经发现破除魔咒的魔草,他们不久就可以恢复人身后,那些猪身水手们快速跑开躲避起来。奥德修斯费了很大力气诱捕了其中的一头猪,使他恢复了人形。他不但不感谢奥德修斯对他的解救,反而愤怒地指责他:"现在你给我滚,你这个恶棍,你这个爱管闲事的家伙! 难道你还想纠缠我们? 那难道你还要将我们的身体置于危险之中,强迫我们的心灵永远去接受新的决定吗? 我是如此的快乐:我可以在泥泞中翻滚,在阳光中沐浴;我可以狂饮滥吃,可以鼾声震天,可以龇牙乱叫。"我打算做什么,这件事,还是那件事?"你为什么来这?! 你为什么要把我带回以前我过的可恶的生活?"

虽然,现代社会是开放的,文化是多元的,道德是包容的,价值选择也是自由的,但是,无论我们如何强调文化多元、道德包容与选择自由,既然我们成为"人类"这个种系的一员,就应以"人"的标准来生活。而衡量人与非人的标准只能有一个:如果我们承认我们属于地球上特殊物种的一员,那么,我们就必须遵循人类这个物种千百年进化发展的轨迹:寻求意义,坚持理性,捍卫价值,守护尊严。这也是东西方文化几千年来人文主义的基本品质。人文知识、人文主义、人文精神教育正是通过古往今来人类历史上人文主义者的生命实践向我们展示了人类存在之至真、至善、至美的境界,激活并强化着每一个体的文化记忆,从而为人们构建理性的生命意义体系提供了背景与框架。

有一点需要在此特殊辩证,这就是无论历史如何发展,文化如何进步,人类如何发展,作为人类经过艰苦的灵魂淬炼与精神探索所提炼出来的"人文主义"的基本品质是具有历史永恒性的——对人的自由、自主、自尊的敬重,对爱、包容、多元、责任、正义的操守,对理性、秩序、崇高的信仰,仍是我们今天人文素养的基本向度。但是,我们不能不看到,传统人文主义的一些思想由于缺乏一种合理、科学的限定,它也给人类文明以及人类的精神带来一些消极的东西。如对自由性、主体性、主观主义、世俗主义不负责任的纵容,导致了令人恐惧的"反人文主义"——自由任性导致的保罗·费耶阿本德式的"怎么都行"的无政府主义;膨胀的主体性导致了弗莱德·R.多迈尔所说的"主体性的黄昏";主观主义的过度关切则导致了查尔斯·泰勒所说的"走向虚无"——"意义的丧失,我们所用事物日益淡泊的联系和浅薄,都飞快地增长着";①世俗主义则导致了对理性、崇高、英雄主义、意义体系的拒绝,将生命置于感性的消耗之中。特别是从新时代人才培养的角度运思,今天的人文素养工程不仅要向受教育者传递基本人文知识,更要使教育者掌握人文文化精髓,通过人文文化实践成为人类人文文化传统的传递者,人文思想的实践者,人文精神的担当者。

五、人文素养抗拒"文化伤害"

当代社会虽然是一个文化极度丰富的"大文化"时代,是一个有人所说的"文化＋"这样的文化无所不在的时代,但它也同样是一个夹杂着劣质文化对人类的心灵、精神乃至于生命严重伤害的时代。商业文化、娱乐文化、技术文化、数码文化,消费主义、媚俗主义、神秘主义……从"文化达人"到影视红星,从网络主播到娱乐明星,从传统巫术到现代迷信,人们确实体验着丰富多彩的文化,这是我们的父辈、祖辈做梦也不曾想到的。然而,人们接受与品尝的色彩斑斓的文化拼盘却含有众多的"文化罂粟"。它会使人在恍惚迷离的梦幻中放逐了价值,遗忘了意义,失落了尊严而变得琐碎、空虚、无聊、庸俗。这一残酷的文化现实给当代中华民族文化复兴提出了一个相当严峻的课题。与文化兼容确实是当代社会的人文品质,但培养公民的理性、优雅、有品位的精神素养,更是人类人文文化的灵魂。如果人们具备了基本人文素养,就不会去看那些无聊的东西,去听那些乏味的语言,去消费那些丑陋的文化,去消受心灵的空虚与精神的困顿。从社会生物学的意义上说,人的生命是幸

---

① 泰勒.自我的根源:现代认同的形成[M].韩震,译.南京:译林出版社,2012:740.

福还是悲哀取决于我们的基因组,取决于我们所生存的环境,更取决于我们个体的心理努力。如果我们每天都活得很无聊、乏味、空虚、琐碎,并且不能有充分的理由证明这种生活的意义,并不意味着我们的运气不好,而是我们的修为与素养不够。

有人会问,在这个文化世俗化的时代,在这个商业、技术、功利主义渗透广泛领域的时代,我们到哪里去培育自己追求真、善、美的素质和修养? 我相信这是在为自己的"自我沉陷"开脱。其实,在我们的生活世界中,并不乏多种真、善、美的文化信息。以人文文化抗拒低俗文化,不仅可以提升我们的文化品位,而且还可以使我们的心灵更健康,存在更幸福。

按哲学家叶秀山的观点,"'美'并非'人''赠'与'世界'的某种属性,相反,'美'却是'世界''赠'与'人'的一种'礼物'。"[①]更何况人类几千年文明史创造了无数人文文化——优美的大自然、图书馆的著作,以及伟大的艺术——贝多芬、舒伯特、德彪西的钢琴曲,还有中国古典音乐《春江花月夜》《高山流水》……如果每天少看几个小时的娱乐节目而欣赏一部优秀的影视作品,每天少读几十分钟的网络小说而欣赏几首中外著名的诗篇,每天少在微信"朋友圈"厮闹而静下心来思考一下"存在问题",每天少在车水马龙中闲逛而慎独与反思你的生活,那么,你就会成为一个有人文素养的人、心灵和谐的人、精神充实的人,一个优雅的人,因而也是一个幸福的人。[②] 其实,当代社会的人文素养退化不是源于异化、贫困、性压抑以及宗教执迷,而是源于文化认知,我们这个时代很多人缺失一种有意义、有心灵关怀和美好、幸福存在体验的文化生活。在其他著作中我曾表述过这一观点,无论人类的进化达到何种水平,作为这颗小行星上的种系,人类的心灵状态与精神生活密不可分。我们的意识、心灵、精神体验源于我们对环境数据的加工与体验。高尚的人性根植于高尚的生态体中。柏拉图对"诗人"的驱逐,康德对头顶星空的敬畏,斯宾诺莎在"永恒的形式下"观察生活,以及中国孔子编"诗经"、孟母"择邻而居",就是源于对人性修养、存在之幸福与精神生活之关系的深刻觉察。从认知神经科学、认知心理学的原理看,每一次有意识的知觉加工,都会引起有机体相应的情绪感受并产生某种精神体验。"在自传式记忆的帮助之下,意识使我们具备了一个带有个人体验的自我。作为有意识的个体,当我们面对生命的每一瞬间时,与此有关的过去的欢乐或痛苦以及以后会有的更多快乐和痛苦也涌上心头。"[③]从有机体生命管理最基本的生物调节角度看,快乐的感受使我们产生愉悦、和谐的精神体验。它不仅避免了我们对生命能量和时间的浪费,而且它所产生的情绪体验也与我们体内自动平衡装置的工作原理相一致,使我们的身心更健康。人类的审美、伦理文化其实就是在这种生物学背景下产生的。因而,我们有充分的理由追求快乐、和谐、美好的生活。如果我们

① 叶秀山.美的哲学[M].北京:北京联合出版公司,2016:34.
② 江畅,周鸿雁.幸福与优雅[M].北京:人民出版社,2006:5.
③ 达马西奥.寻找斯宾诺莎——快乐、悲伤和感受着的脑[M].孙延军,译.北京:教育科学出版社,2009:165.

在空虚、无聊、厌倦、乏味中苟活着,并且不能说服我们活着有多么幸运,那就等于我们放弃了"活着"的人文维度,而仅仅是生物学意义上的生命消耗。此时,我们也就失去了"人"的基本属性。

 **知 识 延 展**

艺术的意义

陈旭光

瑞士著名的心理学家让·皮亚杰在论及"人文科学在科学体系中的地位"时,谈到了"社会科学与人文科学的区别"的问题。他指出,有许多人坚持这一区分(即区分社会科学与人文科学),他们倾向于把先天的东西同在物质环境下或社会环境的影响下所获得的东西对立起来。这样,"'人性'就全部建立在遗传特性上了。"皮亚杰不同意这种观点。他认为:"……在人们通常所称的'社会科学'与'人文科学'之间不可能作出任何本质的区别,因为显而易见,社会现象取决于人的一切特征,其中包括心理生理过程。反过来说,人文科学在这方面或那方面也都是社会性的。只有当人们能够在人的身上分辨出哪些是属于他生活的特定社会的东西,哪些是构成普遍人性的东西时,这种区分才有意义。"而事实上这种区分是很难的。这就说明,即使作为著名的提出"发生认识论"的心理学家的皮亚杰也强调人的个性、修养、素质的后天生成的社会性特征。在他看来,人的先天性的心理结构,只是提供了交流和"发生认识"的"功能的可能性","并没有什么现成结构的遗传(同本能的情况正好相反,它有很大一部分是被遗传编码的)"。这无疑也是肯定了作为人文学科的艺术和艺术学的教育意义和功能。

德国美学家伽达默尔在其《艺术与真理》一文中论及西方人文主义传统的意义时,按照其拒斥自然科学方法的需要,考察了四个"人文主义的基本概念":"教化""共通感""判断力""趣味",并从艺术与真理的角度作了逐一的考察。他认为教化描述了一种深刻的精神转变,这个转变的具体内涵就是由个别性上升到普遍性。教化使人能和异己者融为一体,使人能在其中见出自身;教化的过程就是对"共通感"的培养和教化;共通感即是一种在具体情形中达到共同性的感觉;判断力的活动就是在个别中见出一般的活动;趣味则不是依据某个普遍准则,而是内在地以反思判断力的方式完成的……

从伽达默尔的论述我们至少可以概括出两点重要思想:首先,西方人文主义传统的重要精神就是"教化",就是人的可教育性和必须教育性。这教育的重要内容就是对类的、共同的感觉、普遍能力、"判断力""趣味"的培养。而人的人文精神培养的重要途径则是审美,是对艺术作品的经验和理解。因为,艺术经验中的欣赏和理解活动与自然科学的方法不一样,它不是依据某个抽象概念进行的,而是在对单个事物的感觉中,在具体的情形中发生的。也就是说,艺术经验活动如同美学的鼻祖鲍姆嘉登把审美学界定为"感觉学"一样,也始终是一种充溢主体性精神的、感性的、具体的、活生生的生命精神活动。"艺术的万神庙并不是一个向纯粹审美意识呈现出来的永恒的现在,而是某个历史地积累和会聚着的精神活动",而且,"无论如何我们不是从审美意识出发,而只是在人文科学这个更广泛的范围内,才能正确对待艺术问题"。这或许是伽达默尔作为一个哲学家和美学家尤重艺术问题的真正用心所在。正如论者指出,"无论是对人文主义传统的阐述,还是对康德及其后继者的美学思想的分析,伽达默尔最深层的目的就是要揭示,感性的具体的艺术经验活动的重要性。"

(陈旭光.艺术的意蕴[M].北京:中国人民大学出版社,2001.)

思考题

1. 简述人文知识的特点及内涵。
2. 如何掌握人文方法并运用人文方法分析问题?
3. 谈谈你对人文精神守护存在意蕴的理解。

第二章 人类生命的人文基因

第一节 生命之谜

什么是生命?

生命可能是吃饭、睡觉、散步、聊天、晒太阳、婚丧嫁娶、传宗接代……

但这几乎是人类刚刚从动物界分离出来的生命,是马克思所说的"人类史上的动物时期,是人类动物学"①的存在。

我们这里所说的"生命",作为哲学概念和生物学概念,它的内涵显然不是与"活着"这种日常话语所同义的。生命是一种文化现象而非仅是生物现象。人的生命与动物的生命属于不同现象:动物的生命是一种无意识的"存活";但人的生命不是这样——他不单按照大自然所给定的样子存续生命,还以某种超越自然的方式询问、反思和创造生命。意识、经验、梦魇、幻想、激情混杂在一起,通过过滤、分离、组合、升华,一种由理性和想象组合而成的奇妙的机体出现了。正是这种"理性和想象"的机体,使人的生命虽然裹挟着某种莫名的忧郁但仍不失人的属性。

按尼采的说法,人的生命存在不过是一种"未完成的存在"。说人是一种未完成的存在物,不仅意味着作为万物之灵的人的生命仅仅是一件粗糙的半成品,或如爱默生所说,"长着一张粗糙的脸",而且还意味着人的生命对世界永远保持着开放的姿态。假如人类生命是一种确定的、静止的存在现象,像天使那样,固然可以剪裁掉生命中许多忧郁和哀愁,但也使人的生命丧失了许多快乐,存在就会像一只机械的钟表,麻木而无足轻重地摆动时间的节奏。正因为人的生命是一种未完成的存在,参与到环境的流变之中,所以,才创造了人类所独有的生命——不像动物那样仅按照大自然给定的样子存活,还通过激情、想象、

---

① 马克思,恩格斯. 马克思恩格斯全集(第1卷)[M].中共中央马克思恩格斯列宁斯大林著作编译局,编译.北京:人民出版社,1956:346.

希望、梦魇、形而上学、神话与艺术创造出一个独特的生命世界:生物的世界、玄学的世界、神话的世界、艺术的世界。"人的生命被一个精确的基因密码所确定,基因密码规定了生命得以实现自身所需要的最小条件,但是由 DNA 所规定的诸种局限又不断地为生命所代替。对于人类来说,生命不仅仅是一个已经完成了的现实,生命也意味着一种探索、揭示和实现的可能性。"①

在生物学的意义上说,人的生命是一种"自然"现象,一种"被造"之在。

2000 多年前,古希腊德尔菲神庙上镌刻着这样一句箴言:"认识你自己!"

"认识你自己"这就是作为地球上一个特殊物种的人类生命活动的本质。

古希腊神话传说中有这样一个故事:

> 在忒拜国郊外的一座悬崖上,盘踞着巨人提丰与蛇妖厄喀德那所生的女儿——一个狮身人面的怪兽——斯芬克斯。它用智慧女神雅典娜教给它的隐语询问过往行人。假如过路的人不能猜中它的谜底,它就将他们撕得粉碎并吞食掉;甚至于连国王克瑞翁的儿子也未能幸免于难。于是,国王号召全国:无论谁为忒拜国斩除这个怪物,就可以获得王国并娶其妹为妻。这个谜语就是:什么动物在早晨用四条腿走路,中午用两条腿走路,晚间用三条腿走路。在一切事物中这是唯一的用不同数目的腿走路的动物,而腿最多的时候,正是速度和力量最小的时候。这是什么? 正在此时,俄狄浦斯来到忒拜城。他爬上斯芬克斯盘踞的悬崖,自愿解答谜语,一语猜中:"这是人啊!"斯芬克斯因失败而羞愧地跳崖自尽了。

虽然这只是古希腊神话传说中一则极为普通的故事,但它却说明了一个十分深刻的道理,这就是:人类对生命的认识多么艰难!

作为这颗星球上有意识、有心灵的物种,人类的所有生命实践,都可谓对生命本质的认识之旅,就像古希腊太阳神阿波罗神庙的那句箴言一样:认识自己并非仅仅出于认知的乐趣。人只有认识自己的生命,才可知晓如何成为人,成为什么样的人。可以这样说,人类的思想史、文化史、文明史,就是理性的人类自我即生命之本所认识的历史——"自觉的人把自己和自然界区别开来"。②

第二节　生命的人文思考

从苏格拉底、孔子、佛陀时代开始,人类就试图对什么是人的生命这样的问题做出合理

---

① 莫迪恩. 哲学人类学[M]. 李树琴,等,译. 哈尔滨:黑龙江人民出版社,2005:26.
② 列宁. 哲学笔记[M]. 中共中央马克思恩格斯列宁斯大林著作编译局,译. 北京:人民出版社,1974:90.

的解释。历经几千年的精神跋涉,虽然至今我们拥有了众多谈论"生命"的语言,或者说,虽然几千年来人类大脑和心灵系统一直在努力构造关于人的"生命"的知识,但是,我们关于人的生命实质的收获却很不理想。

迄今我们最熟悉的、几乎成为一种习惯性思维和话语的关于人的言说,是古希腊哲学家亚里士多德关于"人是理性的动物"这个命题。其实早在亚里士多德之前,苏格拉底和柏拉图也有类似的表述。"人是理性的动物"这个命题几乎奠定了东西方文化关于人的生命本质的诠释的"普遍语法",后人所做的工作基本上是在这个"语法"平台上进行的修辞形式的翻新。"思想"(笛卡儿)、"理智"(康德)、"精神"(黑格尔)都是如此。就连天才的帕斯卡尔也没有跳出这个思想框架。他的"人是会思想的芦苇"的比喻为世人皆知,但他给予我们的仍是那个关于人的认识的古典叙事(与他精深博大的《思想录》相比是那么的不协调)。

与哲学人类学这种生命哲学理论相似,宗教人类学也是在"人"的磨坊里空转。应该这样说,西方的宗教人类学一直不弃不舍地在人的周围徘徊,它试图说出点新的东西。但由于受文化基因的影响,它的这种超越失败了,最后,它又回到了原点:人是上帝的造物,因而生命也是逻各斯,是理性的存在。在亚当和基督这两个"神人"的影子中,我们看到了柏拉图的幽魂。人性就是神性,神性就是逻各斯,就是理性。

人类学(传统意义上的)关于人没有说出什么新的东西。这可能与这门学科的特征有关:它长于对所谓的"原始文明"种群生活形式的描写而拙于理论思辨。因此,它关于人的生命认知或者说关于人的定义只是一些经验性的描述。后期的人类学尽管超越了古典人类学这种狭隘,提出了"人是文化的动物"这样的命题,但这个命题的语义比较暧昧。根据一些学者的解释,当我们表述"人是文化的动物"这个命题时,说的是人与文化的互动关系;人创造了文化,同时又为文化所创造。可见,这只是表达了生命与文化之间的关系,而不是在揭示人的生命本质。

进入近现代社会以来,人类关于人的生命学说受到了几次重创。按弗洛伊德的说法,即三次大的创伤。一是哥白尼的"天文学革命"——"太阳中心说"残忍地拆毁了生命通向宇宙中心的"天梯",使人重新成为我们这颗星球上的普通的生命;二是达尔文的"生物学革命"——"生物进化论"彻底否定了人"受造"的神圣性,撕碎了罩在人的生命上那神秘的轻纱,裸露出生命没有退化殆尽的尾巴——人仅仅是从动物界进化出来的一种动物;三是"心理学革命"——精神分析扒下了人披在生命身上的"理性动物"的华贵装饰,指出"无意识"与"本能冲动"才是人类生命活动的基本特征。

进入 20 世纪后期,哲学、人类学、心理学的快速发展,使人类对生命的认识有了新的跨越。人类学家克利福德·格尔兹刷新了传统人类学"人是文化的动物"这一命题;哲学家

海德格尔在语言的原野里挖掘着人的本质;文化哲学家恩斯特·卡西尔在"符号"的平台上重写人的故事;还有社会学、心理学、社会生物学等对人的多样化解释。

上面仅仅以粗疏的文字勾勒了人类生命认识的思想路线图。对它的全景描写是人类思想史的使命而不是这个小小的语段的任务。即便文字如此简化,思路如此粗放,我们仍可从中看到人类对人的"生命"认识的复杂、沉重、艰难的心路历程。人类怎样认识自己、理解生命,在很大程度上决定了我们如何做人,如何与世界打交道,如何建构我们的世界;或者说,它决定着人类的命运。

"认识你自己!"人类从爱琴海岸的德尔菲神庙出发,历经2000多年精神探询,现在仍然在路上。

那么,人类的生命到底是什么呢?

现代生命科学越来越清楚地意识到这一点:所谓生命,不过是有机体的物理和化学成分以一种特殊而复杂的形式组合而成的一种有机体。不论是人的生命还是动物的生命都是如此。这一发现对于人类也对于关于人类生命研究的所有科学来说都具有十分重要的意义。尽管这可能令人类——这个自诩为地球上最高贵的物种——有些失尊,即我们从中得到了这样的信息:人在生物学意义上和其他生命体一样,属于一个家族共同体,在我们生命中具有永远不可泯灭的动物性。

在生命进化论的意义上说,人本是动物。有机体在存在方式上不仅受环境的制约,而且在最基本的组织方面也受到生物遗传基因的影响。但基因仅仅是构成人类生命分子生物水平的基础元素。事实上,在人与环境交互的过程中,生命不仅进化选择出了匹配环境的自动化生命管理装置,还发展出来人类超生物基因的生命组织。从发展认知神经科学的原理看,生命体的大脑越发达,其神经元的节点就越多,神经元连接的广泛性也就越强,基因密码就越复杂,与环境进行信息交流的复杂性就越高。我们所说的"超生物"生命系统,就是人类生命中的意识、心理、精神,也就是生物进化学所说的"模因"。它们虽然也源于与环境的交互,但并非环境的模板,而是意识、意向与环境、基因共同作用的产物。如此而言,人的生命实质为基因与模因的合成体。

**知识延展**

人文精神与现代人生命意识

孙正聿　李璐玮

现代文明创造了一个人工的世界。人工的世界是现代人的生活世界。耸入云天的高楼大厦是人工的崇山峻岭,呼啸奔驰的车水马龙是人工的湖海江河,纵横交错的交通网络是人工的森林原野,五光十色的灯火霓虹是人工的白日黑夜。

自然变成了遥远的旧梦,自然在现代人的生活世界中隐退了。

自然的隐退,使人感受到一种"分离",一种"演员与他的布景的分离",人的生命活动似乎是一场"无底棋盘上的游戏"。

自然的隐退,使人感受到一种"缺失",一种"确定性"的缺失。"根基性"的缺失,人的生活像闪烁的霓虹一样不断地变幻着颜色。

于是,现代人在焦虑中形成了强烈的寻根求本的自我意识——寻求生命活动之根和安身立命之本。

那么,生命之根在哪里?立命之本在哪里?

老子说:"人法地,地法天,天法道,道法自然。"庄子说:"天不得不高,地不得不广,日月不得不行,万物不得不昌,此其道与!"于是,老子向人们展示了"绝圣弃知"的"小国寡民"之美,庄子向人们讲述了"卧则居居,起则于于,民知其母,不知其父,与麋鹿共处,耕而食,织而衣,无有相害之心"的"至德之隆",陶渊明还为人们描绘了一幅"结庐在人境,而无车马喧"的美好淳朴、自由自在的"桃花源"的图景。

在老庄的思想中,是人类的文明搅乱了无我并存、各得其性的自然生活,人的立命之根是原始形态的自然,人的立命之本是原始人性的自然。由此可见,老庄的"回归自然",是要求向"自在"的自然的回归。如果老庄看到自然隐退的现代文明,真不知该是怎样的深恶痛绝。

然而,无论有多少人向往那种无物我之分、无主客之别的浑然一体的"自在"的自然,人却不可能"再返回森林去和熊一起生活",人也不可能"渴慕用四只脚走路"。回归自然,不是舍弃文明回到"自在"的自然。向远古荒蛮时代寻找人性的自然,只能是表达人们力图克服人工世界带给人们的"无根感觉"的憧憬,只能是表达人们力图改变"自然的隐退"带给人们的"流浪感"的向往。一句话,向远古蛮荒时代寻找人性的自然,只是人的寻求生命之根和立命之本的表达,而绝不是生命之根和立命之本的现实。

现实的生命之根和立命之本是人的生活。生活的自在自为即自由的生活,才是人的生命之根和立命之本。

人的生命不同于动物的生命,人的生活不同于动物的生存。动物只有生物生命,动物只是按照物种的本能生存。"一只鸽子会饿死在满盛美味的肉食的大盆旁边","一只猫会饿死在水果或谷物堆上"。这是因为,动物只有一个尺度,它所属的物种的尺度。动物的生命之根就是它所属的物种的尺度,动物的立命之本就是它生存的"自在"的自然。

人不仅有生物生命,而且有精神生命和社会生命,人是三重生命的矛盾统一体;人不仅生活于自然世界,而且生活于自己创造的文化世界和意义世界,人的世界是三重世界的矛盾统一体。因此,人的生命之根是人的三重生命的和谐,人的立命之本是人的三重世界的统一。美,就是人的三重生命与人的三重世界的统一与和谐。

人类超越了自然,又在自身的发展中力图使自己在高级的层次上回归于自然,达到"天人合一"的境界,"自在自为"的境界,人与自我、人与社会,人与自然的和谐之美的境界。这是现代人的"生态意识""全球意识"和"人类意识",也是现代人的"心态意识""价值意识"和"审美意识"。这种现代人的教养,是人类实现新的自我超越的生命之根和立命之本。

(孙正聿,李璐玮.现代教养[M].长春:吉林教育出版社,1996.)

第三节　基因与模因合成的生命

一、自然与文化

如果说,人类是一种生物学意义上的有机体,那么,人是怎样发展出心智系统,结成社会,过上一种区别于"动物生命"的人的生活的呢? 是由于文化。正如上文所述,生物体的大脑越是发达,基因库就越复杂,紊乱的冲动和秩序的能力即自我组织的功能也越强。人类生命在漫长的进化过程中,随着大脑的发展并日趋复杂化,行为与生活(姑且称之为生活)也变得越来越复杂起来。这样,为了应付复杂的环境,人类知觉加工、编码记忆、知识储存以及经验传递(遗传的与文化的)等系统和能力逐渐完善起来。特别是随着语言的出现,可以说是人类生命进化史上一次空前的跨越。语言作用于生命,不仅使个体与个体之间的经验与信息沟通、传递成为可能,使知识、技能、经验的贮存成为可能,更重要的,通过语言对大脑的塑造和对世界的标记,不仅使远古人类混乱的激情和迷乱的心智得以结构化和秩序化,而且也使生命所面对的混沌一体的世界成为一个意义世界。正是文化而不完全是环境使人类完成了生命从生物到人化的"进化起飞"。英国社会生物学家爱德华·O.威尔逊曾指认了这一事实:

> 人类社会的进化是沿着遗传的二元路径进行的:文化路径和生物学路径。文化路径是拉马克式的(lamarckian),速度非常快;而生物学路径是达尔文式的(darwinian),往往是非常缓慢的。[①]

所谓拉马克式,就是借助于后天习得,使上一代将自己获得的知识、经验、技能等可以传递给后代,后代在这个基础上实现跨越式发展(与动物比较)。而且,也正像进化人类学

---

① 威尔逊.论人性[M].方展画,周丹,译.杭州:浙江教育出版社,2001:7.

所指出的,人不仅通过文化传递并且通过文化学习促进了生命完善和文化演进;而文化演进又为生命提供了更新更多的可学习之物,从此生命进入了一个新的发展道路。正是在这个意义上,我们才说,文化构成了人类生命的另一种基因——模因,人变成了文化动物。马克思所说的"人的本质的东西的现实基础"就是文化——由传统传递而来的"生产力、资金和社会交往形式的总和"。① 我们不妨从"生命肌理"的最基础层面,从生物人类学角度对此做一解释。

(一)自我的发展

从人类进化史的角度来说,自人类意识诞生的那一天起,人类就形成了清晰的自我意识以及自我与世界的关系意识。曾获诺贝尔物理学奖的著名物理学家薛定谔在《生命是什么》一书中给生命作了一个简单的定义,即"人类有意识的生命,必然是一场不断地反对原始自我的斗争。"②也就是说,人类的生命,自从意识发生以后,它就产生了一种新的向度,即不断地反对原始自我。那么,什么是原始自我? 在神经学家、生物学家的理论里,原始自我指的是人靠最基本的遗传本能,靠大自然嵌套给我们的生命管理系统来维系整个生命的存在。美国著名神经学家 R.达马西奥把人的自我分为三个不同的层次:原始自我、自传体自我和文化自我。

原始自我是指推进生命运动的最基本的原始本能的那个"我"。比如,我们日常的睡眠、饮食、繁衍后代等;自传体自我则是人类陈述性的自我,指的是通过我们的意识对环境信号的加工编码所形成的"我"的经验,包括我是谁、我的父母、家庭成员、成长历程等一系列关于我的经历和社会情况的一种自我意识,它维系着关于"我"的一个最基本的认知坐标。很多失忆症患者并非没有发展起来自传体自我,而是大脑中相应的神经组织在特殊情况下受到了病理性损伤,而致使自传体自我的残损。还有一些阿尔茨海默病患者会出现不知道自己是谁,不知道自己的家庭住址等基本信息的情况,主要是随着年龄的增长,身体机能的老化,大脑神经系统的退化,部分神经细胞的死亡带走了他的一部分记忆信息,造成其自传体自我的部分性缺失。

文化自我是我们在这个社会空间通过各种各样的社会文化符号建构起来的一种自我。它带有某种超越性甚至带有某种假设性、想象性。比如,我是某神灵、英雄或圣贤的后代。我们也可以将其视为通过文化想象构建起来的自我。

薛定谔所说的"反对原始自我"中的"原始自我"意即英国著名社会生物学家威尔逊所

---

① 马克思,恩格斯.马克思恩格斯全集(第3卷)[M].中共中央马克思恩格斯列宁斯大林著作编译局,编译.北京:人民出版社,1960:43.

② 薛定谔.生命是什么[M].仇万煜,左兰芬,译.海口:海南出版社,2017:107.

说的"利己主义"的生物性的"我"。"利己主义"是所有生物自我保护的本能,原始社会早期的人类也自然如此。由于"原始自我"对人类存在具有很大的破坏性,所以早期人类在反对"原始自我"的斗争中就发展出来"利他主义"。早期人类出于对自我与种系的保护,必然要牺牲一部分自我利益以维系团体的稳定与强大,即通过"利他主义"的发展,使自我获得更好的生存条件。利他主义即我们今天所说的伦理道德,其最基本的内涵是对他者负责,也就是列维纳斯所说的我们对他人负有责任。

从古生物史和人类进化史的角度来看,自人类这一种系成为"人类生命"之日起,人文活动就成为其生命活动的主流——不仅仅是利他主义战胜了利己主义,还包括想象、希望以及对自由、创造和美的追寻。关于人类生命的这一人文本性,马克思在《资本论》中作了清晰的阐述:

> 蜘蛛的活动与织工的活动相似,蜜蜂建筑蜂房的本领使人间的许多建筑师感到惭愧。但是,最蹩脚的建筑师从一开始就比灵巧的蜜蜂高明的地方,是他在用蜂蜡建筑蜂房之前,已经在头脑中把它建成了。劳动过程结束时得到的结果,在这个过程开始时就已经在劳动者的表象中存在着,即已经观念地存在着,他不仅使自然物发生形式变化,同时他还在自然物中实现自己的目的。[①]

马克思这里所说的"观念",不仅指建筑工匠大脑中的建筑材料和建筑形式观念,更主要的是一种审美理念;"在自然物中实现自己的目的",即通过技艺实践创造出"合规律性和合目的性",即美的世界。

(二)生命与文化

法国著名古生物学家德日进在《人的现象》一书中,详细考察了人类进化的历史。按照他的观点,早在尼安德特人的时代,人类就存在着生命的理性之火。在远古时代的智人那里,发生了艺术与宗教。我们在山洞的岩壁上或墓葬里都曾发现早期智人所刻画的各种各样的符号,即原始艺术。尽管我们大多认为这些符号可能是为了满足早期人类巫术活动的需要,但其实不止如此。这些原始艺术作品在满足基本生命需要的同时,也给生命带来了创造和自由的快感。此外,语言、神话、巫术等也都随着人类意识的清醒而成为人类对世界进行秩序化的符号。事实证明,在人类的童年,生命就充满了人文气息。"价值不只是生命的一种偶然的附带效应;恰恰相反,之所以有生命,是因为生命的价值的必要条件。"[②]正如马克思所说:

---

① 马克思,恩格斯.马克思恩格斯全集(第23卷)[M].中共中央马克思恩格斯列宁斯大林著作编译局,编译.北京:人民出版社,1972:202.
② 内格尔.心灵和宇宙[M].张卜天,译.北京:商务印书馆,2017:149.

只是由于人的本质客观地展开的丰富性，主体的、人的感性的丰富性，如有音乐感的耳朵、能感受形式美的眼睛，总之，那些成为人的享受的感觉，即确证自己是人的本质力量的感觉，才一部分发展起来，一部分产生出来。……五官感觉的形成是迄今全部世界历史的产物。人按照美的规律来构造。①

因此，我们也可以得出这样的结论：自人类意识清醒的那一天起，人就开始不断地反对原始自我，即反对利己主义，扩张利他主义。人类的利他主义的出现在生物学上切切实实是一个奇迹。所以我们说，人类的生命一开始就具有人文气息，尽管这里的人文意识和我们今天所说的人文主义、人文精神、人文素养还有很大的距离，但是这种利他主义伦理向度的萌发已经将人类的生命进化导向人文的轨道。

二、生命组织与人文文化

人的生命是一种"文化生命"，这一命题不仅意味着人的生命组织具有储存、传递、分享知识和经验的能力，而且还在于通过生命组织对经验、知识、语言的编码，产生了人类的生活技能、想象与价值系统。早期人类不仅通过生活经验的积累进化生命，更通过伦理、神话、艺术等人文文化完善生命。正是人文文化作用于生命组织，人的生命才不再充满混乱与恐怖，也不单纯是一个玄虚而空泛的机体，而是一个秩序井然、意义自足的有机体。我们不妨从社会生物学原理做一阐释。

在社会生物学的意义上说，生命本身是一个杂糅着喜与悲、甜与苦、希望与失望、成功与失败的大杂烩。生命过程，从无意识到意识，从粗糙到精致，从动物性到人类性，是一个反复试验、不断完善的过程。所谓"试验"，即生命与环境在不同水平上的相互作用。通过这种交互，不仅打破了生命系统的封闭与僵硬，变得充满生机与活力，而且，通过汲取宇宙信息、时间经验以及诗和远方的意向，也使得生命变得更加完善、精巧。艺术、哲学、伦理，乃至于劳动、游戏，都可以说是生命试验的形式。

根据生物谱系学，人类与其他动物本属"共同体"。大自然在造就这些生命时并未特殊照顾人类。但后来却只有人类这个种系过上了"人类的生活"，而其他物种迄今仍在其自然的"家神庙"前徘徊。为什么？根本原因在于人类在漫长的生命试验过程中把过程及经验整理成了文化，并将文化作为另一种信息登录在大脑中，形成了一种与遗传基因互补的"文化基因"。文化基因的生成，是人类与其他动物分道扬镳的历史性革命。正是由于文化的生产和基因编码，人类原与动物一样的意识、梦幻、求取等生命活动不再是无意识的

---

① 马克思.1844 年经济学哲学手稿[M].中共中央马克思恩格斯列宁斯大林著作编译局，译.北京：人民出版社，2002：58.

性情起伏,而是化为热烈奔放的神话巫术、理性清明的形而上学和美轮美奂的文学艺术等。从此,人类生命不再是生物指令的简单回应,而是变成了高级的意向活动。生物学家恩斯特·海克尔说得好:"在灵魂生活的最高阶段,文明人有了最细致的情感,有程度不同的好与恶、爱与憎,这些就是文明史的动力,是诗歌的不竭源泉。"①从种系进化的角度说,当160万年前人类祖先走出非洲,穿过曼德海峡,开始扩散到世界各地之时起,当原始艺术、神话和简单的社会伦理诞生之日起,人类生命就与其近亲物种的生命区别开来,成为海克尔所说的拥有"高级灵魂"的生命。

按照生物进化论,人类生命的完善,最基本的表征就是生命的重要组成部分——感觉系统的进步和完善,即由简单到复杂、由粗糙到精致。尽管感觉的敏感和丰富会给人类带来许多烦扰和哀愁,失去了动物和早期智人所拥有的那种单纯和快乐,但即便如此,我们仍希望拥有一个丰富的感觉世界。动物和远古时代智人的单纯和快乐显得有几分傻气和单调,缺乏厚重和明晰感。特别是人的生命感觉的丰富,正像马克思所揭示的那样,是人的本质实现的重要生物工程。

在感觉人类学的意义上,生命感觉系统的丰富不仅依赖于日常生活实践,如我们通常所说的劳动,更需要文化尤其是人文文化的教化——哲学、艺术、审美甚至于神秘的宗教。其中,艺术、审美、文学(口语文学)发挥了十分重要的功能。从某种意义上说,艺术、文学与美学就是感觉人类学。正如我经常说的一句话:"没有艺术修养,没有审美能力,人无论多么丰硕,都永远是个半成品。"需要特别指出的是,文艺、审美对于人类生命的重要价值,也许并不仅仅在于其为生命存在创造了一个美的世界、善的对象世界,更在于其对人类生命组织的完善。而生命组织的完善,恰是人类由愚昧走向成熟、由低级走向高级的过程。尤其是生命系统中最主要的部分——心理系统的发展和完善,象征着人类生命的高级进化。下面我们分三个方面论述这一点。

第一,人文文化完善了人类的心理结构。前面曾分析说,人类生命组织并非单一的生物/生理系统,也是一个文化系统;也并非纯粹的理性结构,而是一个理性与感性浑然一体的结构。生命活动固然缺少不了理性,但纯粹的理性统治则是生命的异化与钝化。真正和谐圆满的生命应是理性与感性的圆融统一。

从心理学的角度看,生命的完善不仅意味着有意识、有思想,而且还意味着有成熟的心理和深层的心理——灵魂。作为生命系统深层组织的灵魂,正如荣格所分析的那样,它更多地呈现为感性的、阴柔的、女性的气质,因而也主要地具有感性的色彩。如果心理完全为理性主宰而感性活动处于被压抑状态,那就意味着生命的残缺不全。荣格分析道:人的欲

---

① 海克尔.宇宙之谜[M].袁志英,等,译.上海:上海译文出版社,2014:111.

力如果完全投射于社会的层面(即单一化),实质便是生命的退化。人固然可以在很大程度上被机制化,但绝不能达到完全放弃自身的地步,否则会造成重大的伤害。因为人越是与某一种功能同一,越是对这种功能投注欲力,就要从其他功能那里撤回欲力。这些功能固然能够长期容忍欲力的被剥夺,但最后它们终将反抗,引发对主导功能的病态性扰乱,导致许多心理病症所常见的那种典型性的恶性循环,最后达到神经崩溃的地步。① 而感性的满足,正源于审美活动和艺术活动。

第二,人文文化不仅铸造了一个理性与感性圆融统一的心理系统,而且,艺术与审美也使人的心理变得更加完善精致。哲学家怀特海曾经说过这样一段话:

> 艺术提高人类的感觉。它使人有一种超自然的兴奋感觉。夕阳是壮丽的,但它无助于人类的发展,因而只属于自然的一种流动。上百万次的夕阳不会将人类推向文明。将那些等待人类去获取的完善激发起来,使之进入意识,这一任务须由艺术来完成。②

大自然的千姿百态、奇妙绚丽也能唤起人类的幻想和情感,但不管怎么说,由大自然所引发的闪烁不定和不着边际的幻想与欲望,并不具备人类心灵的高级性态。只有当生命的心理系统变得日趋明晰、清澈和精致,人类的生命才与人类这个特殊的物种相匹配,人才能够过上一种高级的生活。

关于艺术与审美对人类心理系统的完善与精致,我想解释的重要事实就是,审美和艺术活动改善和丰富了人类的感觉系统,把原本属于动物的那种粗糙、简陋、混沌的感觉系统变成了人类所独有的感觉组织。我们确实可以从大自然中听到风声、雨声、流水声,感受到赤橙黄绿青蓝紫等七彩霞光,感觉到石头的软与硬,它也可能激活我们的某些情绪与想象,但这却很难令我们产生沉雄、激越、凄清、忧郁等细腻感,更不可能在太阳的光谱中产生某种或神秘或敬畏的情感,在冰冷的石头上感受到人类生命和灵魂的脉动,当然也不可能在各种各样的钢琴曲和栩栩如生的形象中分辨出哪个是莫扎特,哪个是萧邦,哪个是舒伯特,哪个是提香,哪个是凡·高等。只有通过不断与文学、艺术游戏,人类复杂而细腻的感觉能力才能完善起来。纳尔逊·古德曼说得好:"风格通常只对智慧的眼或耳、调谐的敏感性、见多识广的和好奇的心灵开放。"③只有在艺术品的反复凝视和精细感受中,才能培养出感受声音、色彩、质地的感觉系统,"风格"才是一个有意义的概念。也正如维特根斯坦所分析的那样,艺术感受可以使我们的感觉系统变得更为丰富、强烈和精确——对一首乐曲的理解伴随着我们各种情感的复杂运动。在维特根斯坦看来,音乐之所以是一种极为复杂、最为

---

① 荣格.心理类型[M].吴康,译.上海:上海三联书店,2009:254-255.
② 怀特海.观念的冒险[M].周邦宪,译.贵阳:贵州人民出版社,2007:251.
③ 古德曼.构造世界的多种方式[M].姬志闯,译.上海:上海译文出版社,2008:41.

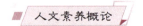

成熟和精妙的艺术,是因为它是为人创造的。在1931年的一则随笔中他这样写道:

> 有些人认为音乐是一种原始的艺术,理由是它只有几个音符和节拍。然而,音乐只是表面上显得简单而已,它显示的内容是由音乐的实体来诠释的。从另一个方面讲,音乐的实体包罗着无限的复杂性,其他种类的艺术用各种外部的形式来提示这种复杂性,而音乐却将其隐匿起来。由此可见,音乐是一种成熟和精致的艺术。①

维特根斯坦的这段话不仅是在表述音乐艺术的复杂与精妙,而且还告诉我们,欣赏艺术可以培养我们感觉的丰富性和敏感性。这并不奇怪,从认知心理学的原理分析,因为艺术,无论是音乐、绘画、建筑、舞蹈,还是戏剧、小说、诗歌,都是艺术家精心创造的高级符号系统。因此,当这些符号输入到我们的知觉系统,当脑—心理系统对这些符号进行加工时,不仅将我们的注意力引向日常生活中很少注意的那些特征,而且对艺术符号的精致结构进行加工所产生的知觉表征、心理表象以及所形成、存储的经验也更有细节性。如蒙克的作品《呐喊》就是这样:通过画面上那张扭曲而变形了的脸,使我们与作品中人物的情感产生了强烈的共鸣,从而真正理解了什么是孤独与痛苦。即使是喜剧小品也是如此。它们不仅激活了生命某种低级的欲望,也同样通过个性化的语言、丰富的色彩、精致的图像激发着我们的想象力,丰富着人类的心理世界。卡西尔认为:"我们在艺术中所感受到的不是那种单纯的或单一的感情性质,而是生命本身的动态过程,是在相反的两极——欢乐与忧伤、希望与恐惧、狂喜与绝望——之间的持续摆动过程。"②这个"持续摆动"的过程,其实就是心理系统不断刺激—反应、表征、细化乃至于升华的过程。马克思所说的艺术教育给我们"有音乐感的耳朵""感受形式美的眼睛",从而确证自己是人的本质力量的感觉的发展所表述的就是这个意思。③通常所说的艺术给我们的震动就是"惊愕"或熟悉的世界"陌生化",其实所表述的也是这种意思,即艺术需要人以一种复杂的心智加工、表征,从而使我们产生更丰富的心理表征和经验,产生认识、理解和创造世界的新的能力。马修·基兰说得好:"艺术有助于为我们创造那个视觉世界。耐心地观看并向这些画作作出回应使得我们成为更加有识别力的感受者。它在深化并且丰富着我们的精神生活。"④

第三,人文文化不仅使心理系统更加发达,感受力更加敏锐,而且它也将心理体验调整得更细腻、更深刻。人类自然可以从大漠落日、小桥流水中体验到崇高与优美,但从自然景

① 赖特,尼曼.文化与价值:维特根斯坦随笔[M].许志强,译.杭州:浙江文艺出版社,2002:22,19.
② 卡西尔.人论[M].甘阳,译.上海:上海译文出版社,1985:189.
③ 马克思.1844年经济学哲学手稿[M].中共中央马克思恩格斯列宁斯大林著作编译局,译.北京:人民出版社,2002:87.
④ 基兰.洞悉艺术奥秘[M].刘鹏,任慧,许春阳,等,译.北京:北京大学出版社,2010:111.

观中我们永远也体验不到悲剧的情感净化与升华感;观看田鼠愚蠢的动作也不会令我们产生喜剧的滑稽感。人类的复杂、细腻、深刻的审美感源于艺术的培养。柏格森曾说过:"艺术家把我们带到情感的领域,情感所引起的观念越丰富,情感越充满着感觉和情绪,那么,我们觉得所表现的美就越深刻。"①我们固然可以从高崖上的一棵苍松身上产生一种高拔或峭拔的感受,但我们却不可能在这苍柏身上产生欣赏悲剧时的那种情感反应(比如对悲剧中丑的、恶的、可怕的、恶心的东西的消极的心理反应)。日本作家川端康成这样说过:"当你欣赏雪景的美或月亮的美时,总之,当你为四季的美所震撼时,当你面对美而感到满足时,你特别会想起朋友们:想同他们分享快乐。观赏美会激起人最强烈的同情和爱。"欣赏大自然的美景固然可以使我们想起朋友,想同他们一起分享快乐,但这种体验与我们对"江天一色无纤尘,皎皎空中孤月轮。江畔何人初见月? 江月何年初照人? 人生代代无穷已,江月年年望相似。不知江月待何人,但见长江送流水。白云一片去悠悠,青枫浦上不胜愁。谁家今夜扁舟子,何处相思明月楼?"(张若虚《春江花月夜》)这样优美诗句的加工所产生的心理体验是不可同日而语的,即它不像观赏自然景物那样只是激活了我们"自传式记忆"中的故人形象,它所激活的更多的是我们对故人的深深思念和离别的哀愁的心理。对艺术符号把玩得越细腻,对诗句中的意象加工越精细,所产生的心理体验就越深刻。

王渔洋读孟襄阳的诗《晚泊浔阳望炉峰》说:"诗至此,色相俱空。"②

宗白华先生观宋、元人的山水画,在一花一鸟、一树一石、一山一水中发现了无限的深意,无边的深情。③

罗丹在抚摸维纳斯的雕像时,感受到了皮肤的温度与肢体的美——臀部富有肉感的曲线和腰部令人销魂的浅涡。④

黑格尔在观赏拉斐尔的"圣母"像时说道:"我们确实可以说,凡是妇女都可以有这样的情感,但是却不是每一个妇女的面貌都可以完全表现出这样深刻的灵魂。"⑤

柴可夫斯基在评价莫扎特的音乐时这样说道:"谁也没有像他那样令我痛哭,因为兴奋和认识到自己接近某种理想而战栗。"⑥

海德格尔面对凡·高笔下一双极为普通的农妇的鞋,从鞋具磨损的内部那黑洞洞的敞口中,想到了农人劳动步履的艰辛,寒风陡峭中挪动在一望无尽、永远单调的田垄上的步履的坚韧和滞缓,想到了暮色降临,这双鞋在田野小径上踽踽而行,听到了大地的召唤,看到了成熟

① 柏格森.时间与自由意志[M].吴士栋,译.北京:商务印书馆,1958:12.
② 出自王士祯的《分甘余话》。
③ 宗白华.美学散步[M].上海:上海文艺出版社,1981:71.
④ 罗丹.艺术论[M].北京:人民美术出版社,1978:30-31.
⑤ 黑格尔.美学(第1卷)[M].朱光潜,译.北京:商务印书馆,1979:201.
⑥ 郑林.艺术圣经——巨匠眼中的缪斯[M].北京:经济日报出版社,2001:201.

的谷物的宁静的馈赠、大地在冬闲的荒芜的田野里朦胧的冬眠、对面包的稳靠性的层出不穷的焦虑以及那战胜了贫困的无言的喜悦和分娩时阵痛的哆嗦、死亡逼近时的战栗……①

艺术家、美学家、哲学家没有虚构和夸张。艺术品是艺术家通过深刻的心灵体验和丰富的表意符号创造的一个玲珑巧妙的世界。其丰富的意象、深刻的情感刺激人的感觉组织,激活了人的全部心理资源,扩大了人的时空想象,激发了心灵远游的动力,使人的生命洋溢着淋漓的元气,焕发出蓬蓬勃勃的造化的生气。正是在这种意义上,我们才说艺术与审美不仅为人类创造了一个美的世界,也创造了一个新的世界,一个深化与丰富人的心灵体验的世界,因而也是马克思所说的人的本质力量的确证——"激情、热情是人强烈追求自己的对象的本质力量。"②

通过上述生物心理学分析,我们现在似乎可以重新绘制人类这个特殊物种由一般动物生命到人这样一种心智动物生命的进化图谱。无疑,人类作为一个生物体,其生命的存在与进化主要是遗传信息即脱氧核糖核酸(DNA)的作用。所谓遗传信息,可以理解为以记录或者标记的形式保存和再现生命组织密码和程序的一种"神经记忆"。正是这种记忆使得生命系统的动态性成为一种可能。但对于人来说,其生命存在不仅依靠遗传信息,它还需要另一种信息,这就是人类通过长期的生产生活实践提炼和生产出来的经验、知识、技能、制度、信仰、艺术等。这些文化物作为一种环境信息通过加工与记忆刻录在人的大脑信息库中,形成了与遗传信息相补充的另一种信息,即"文化信息"(文化应该理解为一个信息系统)。人类大脑信息库文化信息刻录的重要意义并不在于它补充了遗传信息,而在于它改变了人类的基因图式:遗传基因/文化基因的共构。正是这种混合型的基因图式,不仅使人类这个物种具备了真实的生命(而不是像天使与动物),而且还创造了生命行为的独特性与复杂性。

总之,由于人类这个物种不仅是环境的产物,还是一种文化学习和创造的动物,发展出了特殊的脑和心理系统,生命在进化与发展过程中走上了一条与动物不同的道路,形成了一个与动物完全不同的生命。这样说并不意味着文化出现之后人类的生物信息就毫无用处,或者说祖先留下的财富就抛弃了。文化信息的重要性不在于它取代了生物信息,而在于它补充了哺乳动物的遗传信息适应环境的有限性,补充了生命能力天生缺陷,并改写了人类生命进化的道路。

一位历史学家对此的表述虽有些笨拙,但却击中事实:人并不是经过深思熟虑后,选择了文化摒弃了野蛮,而是,因为人是依赖于文化而存在的,所以文化便成了人的(第二)天

① 海德格尔.林中路[M].孙周兴,译.上海:上海译文出版社,1997:17.

② 马克思.1844年经济学哲学手稿[M].中共中央马克思恩格斯列宁斯大林著作编译局,译.北京:人民出版社,2005:87,107.

性。但对动物来说,它们是跟随自己的本能来适应周遭的环境,人缺乏这样的本能,因此就需要去适应文化这样一个象征意义体系,世界被这个体系通过象征的方式传达给个人,并由此才变成了一个对人来说适于生存的世界。人对此别无选择,人并不是在做挣脱野性的工作,而是在弥补一种先天不足。①

三、生命过程与人文文化

当我们把视野从人类种系进化层面拉回到我们个体的生命历程,我们也同样可以得出这样的结论:人类的生命进程也是人文性的。

当我们出生的时候,当我们来到这个世界的第一天起,我们首先接收到的信息就是人文信息,虽然此时我们并没有明晰的自我意识,但我们已经浸润在人文文化的洗礼之中——家庭为我们举行诞生庆典,这是我们所接触的第一次人文文化活动。之后,我们在母亲的怀抱里,在摇篮里,倾听着母亲为我们轻轻哼唱的摇篮曲,伴随着优美的摇篮曲我们慢慢地进入梦乡……

当我们成长之后,早期的社会化将我们抛入丰富的人文世界,比如在家庭、社区、学校参加的各种各样的活动。这一过程被社会学家称为人的社会化。其实社会化之"化"者正是人文文化。唱儿歌、表演历史剧、听社区的老者讲述社区的历史等。这些人文文化不断地在我们心里面积累,不断地生根成长,由此我们的生命生成了基本的世界观和伦理意识。美国新精神分析学派的代表人物爱利克·埃里克森用一个特殊的概念指称这一过程——"人的第二次诞生"。所谓第二次诞生,即通过各种各样的文化游戏,使我们由自然人变为一个社会人,我们逐渐褪去原始的生物外衣,变成一个基因和模因合成的动物。

当我们成熟之后,比如说我们的青年时代,我们开始接受各种学校教育和社会教育,不断地形塑我们理性的世界观。通常而言的教育往往指正规的学校教育,其实人的一生都是在不断地接受教育并完善自我的过程。我们在工作之余阅读小说、观看戏剧、聆听歌曲,都是在接受教育。正是通过各种人文教化,形构了我们的世界观、人生观、价值观。

到了老年阶段,我们的生命更需要人文化。此时,我们的世界观基本成型,人生观基本稳定,而我们的生命也即将走向一个新的阶段。这个时候,我们需要人文文化来照料我们的灵魂。伟大的心理学家荣格曾经说过:一个年过六旬的老人,还不能聆听树上的鸟叫和身边小溪的水声,那么他就是个精神的木乃伊。他的意思是说,人到老年应当把对外征服的欲力撤回,转向自身,赋予生命一种审美维度,如此才能使得老年人的心理健康,灵魂得以安慰。

---

① 阿斯曼.文化记忆[M].金寿福,黄晓晨,译.北京:北京大学出版社,2015:141.

当我们的生命接近大限即走向死亡的时候,我们的亲人举行各种各样的人文活动把我们送上永恒之路;安魂曲、葬礼演说、哀乐等,它们都是一种人文文化。比如在佛教地区,人们会为死者举行临终关怀,通过诵念佛经,让死者安详地踏上永恒之路。在西方世界,在死者或临终者面前诵念《圣经》和赞美诗等,也是一种人文性的生命终极关怀活动。赵鑫珊用诗一般的语言表达了人文文化的这种"终极关怀"价值:

在我快要瞑目,回到宇宙无限时间和无限空间之前的那一刻,我只想再聆听一遍贝多芬的《D 大调庄严弥撒》;在我的心目中,那旋律,那和声、律动和音响,仿佛就是直接从天国撒下来的一串串闪闪发光、在秋风朗月之夜不断作响,送我踏上归程的银铃或晨钟暮鼓。

我深信,一个人在临终之前赤裸裸地表达刻骨眷恋之情的东西,必定是支撑他长年活过来,又再活下去的支柱。如果地球有朝一日毁灭,那么,最后毁灭的几样东西便是贝多芬和莫扎特的音乐,还有数学和理论物理。[①]

至此,似乎到了对生命进行重新定义的时候了。人的生命定义,不能依据其自然能力,如古典生物学所理解的基因能力;仅仅说人是"理性的动物""精神的动物"也显得有些空洞。人的生命区别于动物生命的独到之处就在于:通过遗传信息凝聚到生存实践之中,通过实践智慧的提炼与创造生成文化信息,创造了一种"基因/模因"混合的生命。所说在生命哲学的意义上,"生命"不单是物理学意义上的物质现象,也不单是生物学意义上基因的,也是一种人文现象。也正因人的生命的人文性,人的世界才不只是一个逻辑的世界,也是一个白日梦的世界、童话的世界、神话的世界、艺术的世界,一个让人可居、可游、可赏、可把玩的人文世界。

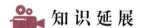 **知识延展**

人类的状况

埃里希·弗洛姆

人类,就其身体及其生理机能而言,属于动物王国。动物的活动受一定的行为模式的支配,而这些行为模式又是由其遗传的神经构造所决定的。动物所处的发展等级越高,其行为方式就越具有灵活性,其生来具有的结构的适应性也就越不完全。在较高级的灵长目动物中,我们甚至发现它们具有相当高的智力水平,那就是运用思维来达到既定的目标,从

---

① 陈子善.流动的经典[M].杭州:浙江人民出版社,2000:63。

而使动物能够远远超越由本能所控制的行为模式。但是,尽管它们在动物王国中有巨大的发展,一些固有的生存因素依然是不变的。

动物按照自然界的生物法则而"生活",它是自然界的一部分,从未超越于自然之上。它没有一个有道德的自然的良知,没有自我及自我存在的意识,没有理性,如果理性是指具有透过由感觉控制的表象从而理解表象背后的本质的能力的话。所以,动物没有真理的概念,即使它们或许有关于什么东西有用的概念。

在动物进化的某个特定的点上,出现了一个独特的突破,这一突破的意义可与物质的首次出现、生命的起源以及动物的第一次出现相提并论。在进化的过程中,当行为不再受本能控制,对自然的适应失去其强制的特性,当行为不再受遗传机能的支配,当动物超越自然,超越纯粹的生物消极作用,从生物学角度而言,当它成为最无助的动物时,人类便诞生了。这时,这种"动物"依靠直立行走把自己从自然中解放出来,他的大脑发育远远超过了最高等的动物。人类的诞生可能持续了几十万年,但是更重要的是一个新的物种诞生了,超越了自然,生命开始意识到了自我的存在。

自我意识、理性与想象打破了动物存在的特征:和谐。他们的出现使人类成为怪异之物,宇宙的畸儿,他是自然的一部分,臣服于他的物理法则而不能改变他们,在其他方面他却能超越自然。他是自然的一部分,却又与自然分离;他无家可归却又与其他动物分享共同的家园。在偶然的地点与时间他被抛入这个世界,同样偶然地,他又被迫离去。由于具有自觉的意识,他认识到自己的无能与存在的极限,他预见到他的归宿——死亡。他从来不能够摆脱自身存在的两难境地。他不能摆脱他的思想,即便他想这样做;只要他活着,他就不能摆脱自己的肉体——他的肉体又使他想要活下去。

人的进化基于这样一个事实,那就是,他失去了原初的家——大自然,而且永不能返回,永不能再变回动物了。他只有一条路可走:从自然家园中走出来,去寻找一个新家——将世界改造为一个人类的世界,将自己变成一个真正的人,他创造了一个新家。

人类一旦产生,人类及个体就被迫离开了原先那种像本能一样确定的生存境况,而被抛入了一个变幻无常的、开放的状态之中。这里只有过去和死亡的未来是确定的,而死亡确乎是回到了过去,回到了物质的无机状态。

因此,人类的生存问题在整个自然界中是唯一的,如他过去那样,他与自然分离,却又在其中;他有几分神性,亦有几分兽性;他是无限的,却又是有限的。人必须去寻求解决其生存矛盾的新的方法,寻求人与自然、人与其同类之间更为高级的融合方式。正是这种需要成为人类一切精神力量的源泉,它促使人类产生情欲、情感和焦虑。

从我们对人类进化的认识可知,人类的诞生可以被理解为个体的诞生,当人超越了哪怕是最低限度本能的适应性时,他就不再是动物了。但他就像一个刚出生的婴儿一样无

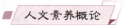

助,完全不具备生存的能力。人的诞生开始于人类家族的第一批成员,人的历史也是这一诞生的整个过程。人类花了几十万年的时间才迈出了人类生活的第一步,人类经历了巫术万能的阶段,图腾、自然崇拜的阶段,直到形成良知、客观性及友爱。在人类历史过去的四千年中,人类社会已经形成了关于真正诞生及真正觉醒的人的观念。古埃及、中国、印度、巴勒斯坦、古希腊及墨西哥的古代哲人们以区别不大的方式阐述了这一观念。

(弗洛姆.健全的社会[M].孙恺祥,译.上海:上海译文出版社,2011.)

思考题

1. 自然生命和人文生命的根本区别是什么?
2. 人文文化对生命养育的"生物工程"是怎样起作用的?

第三章 生活世界的人文模板

第一节 人与生活

"生活"与"生命"并非同一层次的宇宙现象。生命是宇宙世界有机体的客观存在,生活则是人类生命的一种创造性的实践;"生命"伴有生物属性,"生活"则具有人文属性。人类生活世界实质是由各种人文符号构成人文世界。

什么是生活?

"生活"是一个难以言说的概念,是一个难以用精确的语言加以描述的现象。它有时很实在,有时又很虚空。

直观地说,我们可以把生活理解为人生在世的全过程;或者说,人来到这个世界,与世界、与事物打交道,纠缠和繁忙于事务之中,这就是我们所说的生活。虽然有人试图通过理论思辨建构一幅生活的逻辑,但事实上我们很难通过逻辑形式将生活结构化,因为生活不在概念和推论里,不在别处,就在我们生命过程中。当我们的生命沉浸于时间、空间和运动中时,我们就可以说我们在生活。"'生活的世界'不是'远在天边',不在古代,不在边远地区,也不是海市蜃楼,事实上就在你身边,就在'眼前',无非因'眼前'常为'过去'(所支配)、'未来'(所吸引)而埋藏、掩盖起来,感于声色货利,常隐而不显"。[1] 如此,也可以说生活就是人的世界,就是人类在世而展开的全部操劳。法国哲学家列维纳斯说得好:"生活就意味着真诚。这个相对于不具备世界性的东西存在的世界,就是我们所栖居的生活,我们在这里散步、用餐、访友、上学、探讨问题、做实验、搞研究、读书写作。"[2]维特根斯坦说得更加简洁:生活就是世界。你在这个世界中存在,和世界打交道,这就是我们所说的生活。

---

① 叶秀山.美的哲学[M].北京:北京联合出版公司,2016:7.
② 列维纳斯.从存在到存在者[M].吴蕙仪,译.南京:江苏教育出版社,2006:42.

列维纳斯也好，维特根斯坦也好，他们对生活的这些描述，其实并不在于向我们呈示生活即人在世界中自然活动这一道理，而是有另一种含义——生活的本质的真诚。只有真诚地生活，人才是人，而不是神和兽。生活的另一个特质是文化性。生活世界是一个文化世界。正如叶秀山先生所分析的：

> 世界为"万有"，本无"无"。……我们生活的世界，不仅仅是一个在理论上具有无限可能性的世界，而且还是一个具体的、历史的现实世界。"有"都是具体的，不可能是抽象的……基本的"有"孕育了一切伦理、道德、审美、艺术、科学、技术以及各种物资占有方面的全部专业性关系。[①]

因为在哲学的意义上说，世界本身并不存在，它就是由人类通过文化创造出来的。因此，人在生活世界，其实就意味着在领受各种文化。

第二节　生活之美的人文调色

生活的世俗性、偶然性、僵硬性等，确实会使我们觉得其很无聊，甚至于很琐碎；也会使我们对生活的意义产生怀疑，并会提出一个新问题：生活如果就是这样，它是否还值得一过？我觉得这似乎不是一个值不值得一过的问题，而是如何过的问题，亦即我们通常所说的应该持有一种什么样的生活态度或者生活文化的问题。经验告诉我们，作为一种存在游戏，生活有时确实令我们感到困倦、乏味、琐碎、残酷；但如果以一种本然的心境和态度介入生活，生活却具有诗意的特质。维特根斯坦曾经说过，如果生活变得难以忍受，我们会想到改变我们的环境。但是，最重要和最有效的改变，即改变我们自己的态度。正如上文所说，生活是苦是乐，是喜剧是悲剧，全在于我们用什么心境、以什么态度对待它。尽管态度的改变并不能改变生活的事实，但它可以改变生活的内涵。改变生活的内涵，其实就是改变了生活的意蕴，使生活凸显出价值。这种"改变"就是以人文文化构建生活的网络。我们不妨以日常生活的生产活动为例做一分析。

在古典"生活"话语中，"生产"与"生活"几乎是同一概念。在某种意义上，所谓生活其实就是指劳动。似乎生活的全部就是为了通过劳动换取生命的必需品以维系其存在。所以，人们讥笑那些不会劳动的人是不会生活的人；在寓言、童话等儿童文学中，蚂蚁不知疲倦、魔鬼般的繁忙受到赞扬，躺在床上伸懒腰的小猫受到诅咒。人们甚至这样给人下定义：人是会思想、能劳动的高等动物。

值得思考的是，人类短暂的尘世之旅的意义就是为了辛苦劳作么？

[①]　叶秀山. 美的哲学[M]. 北京：北京联合出版公司，2016：32.

人为什么要劳动？劳动对人来说意味着什么？为了存在。工作就是存在自在的意义。传统哲学的"劳动价值论"对人类劳动的这一意义做了种种肯定。我们可将其粗疏地概括为如下数点。

第一，劳动是人类存在的必不可少的前提。我们通过劳动从世界获取我们必需的生存资料。

第二，劳动是人区别于动物的重要标志。马克思在 1844 年创作的"巴黎手稿"中指出："有意识的生命活动把人同动物的生命活动区别开来"。[①] 尽管马克思所说的"有意识的生命活动"不单指劳动，但包括劳动。

第三，劳动丰富和完善了人性。人不仅通过劳动使世界向着符合自己希望的方向改变，而且在劳动中，人的自由性、主体性、智慧性等也得以充分展开。用马克思的话说，也就是通过这种对象性活动，通过人对人的本质、对象以及人的作品的占有，"人以一种全面的方式，就是说，作为一个总体的人，占有自己的全面的本质。"[②]

第四，劳动使人具有社会性。这主要表现在劳动作为一种集体性活动，它具有协作性，从而把分散的个体联合起来，形成社会一体化。

不难看出，上述对劳动价值的肯定，是从生物学、人类学、哲学、社会学四个维度展开的，而且毋庸置疑，这种分析也确实令我们相信，劳动是我们成为人，成为真正意义上的社会动物的必然途径。不过，这里所谓的劳动，仍然是一个抽象的概念，而没有说明什么样的劳动才能建构上述事实。其实，在"巴黎手稿"中，马克思就注意到了劳动的二重性，所以他着重强调劳动于人有益价值的限制性条件："自由""自主""真正的生产"。[③] 没有这个前提，劳动就是非人性的东西，马克思称之为"异化"。异化的本质就在于人的劳动过程、人的劳动产品成为人的肉体折磨、精神摧残和本质扭曲的表征——人在劳动和自己创造的劳动产品中丧失了自己。

仅就劳动现象直观，劳动意味着人被某种外在的因素所强制而不得不进行的某种努力，如列维纳斯所说的那样，这种努力包含着强制和奴役的成分。猫之所以不劳作而躺在床上悠闲舒适地睡觉，是因为它不为生计问题操劳，而是被人喂养；蚂蚁没人喂养，所以它只能通过自己无休无止、没完没了的忙碌而维生。劳动的这一"强迫"性通过《旧约·创世记》表达得十分清楚：创世之初，人类始祖亚当和夏娃在伊甸园享受着上帝的恩泽，他们不

①　马克思.1844 年经济学哲学手稿[M].中共中央马克思恩格斯列宁斯大林著作编译局,译.北京:人民出版社,2000:57.

②　马克思.1844 年经济学哲学手稿[M].中共中央马克思恩格斯列宁斯大林著作编译局,译.北京:人民出版社,2000:85.

③　马克思.1844 年经济学哲学手稿[M].中共中央马克思恩格斯列宁斯大林著作编译局,译.北京:人民出版社,2000:58.

劳动,无忧无虑地享受着自在轻松的生活。后来,由于他们违背了上帝的意愿而被驱逐出乐园,贬到尘世,其只能通过自己辛苦的劳作才能维生。"你必须终身劳苦,才能从地里得到吃的。……你必须汗流满面才得糊口"。"圣经人类学"对人类始祖劳动性质的这种描述,揭示了它在本质上是人类无奈、无乐、无我的痛苦的天谴。① 所以,在拉丁语里,劳动Labor 或工作 Tripalium 就是"刑罚"之意。

劳动哲学把人类的劳动解释为奴役、强制和无奈,也会面临一些难题:对于那些为生计而操劳的劳动者而言,劳动却可能是处于这种无可奈何的强迫;但对于那些丰衣足食的人(如中国农村的财主们)而言,他们对劳动的热爱,我们又该做何解释呢? 其实,我们这里所说的劳动的强制性与奴役性并非完全是在经济学层面的思考,即它是由于驱迫,出于维生的需要,也有政治学、伦理学以及社会生物学层面的意蕴。例如,对一个丰衣足食的中国农民来说,劳动仍然成为他生活的实在,在农闲期间做一些毫无意义的劳动(篱笆推倒重修以打发时间;或者到田野里毫无目的地闲逛也要扛着农具等)。我没理由怀疑这也可能是出于他对劳动的乐趣,但在古典劳动社会学视角下,这更可能是出于一种强制,即他以这样的方式证明自己的德行(热爱劳动),证明自己敬业的天职观念(农民是勤劳的,是不休息的),从而使自己更出色地表达身份认同。汉娜·阿伦特这个睿智的女人就洞察到了"劳动"使人产生精神满足的这一维度:"辛苦操劳的人怀着平静的满足,相信他做了他该做的事,相信他会通过他孩子和孩子的未来成为自然的一部分。"②

有些劳动所以成为人的一种强迫方式,还有心灵的因素,即通过肉体对灵魂的压迫,或者说是劳动者通过折磨肉身而压抑灵魂躁动。用精神分析的理论分析,也就是用这种疯狂的肉体折磨来掩盖另一种疯狂——绝望:人的精神永恒诉求与肉身的短暂存在二元分裂所产生的绝望。聪明的波德莱尔早已认识到这种"受虐狂"的劳动心理学:劳动的狂乐,"如果不是出于乐趣,必然是出于绝望! ——要治愈贪图、疾病和忧郁,仅需'对工作的热爱'。"③正是这种忘我的工作和疯狂的自我折磨,转移了劳动者对那个真正恐惧的处境的注意,保证了有机体的扩张。

难道人类的劳动动机就不存在快感的因素么?

当然不是这样。马克思指出:"劳动的对象是人类生活的对象化……从而在他所创造的世界中直观自身",④就揭示了人类劳动的这种快乐。确实,劳动本身就有快感,这种快

① 列维纳斯.从存在到存在者[M].吴蕙仪,译.南京:江苏教育出版社,2006:23.
② 阿伦特.人的境况[M].王寅丽,译.上海:上海人民出版社,2017:77.
③ 波德莱尔.私密日记[M].张晓玲,译.长沙:湖南文艺出版社,2007:27,128.
④ 马克思.1844 年经济学哲学手稿[M].中共中央马克思恩格斯列宁斯大林著作编译局,译.北京:人民出版社,2000:58.

感既在劳动对象的改造之中,也在劳动本身的趣味之中。我想说的是,当人以一种艺术的形式、审美的态度以及伦理的意识操持劳作时,就能从劳动中获取快乐和幸福。人类劳动的这种性质,马克思在《1844年经济学哲学手稿》中已经有相当深刻的论述:人只有在不受肉体需要影响的前提下才能进行真正的生产;只有摆脱了某种规定性而能自由地面对自己的产品,能够按照任意尺度来进行生产,劳动就成为人的本质展现的一种活动。也就是说,在人以艺术、审美游戏的心境从事劳动时,劳动便跳出了阿伦特所划定的"劳动之乐"的怪圈。

大概中国古代哲学家庄子最早悟到了劳动快乐与审美之间的这种关系。他笔下的屠夫庖丁正是由于解除了各种外在的强制,完全自由自主或者说艺术化地处理他的劳动对象,所以才获得了"提刀而立,为之四顾,为之踌躇满志"的快感:

> 庖丁为文惠君解牛,手之所触,肩之所倚,足之所履,膝之所踦,砉然响然,奏刀騞然,莫不中音,合于《桑林》之舞,乃中《经首》之会。文惠君曰:"嘻,善哉! 技盖至此乎?"庖丁释刀对曰:"臣之所好者道也,进乎技矣。始臣之解牛之时,所见无非全牛者。三年之后,未尝见全牛也。方今之时,臣以神遇而不以目视,官知止而神欲行。……今臣之刀十九年矣,所解数千牛矣,而刀刃若新发于硎。彼节者有间,而刀刃者无厚。以无厚入有间,恢恢乎其于游刃必有余地矣,是以十九年而刀刃若新发于硎。虽然,每至于族,吾见其难为,怵然为戒,视为止,行为迟,动刀甚微。謋然已解,如土委地。提刀而立,为之四顾,为之踌躇满志,善刀而藏之。[①]

庖丁的解牛劳动之所以达到"以神遇而不以目视,官知止而神欲行"这样一种行云流水、出神入化的境界,成为"桑树之舞",就在于他已不再把解牛作为一种劳作(技)来操持,而是作为一种艺术进行操作,即成为一种"悟道""体道"、与道合一的生命实践。因其成为一种自由、快乐的精神活动,所以劳动的结果不是疲惫和痛苦,而是人向生命存在之本意的回归:此时的庖丁已不再感觉到自己是一个职业屠夫,而是一个"体道"的艺术家。现代作家吴伯萧的散文《记一辆纺车》也有类似的描写:单调而艰苦的纺线劳动最后变成了一种快乐的精神体验,就在于他在纺线中已不再把纺线作为一种单纯的生产活动,而是作为一种审美来体验——整个劳动过程与其说是在纺线,还不如说是在舞蹈:

> 站着纺线,步子有进有退,手臂尽量伸直,像"白鹤亮翅",一抽线能拉得很长很长。这样气势最开阔,肢体最舒展,兴致高的时候,很难说那究竟是生产还是舞蹈。

维特根斯坦曾说过,艺术观察方式的本质在于它以幸福的眼睛观察世界。用审美的心

---

① 出自《庄子·养生主》。

境、艺术的法则操作劳动,劳动过程是自由快乐的,劳动的成果是赏心悦目的,劳动的性质是幸福的享受。中世纪天主教父看到农夫收割庄稼,挥汗如雨却笑语飞扬,发出了"这些可怜的灵魂,只有上帝才能拯救他们"的悲叹;释迦牟尼看见农夫在田地聚精会神地劳作,产生了人生皆苦,出世解脱的思想。之所以如此,就是因为他们没有体验到劳动所内含的美感,当然也不会理解劳动作为一种艺术给人带来的快感。"桑林之舞"的庖丁解牛,"白鹤亮翅"的纺线劳动最后变成了一种审美享受,就在于人在劳动中已经不再把解牛和纺线当成一种生产活动,而是作为一种艺术操持——肢体巧妙地舒展,动作自由地变化,劳动过程与其说是在"努力"还不如说是在享受。美对于劳动性质的转化,波德莱尔在《1859年的沙龙——给〈法兰西评论〉主编先生的信》中通过德国农夫对农家生活幸福的理解为我们作了很深刻的诠释:

> 一个德国农民要一位画家为他画一幅画。他的具体要求是:你把我画在我的庄园的主要入口处,我坐在一张大扶手椅里。在我旁边,要画上我的女人,拿着她的纺纱杆;在我的身后,是我的女儿们,她们来来往往,正在准备晚饭。在左边的大路上,我的几个儿子从田里回来,把牛牵进牛棚;我的另外几个儿子正同我的孙子们把装满牧草的车子推回来。我在观望这番景象;还要画出我烟斗里冒出的烟,落日的余晖使它显出层次的变化。……

这就是这位农民对生活、对劳动的理解。在他眼中,火热的农家劳动生活是基于对生活的真诚热爱,因而也就是真正令他幸福的东西。波德莱尔叹道:"他对职业的爱,提高了他的想象力。"[①]而对职业的爱恰恰源于人类从审美的角度来观察工作。

作为一种肉身化的存在,人注定此生难以解脱列维纳斯所说的"天谴":注定要努力,要劳苦,要疲惫,这荒废了生活的诸多乐意。然而,作为被人文基因装备起来的高级动物,其艺术的天性和审美的灵性,使其不仅能够劳动,而且能够通过劳动这一特殊的实践方式体验到存在的幸福,从而使劳动不再仅仅是一种维生的手段,而是成为个体确证自己属人存在的过程。阿伦特也看到了这一点:

> 只有技艺人超出他自身的限制,好高骛远地开始生产无用的东西,生产与物质和理智需求无关,与人的肉身需要乃至对知识的渴求都不相干的东西时,思想才真正开始成为他艺术灵感的源泉。[②]

阿伦特所说的"无关"之作,也就是这里所说的"审美的操作"。

我们再以日常生活的休闲为例展示一下生活世界的人文编码。

---

① 波德莱尔.1846年的沙龙:波德莱尔美学论文选[M].郭宏安,译.桂林:广西师范大学出版社,2002:348.
② 阿伦特.人的境况[M].王寅丽,译.上海:上海人民出版社,2009:130.

如果说生活的意义是为了幸福,那么,闲暇显然是我们幸福生活不可缺少的元素——闲暇和游戏给我们带来了快乐。快乐虽然不是幸福,但幸福离不开快乐的要素。尽管开心、快乐只是传递了一种简单的或如叔本华所说的那种平庸的愉悦,但快乐、狂喜、心醉仍然给我们一种幸福感,并构成了哲人们所说的幸福经验的基本心理维度。快乐与幸福(完美)的生活的这种关系,早在2000多年前,亚里士多德就毫不犹豫地给予了肯定。他说:

> 人们有充分理由去追求快乐,因为它把生活变得完美,使它成为对每个人都乐于接受的事情。至于我们到底是因快乐而选择生活,还是为了生活去选择快乐,目前且不去管它。两者是紧密相连的,看来谁也不能把它们分开。没有现实活动,快乐就不得以生成,惟有快乐才能使一切快乐变得完美。①

在亚氏千年之后,西方另一位大哲学家斯宾诺莎也认为,善就是指一切快乐和一切增进快乐的东西。② 由此可见,由消遣所带给我们的快乐,并不像叔本华所鄙视和诅咒的那样,只是表达了人性的平庸、无聊和猥琐,它本身就包含生存和生活的意义在内。如果生活没有快乐,假如人生没有快乐的体验,只有实际的功利性活动(哪怕是智力性活动),那么,这才是一种真正令人悲哀的生活。蒙田甚至认为,即使是在叔本华所说的那种"内在的丰富性"活动中,比如读书、艺术欣赏等,从中诉求快乐也没有错。正像蒙田用他自己的读书经验告诉我们的:过去由于还没有悟透人生,所以,读书只是为了炫耀和明理;而今,对人生意义的悟解使得他把读书作为一种自娱。蒙田肯定地说:

> 如果有人说他把文学艺术仅仅当作一种玩物和消遣,是对缪斯的亵渎,那是因为他不像我那样知道,娱乐、游戏和消遣是多么有意思! 我差点要说,其他任何目的都是可笑的。③

蒙田并不是一个颓废主义或享乐主义者。丰富的人生阅历以及对人生的深刻沉思凝聚成洋洋洒洒的文字而成的宏大的"随笔",是我们了解近代西方文化史和思想史极其宝贵的精神财富,蕴含着十分丰富的人生哲理。他把消遣、快乐甚至于现代休闲社会学所谓的"闲来读书"(把闲暇时间用来提高自己的文化素质)也诠释为一种娱乐的观点,更值得我们认真思考。

不过,话说回来,叔本华虽有几分刻薄,但也并非全无道理。闲暇作为属人的一种生命活动,确实具有不同的层次与品位,创造着不同的生命与生活境界。快乐、趣味只是满足了我们最基本的存在需求和生命欲望;或者从蒙田和帕斯卡尔的意义上说,它只给我们提供了一种生命的幻象,而使生活变得有些轻松,或者说为人提供了能够活下去的麻醉品,使人

---

① 亚里士多德.尼各马科伦理学[M].苗力田,译.北京:中国人民大学出版社,2003:218.
② 斯宾诺莎.伦理学[M].贺麟,译.北京:商务印书馆,1983:130.
③ 蒙田.蒙田随笔全集(下卷)[M].潘丽珍,等,译.南京:译林出版社,1996:46-47.

能够忍受生命的残酷,也许还提供给我们一些微薄的幸福。但是,如果从生活品质高级化,或者说幸福价值最大化的角度而论,快乐,无论是放松还是纵情,显然都有几分轻薄。尽管从心理学的角度看,闲之快乐也是我们幸福感的一部分,但从哲学的角度看,它还不是真正意义上的幸福。如果非要承认它是一种幸福的话,那我也只能说它是一种"初级形式"的幸福。幸福的本质不仅意味着快乐、轻松,更意味着丰富、创造性的生活。人本主义心理学家马斯洛晚年曾在《幸福》一文中从心理学的角度把幸福定义为接受挑战、克服困难时所经历的真实的情感体验。① 其实,这仅是"幸福"的一个心理元素。"幸福生活"之所以是幸福的生活,就在于它给予我们一种自由优游、个性丰满的生命感觉,使我们拥有健全、丰富的生活经验,体验到创造性的快乐。很显然,这种"幸福"境界绝非单纯的放松与快乐的悠闲所能创造的,它需要一种超越快适的高层次、高品位的闲暇生活。用中国古典美学的理论来说,也就是闲暇生活应该突破"趣味"的感官快适的层次,而向"韵味"这种生活境界拓展。而要实现闲暇生活境界的这种"质"的提升,就需要通过人文文化编码另一种闲暇生活——审美或艺术的生活。

闲暇生活艺术化、审美化与幸福生活体验之关系,古人早已熟知。孔子的韶乐鼓瑟闲居,陶潜的田园赋诗之乐,已为幸福生活之典范。林语堂先生曾认为,中国人之所以拥有亲和、活跃、雅趣的人生,就在于中国人闲暇生活的艺术化——图案制作,工艺欣赏,照料兰草,泛舟湖上,月下赋诗,静夜横笛……正是这种艺术化、审美化的闲暇生活,使得中国人"对宇宙万物和自己都十分满意;他财产不多,情感却不少;他有一种愤世嫉俗般的满足,一种明智的无为……"②叔本华之所以痛斥那种闲适无奈的"闲",就在于他看重的是有品质即审美性的闲暇生活。他指出:

> 生活在这样一个世界里(指他所说的平庸、无聊、残酷),一个拥有丰富内在的人,就像在冬日的晚上,在漫天冰雪当中拥有一间明亮、温暖、愉快的圣诞小屋。因此,能够拥有优越、丰富的个性,尤其是深邃的精神思想,无疑就是在这地球上得到的最大幸运,尽管命运的发展结果不一定至为辉煌灿烂。③

叔本华所说的"优越、丰富的个性""深邃的思想",指的就是闲暇生活的审美体验和艺术经验,即他所说的成为"缪斯的孩子"那种"文艺范儿"的闲暇生活。

以审美心灵赋闲,以艺术形式充暇,不仅与一般低品位的闲暇生活(娱乐、放松)不同,也与少数人闲暇中的"高雅"诉求不同。它不需要高昂的经济资本,也无须做刻苦与超凡体验。人生不过是一场梦,刻苦之思与超凡体验虽不可少,但没有必要天天瞪着眼睛,那会

---

① 马斯洛.洞察未来[M].霍夫曼,编.许金声,译.北京:华夏出版社,2004:5.
② 林语堂.中国人[M].上海:学林出版社,2007:315.
③ 叔本华.人生的智慧[M].韦启昌,译.上海:上海人民出版社,2018:26.

令人目瞪口呆。半睁着眼睛看这个世界,优游的心态参与这个世界,雅致的情趣游戏这个世界,这就是赋闲的艺术。晴朗之晨,一壶茗茶,一段小曲;夕阳西下,一杯咖啡,一首音乐;星汉悠悠,一部小说或几行行云流水的诗节;工作之余,或流连于古典建筑艺术的宫殿,或徜徉于雅趣的园林景观之中,或闲坐房中观赏墙上的绘画,或融入霓虹灯光在舞池翩翩起舞……虽然漫不经心,平平常常,但却闲趣横生,其乐无穷,闲而不俗,暇而有韵。它不仅改变了我们日常生活世界,也改变了我们的此在之维,提升了我们的生活品质,实现了人生的价值。不是吗? 如果我们已融入了这个世界,参与了生活游戏并获得了快乐和充实,那么,我们还更多地勉求什么呢? 如果我们已品尝过生活的幸福、人生的快意、存在的甜蜜,那我们就应该满足。总之,人生的意义也许不必像庄子那样齐物狂想,逍遥天地;也不必像魏晋贤士那样孤独峭拔,回归田园;更不必像哲学家和宗教家那样慎独于荒斋老屋,像美学家那样流连于美术馆、音乐厅、大剧院;只要我们的日常生活世界为人文文化所编码,为美、艺术所环绕,便可感应人生的真理,体验存在的幸福。

第三节　生活品质的人文铸造

提高生活质量,提升生活品质,是我们近年来依据流行的一句语言。但如何提升生活品质,很多人并不十分清楚。在很多人看来,物质生活充裕,社会生活和谐,就是高品质生活的表征。其实并非如此。真正的品质生活是一种人文性的筑造。我分两点来阐述这一问题。

一、生活游戏改变

如前所述,生活如此平常、单调、僵硬,这固然使我们感到琐碎无聊,但生活的本质就是这样,它就是由无数琐碎、寻常的片段构成的日常世界,日常之外无生活;它就是在反复的、重复的日常活动中度过的。如果把英雄、圣人、伟人的生活作为生活的模式,那么,大多数人的生活不再有意义。我们欣赏并且也愿意过圣贤的生活,但我们更需要像列维纳斯所说的那样真诚的生活,一种平常而又不寻常的心态。中国的禅僧对此的理解可谓相当睿智:饥来吃饭,困来即眠;担水运柴,拉屎送尿,这就是禅;而且,成佛就是不成佛。如果你认为它们太世俗而拒绝它们,那么,你的生命也就终止了,当然禅也就与你无缘。因此,我们需从过去那种“为伟大的……而生活”的幻想中走出来,坚定对日常生活的纯真信仰:生活虽然寻常,但它比这个世界任何“非常”都伟大。因为它就是生命的“至尊现实”。只有不对生活提出苛求,人才能有一种“诗意的生活”。正如叶秀山所分析的那样:“在基本的生活经验世界里,'人'就是完整的'人',而不是'科学家'。他的所思、所想,不是纯概念的,而是'诗意的';他的所作所为不是纯功利的,而是'艺术的'。真正生活里的人,就是哲学意义上的诗人、艺术家。……人本来就是'诗意地存在着',只是因为人事纷繁,一般人常'忘了'这个'本来'之处"。① "本来"也可以说是生活的绝对信仰。有了这种信仰,生活的意义、存在的意义就会丰润得多。

有了生活的信仰,就会改变生活的心境,不用一种苛求的眼光来解读和设计生活,不用一种自命不凡的心态去从事生活。生活在本质上是自由的游戏,它也应当成为一种游戏。以一种游戏的心态来看生活,也就是把生活设计为一场妙趣横生的喜剧。"一旦一个人在醉的心境中忘却自我,……他就能以酒神的审美态度笑看人生的苦难,他就战胜了人生的可悲性质。"②大概庄子最懂得生活"游戏"的真谛,他所描述的至人、真人、神人,都是极为自由、快乐的人,这是因为他们都是能"游"的人,善"游"的人,审美游的人。拥有这种审美或艺术游戏,生活中一切怪异的、平常的、滑稽的、凌乱的、卑贱的东西,都会变成乐趣。就像乔治·桑塔亚纳所说的那样:我们打开一个游戏盒,里面的怪物突然跳出,令我们大吃一惊,同时也逗乐了我们;就像我们在路上走,飞来的横祸伤害了我们,让我们感到生活很残酷;但过后想来它也很有趣,至少让我们丰富了人生的体验。世界是个大舞台,生活就是一场戏剧。它不可能全是史诗,它也有喜剧、悲剧和肥皂剧。只要我们不刻意挑剔,而以一种审美游戏的或者说是一种艺术的心境对待之,那么,生活就是一场快乐的狂欢。桑塔亚纳是世界上最聪明的人之一:

> 存在本身类似于一阵飞进的火花,一连串不能退出的冒险。只要我们不刻意挑剔,不要求毫无必要的完美,那还有什么会比这样一个喧闹的场合更会令人狂喜呢? 生活的艺术就是要赶上天国乐队的节拍,它们为我们的人生击打鼓点,给我们提示出场和入场的时间。我们为什么要放过或加快一些东西,为愚行生气,或为厄运绝望? 在这个世界上,应该只有柔情的眼泪和急切而羞怯的爱。这是个盛大的狂欢,在喜剧的光和影之中,在剧场的玫瑰和罪恶之中,没有等待。③

二、生活艺术的建构

这要求我们超越实用主义、功利主义、完美主义的生活观,而像维特根斯坦所说的那样,以一种审美的态度构筑生活。用审美的态度构筑生活,并不意味着对生活做纯粹的想

---

① 叶秀山.美的哲学[M].北京:北京联合出版公司,2016:45.
② 江畅,周鸿雁.幸福与优雅[M].北京:人民出版社,2006:190.
③ 桑塔亚纳.英伦独语[M].邱艺鸿,等,译.北京:生活·读书·新知三联书店,2003:180.

象与虚构,而是意味着用审美的眼光、艺术的符号、诗性的灵感来创造生活,像创造艺术品一样既无拘无束又认认真真去勾勒生活的每一个细节。美确是生活的调色板,平淡、粗糙、灰暗的生活世界因美而变得妩媚靓丽、精美雅致、充满惊异。让·奥诺雷·弗拉戈纳尔的画作《蒂沃利的小瀑布群》就是日常生活美感化的经典叙事。画面上:远处,透过古老的拱形石桥,依稀可见的小小的瀑布群;近处,泥灰剥落的旧宅老屋的平台上、院落里,女人们在忙碌地洗衣、晾晒,微风中一些已晾干的衣服轻盈地飘荡着;老屋墙角下,一着红色服装的小男孩儿趴在石头矮墙上探身俯视深渊;平台上的一个女人伸出胳臂向远处指点什么……整个画面温馨、情趣,给人以无比幸福的想象。正是由于艺术家的审美观照和巧夺天工的艺术表现,使日常生活成了美的意象,成为一件艺术品。

如前所述,生活的真谛即不完全是哲学的问题(真),也不完全是伦理的问题(善),当然也不是宗教的问题(永恒),而是一个艺术或美学问题,即能够发现生活的美,能够从美的角度创造生活的艺术。生活就像一杯咖啡,当你抱着解渴的目的像喝水一样去消费它时,你会觉得很苦,得不偿失;但当你怀着一份优游的心态,伴着窗外的斜阳,守着幽烁的烛光,围着温暖的火炉,听着悦耳的音乐慢慢品味它时,你就会享受它那独有的甘苦与清香之美。维特根斯坦比斯宾诺莎的高明之处,就在于他不像斯宾诺莎那样提倡在"永恒的视角"下观察生活,而是要以美学的眼光审视生活。以美学的眼光来审视生活,也就是说把生活作为一种审美游戏来体验,用艺术灵感创造我们的日常生活世界。尽管列维纳斯相信,"真诚"就是生活的意义,可我还是怀疑,如果生活仅仅是真诚,如吃饭仅仅是为了充饥,散步仅仅是为了消磨时光,晒太阳仅仅是为了舒服,那么,这样的生活我们是否能够欣然?如果生活不能给我们以快乐,没有美感,我们是否还要这种生活?显然,人不是为了"生活"而活的,而是因为生活中有那么多可喜、可乐、可亲、可爱的东西而沉迷于生活的。我们周围有很多人之所以感到生活的不堪重负,甚至于产生对生活的厌倦,就是因为缺乏一种"生活美学"。

我们通常说"生活是一种艺术",实际上并非是指生活像艺术一样愉快,而是说生活有一种内在的法则,这个法则其实就是审美之"度"。"度"里"度"外,两种生活品质,两种生活境界。套用莎士比亚笔下的人物麦克白的话,人在"度"里,我们就可以说活过了人生幸福的时光;逾出"度"外,人生就失去了它严肃的意义——生命的美酒已经喝完,剩下来的只是一些无味的渣滓。也正像卡夫卡说过的那样:快乐和不幸就是邻居,快乐笑得太响就会吵醒隔壁的痛苦。作为肉体凡胎,人不能无欲,但纵欲则生悲哀;作为因"原罪"而沦落尘世必须靠"努力"而生存的物种,业不可不勤,但忙碌则为奴役;作为梦游一般的生物,好事不可不有,但贪婪则致烦恼。人与文明、生活的分裂并不仅是"肯兰福斯汀"

这头文明怪兽对人的残害,而是人被自己欲望的魔鬼所戕害。哲学家怀特海说得好:"倘无超验的精神目标,文明化生活或则会沉溺于声色犬马的享乐,或则会因循沿袭,渐渐地褪去热情。"①

叔本华曾提出一个关于人中存在的逻辑悖论:如果我们的意欲没有实现,我们就会因为不满而痛苦;如果我们的意欲得以实现,我们就会因餍足而痛苦。依此逻辑,人注定如亚里士多德所说,只要活着,就无幸福而言,而人与文明、与生活也将永远处于二律背反的困境。但事实上分裂与冲突并非地球上智性动物的命定。人与文明、生活的矛盾既然源于人类自身,作为智性动物的我们就能够找到破解这一矛盾的出路。我认为生活的艺术化、美学化就是这一可能出路。我一直相信,生活的真理就是以美的眼睛观察和设计生活,以艺术的心灵去筑造生活。

第一,审美和艺术教给我们如何处理人与文明的关系,也就是处理灵魂存在与肉身存在、精神生命与物质生命的关系。如上所说,很多人对现代文明的厌倦与疏离,对生活乐趣的匮乏与丧失,就在于我们没有把握好生活之"度",即欲望过度。佛家言:欲乃万恶之源;它如同套在脖子上的死结,我们越是死死抓住不放,它就扣得越紧。其实,欲并非万恶之源,而是人性之本。作为人的生命,像世界上所有的有机体一样,生命激情都由欲而勃动。但对于动物、植物等有机体而言,这些欲望是一个未分化的和谐的统一体,它只有爱而没有恨;只有生而没有死;而人作为一种有意识、有心灵的动物则不是这样,人的欲望不仅源于生命管理的自动平衡,也源于人类的想象性建构。也正因此,人类才有克制欲望的可能。因为最基本的生命体验告诉我们,纵欲过度则不利于个体的幸福。"节欲"不等于佛门的灭欲。人无欲不为其人,但纵欲亦不复为人。在这方面,艺术和审美的最大功能就在于使我们能够节制欲望的放纵,做到欲而有度。

"净化"是我们经常言及艺术的人文意义时所提及的一个词。"净化"其实不止是亚里士多德悲剧意义上的情感宣泄,也是一种文化心理学意义上的灵魂净化。孔子听韵乐,三月不知肉味;罗丹抚摸维纳斯大理石雕塑,感受到的是"人体的温度",就是艺术对我们灵魂净化的绝好例证。在艺术欣赏与审美体验中,我们的灵魂被艺术的美和圣洁所感动、所震撼,完全沉浸在艺术的意境中,而忘记了现实生活中的种种利欲之求,真正达到了一种王渔洋所说的"色相俱空"的境界。一位商界的朋友曾对我说,每当他为生计奔波而感到苦闷时,他就会坐下来聆听莫扎特。几首曲子过后,他的心情会明朗、快乐很多。尤其是那些伟大的艺术所塑造的崇高、圣洁、优美的人性,可谓对我们进行灵魂净化与生活品质升华的

---

① 怀特海. 观念的冒险[M]. 周邦宪,译. 贵阳:贵州人民出版社,2000:75.

极好形式。马蒂斯常常引用音乐家的话来评价艺术的人性启蒙意义:在艺术中,你并没有考虑到你做什么和能做什么,但却又感受有某种力量在激励着你;当你感受到自己的灵魂清爽、真纯而又质朴,当你犹如圣徒在领圣餐时,你便进入了艺术。可以这样说,艺术,从某种意义上来说就是人类的精神圣殿,人类带着肉身凡欲进去,出来便成了圣洁之徒。

第二,艺术和审美使得生活情趣化、禅意化。生活是苦役还是乐事,关键是我们以一种什么情绪和心灵去加工生活意象。那种以实用理性而去过生活的人,生活自然就成为西西弗斯式的苦役,也就是说,生活的功用化必然导致生活的异化;当人把生活本身当作目的,把生活作为艺术来体验时,生活便充满乐趣。若用托马斯·阿奎那的语言来表述,也就是我们应拥有一种"无用的生活"理念。"无用的生活"不是无聊的懒散,更不是无意义的消磨,而是其意义与价值深度已超越了日用食粮和实际功利的层面而逼近了生活本质之底。它是静默的、沉思的,但也是自由的、悠游的、愉悦的、美感的。正是这种"无用"的生活使人的灵魂处于自由自在而又骚动不安的鲜活状态,生活变得情趣盎然,可亲可爱。也正因此,黑格尔称其为一种真正幸福的生活。[①] 桑塔亚纳曾感慨地说:

> 守财奴孜孜不倦地聚敛着财宝,却从没有好好欣赏过,神经质地点数着滴入怀中的佳酿,却从未有开怀畅饮过,从未感受过生活的狂喜……从未因此时此刻是幸福的而欣慰陶醉过,多么虚妄的人生![②]

确实,生活之苦始于"功用"之思。为了守护人类的生命智慧与生活品质,为了我们的生活更加完美,我们需要像托马斯·阿奎那所说的那样,创造一种"无用的生活"。

"艺术化的生活"或"生活的审美化",实乃一种"无用"的生活。人们通常所说的艺术审美的无功利性、游戏性、自由性、超越性,其实就是说艺术和审美是一种超实用的文化活动,一种康德所说的摆脱了"雇佣劳动"而自由自在的生命活动。无论是工作的美感化、休闲的艺术化,还是日常生活的诗性化,都使人从有用之思中超越出来,即我们所说的"与世绝缘",而任灵魂自由自在、轻松愉快地跟随着生活的节拍,做无拘无束的游戏。这就是我们所说的精神的大解放。作为文化动物,人与其他动物的本质区别也就在于,在自然选择和文化修剪的生命进化中,人学会了如何保持生活的"有用"与"无用"的平衡,如何在功效之外去休闲,在闲暇中体验生活的幸福与人生的快乐。亚里士多德说得好,人的幸福在于闲暇之中,只有闲暇才使人成为人,我们忙碌不过是为了更好地拥有闲暇。因此,品质生活的真理即生活审美化。在忙碌之余欣赏几段名曲,流连于画廊与美术馆之中,阅读文学和

---

① 黑格尔这样说过:献身于沉思无用的生活是一种福祉。(黑格尔.逻辑学[M].杨一之,译.北京:商务印书馆,1976:2.)

② 桑塔亚纳.英伦独语[M].邱艺鸿,等,译.北京:生活·读书·新知三联书店,2003:263.

在广场上狂欢。就在这放松自我、自由自在的瞬间，你突然觉得生活是幸福的，人生是快乐的，你也就会更加珍爱生活，珍爱人生。生活是一场戏剧，我们每一个人都是演员，是把它演成悲剧还是喜剧全在我们自己。把戏当作戏来演是生活的智者；只有同演戏较真的人才是真正的傻气。因此，在漫漫的人生旅途上，适当调整生活的视角，多一些看戏和演戏的时间与空间，对于我们的品质生活的构筑及其人性完整与健康都很有益处。朱光潜先生曾指出，生活的审美化、艺术化的最大意义之一就是人的性情的怡养。他这样写道：

> 性情在怡养的状态中，它必定是健旺的，生发的，快乐的。这"怡养"两字却不容易做到，在这纷纭扰攘的世界中，我们大部分时间与精力都用在解决实际生活问题，奔波劳碌，很机械地随着疾行车流转，一日之中能有几许时刻回想到自己有性情？还论怡养？凡是文艺都是根据现实世界而铸成另一超现实的意象世界，所以它一方面是现实人生的返照，一方面也是现实人生的超脱。在让性情怡养在文艺的甘泉时，我们霎时间脱去尘劳，得到精神的解放，心灵如鱼得水地徜徉自乐；或是用另一个比喻来说，在干燥闷热的沙漠里走得很疲劳之后，在清泉里洗一个澡，绿树荫下歇会凉。①

"洗澡"与"歇凉"不仅怡养了我们的性情，使我们创造了品质生活，而且也开启了我们的生命灵性，犹如皮珀所说，在我们的灵魂静静开放的此时此刻，我们拥有了理解人生以及理解世界本质的智慧：我们把时间变成了金钱，把忙碌转化成了财富，我们拥有了名车时装、豪宅别墅以及身份与荣耀，我们是否就是幸福的？我们为拥有这物那物而劳身伤神，可"拥有"对我们来说到底是什么意思？是我们"拥有"它们还是它们拥有我们？我们"拥有"了它们是否就意味着拥有幸福的人生？反思过后，我们会觉得我们愚不可及，我们会更觉得史蒂文森的话是对的："我们这样匆匆忙忙地做事，写东西，挣财产，想在永恒时间的嘲笑的静默中有一霎那使我们的声音让人可以听见，我们竟忘掉一件大事，在这件大事之中这些事只是琐碎，那就是生活。我们钟情、痛饮，来去匆匆，像一群受惊的羊。可是你得问问你自己，在一切完了之后，你原来如果坐在家里炉旁快快活活地思想，是否比较更好些？"②人一旦识破了"忙碌"的罪恶，解除了"拥有"的心魔，从容地徜徉于日常时间之流，以美、艺术、哲学、伦理构筑生活，生活就成为一种美，就会引领我们达至生活之本。其实，我们通常所说的"超脱"并不在生活之外，而是在"无用"的生活之中。我们不必成为禅僧道士或哲学家，只要能在"有用"的生活之中为"无用"保留一块空间，即可感应生命的真理，拥有生活的诗性。

---

① 朱光潜.朱光潜美学文集(第2卷)[M].上海:上海文艺出版社,1983:243.
② 朱光潜.朱光潜美学文集(第2卷)[M].上海:上海文艺出版社,1983:563-564.

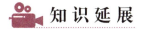

知识延展

认真地思想和生活

张汝伦

读哲学的没有读过张东荪就像学音乐的没有听过黄自一样不是什么新鲜事。……

这是一个真正的哲学家。十六岁时读《大乘起信论》和《楞严经》竟至手舞足蹈,从此和哲学结下不解之缘。但他并未像同时代的许多同行那样,曾负笈西洋,专攻哲学。他毕业于日本东京帝大。最初投身新闻界,是上海《时事新报》的名主笔,并办过《改造》杂志。后来才正式下海成为职业哲学教授。但他很早就从事译介古今西方哲学,除了《柏拉图五大对话集》外,还译过柏格森的《创化论》和《物质与记忆》。写过不少论述西方哲学各流派的文章,随着思想日趋成熟,开始转而论述自己的哲学。最初兴趣在认识论上,抗战后则逐渐转到知识与社会的关系上。他不像许多同时代的中国哲学家那样,多少受他们求学时的西方哲学某一流派的影响,如金岳霖和冯友兰之与新实在论;胡适之与实用主义;张君劢之与生命哲学;而是博采众说,却无明显的师承与家法。他不仅对西方哲学,而且对西方人文科学和社会科学都涉猎极广,对西方学术的最新发展始终保持密切注意和相当了解。这在他的同时代人中亦不多见。他的著作间或不符学院规范,观点和方法也不无可议之处,但无论对西方哲学的理解,还是对中国哲学的阐释,张东荪的工作在同时代人中都是一流的。他的不少洞见道人之未道,至今仍有哲学的,而不只是哲学史的意义。……

张东荪从哲学史的研究中发现,哲学体系愈伟大严密,则必有后继为难的情形。像黑格尔的体系无所不包,结果反使哲学没有进步。鉴于此,他把哲学分为建设性和批评性两种。建设性哲学志在建立体系。而批评性哲学自己虽不建立体系,却也不反对建立体系。但哲学体系的产生有它的必要条件。在一个文化阶段,其文化本身已经发展到了各方面比较满足的时候,伟大严密的体系才可应运而生。在一个文化自身尚在激变的时代,不容易有系统的哲学出现。勉强创造,在文化之流中恐不能经久。张东荪还认为,从中国哲学以往的情况看,也是太偏重建设性哲学,往往不为后来的学术发展留有余地。

基于此种认识,张东荪自己采取批评性哲学的立场。这种哲学主要的工作是"解蔽"。"自然科学的基本假定有蔽,社会科学的方法论亦有蔽;政治上各种理论更是有蔽,倘能从哲学上作相当的解蔽工作,则造福当不在小。"采取批评性哲学的立场,张东荪还有深一层的考虑,即理智之可贵不在其有所建立,而在其有所揭破,即所谓抉藩篱是也。科学不能仅理解为技术,而是代表人类的解放精神。哲学则代表人类的理想。"我们所应努力的只是使科学当作一个永不熄灭的灯火,用以代表这个人生一刻不能停止的解放精神,同时哲学

当作一个永不枯干的油碗,用以供给这个灯丝,使其永远放光。"通过科学来解蔽去惑,通过形而上学来建立与坚持理想,二者结合,文化乃生。可惜近代中国在这两方面都有缺失,但张东荪在这两方面都尽到了一个哲学家的本分。

尤其值得一提的,是张东荪不仅用他的思想来解蔽去惑,也用他的行为来坚持理想。他是中国哲学界唯一一个在抗日战争中被日本宪兵抓去坐牢判刑的。在狱中他受尽引诱和苦刑,然终临难不苟,威武不屈,宁可坐牢,不受伪职。并在狱中构思了他的重要著作《思想与社会》的主要框架和内容,体现了一个中国哲学家的精神勇气和人格力量。……

知识分子(他称为士阶级)就是社会这个有机体中造新血的内脏。知识分子的作用是对文化时时有所贡献,以此来阻挠文化自身所有的僵化趋势。好像一间房屋时时去开窗,使新鲜空气得以流入,这样可以矫正社会之发为畸形。"必致一国之中常有公道和真理在那里流行着,一个民族才不致腐败下去,停滞下去。"他认为中国思想上始终没有注意到这个社会内部防止恶化的问题。儒家自始至终只主张为政以德,而对于社会政治上已有的恶势力如何铲除以及将来的腐败如何防止,均没有讨论。在他看来,社会上有清明之气,政治上有是非之辩,全靠有一部分人来作所谓清议,亦就是所谓舆论。这其实是中国历史上一切清流发清议的共同思想动机,但张东荪似乎忘了这些人自东汉以来的命运,反而认为这就是知识分子和哲学家的责任。"我所谓的哲学家并不是指那些以理智为把戏的专门学者,这种学者走上一条又狭又小的路,只知其精细处,恐怕无由窥见高远的理想。同时亦绝不是专发空论的学者。这种学者已早不适于现在科学大发达的时代。""哲学家的使命是文化的使命。一个文化要有自己的活力以从事于自身改造,则必在其内部常如火山一样,能自己发火。这个火就是其活力,而代表这个活力的就是这个民族(或这个文化中)的理想家,于此所谓理想家亦就是哲学家。"哲学家之可贵,就在于能见到理想,能知何者为真善。这当然是把哲学家给理想化了,但张东荪自己大概是以此自许的。所以才会有那样的生活和命运。

这样的人可能再也不会出现。这样的人可能还会出现。但有一点是可以肯定的:没有这种人的社会,一定是一个理想丧失,精神瘫痪的社会。

(张汝伦.坚持理想[M].上海:上海人民出版社,1996.)

思考题

1. 如何理解生活的日常性和超日常性的关系?
2. 用实际案例说明人文文化对品质生活的构筑。

第四章　人生理想的人文导航

第一节　人生理想与人生境界

人类生命与动物生命最根本的区别在于：动物的生命是本能性的，人类的生命是理想性的；动物只按照大自然给定的装置从事生命活动，人类不仅根据自然的指令而且还根据其文化想象和文化知性组织生命活动。"理想基于人类的本性。"[①]正因为人类的生命活动为文化想象和知性所驱动，所以，人生具有了"乌托邦"的性质。所谓"乌托邦"并非"乌有"之念，而是一种理想或价值理念。米歇尔·福柯如此解释了"乌托邦"的价值内涵："乌托邦提供了安慰，尽管它没有真正的所在地，但还是存在着一个可以在其中展露自身的、奇异的、平静的区域。"[②]福柯无非是想说，尽管乌托邦带有某种想象的成分，但它仍然给我们现实的人生提供了某种安慰。当我们遭遇现实的痛苦、不幸、挫折和困境时，它会给我们提供一种充满希望的想象空间，这就是乌托邦的意义。所以，在某种意义上，乌托邦代表着人类理想的绽出。人作为一种精神动物，作为一种文化动物，不应也不可能失去乌托邦。正是因为乌托邦的存在，我们才能够更好地去想象生活，构造生活。我们之所以说人性具有一种人文性，就在于人生为理想所充实。而理想不仅是幻想、梦想和纵想，它是建立在人对现实理性分析基础上建构起来的未来想象，是蕴含着可能希望的未来图景。人之为人的根本就在于人是活在理想之中的，在于我们向未来敞开自己，拥抱乌托邦创造我们的人生。这让我想起康德在《实践理性批判》一书的结语中写下的这样一段话：

　　有两样东西，我们愈经常愈持久地加以思索，它们就愈使心灵充满日新又新、有加无已的景仰和敬畏：在我之上的星空和居我心中的道德法则。……前者从我

---

① 贺麟.文化与人生[M].北京：商务印书馆，1988：101.
② 福柯.词与物：人文科学考古学[M].莫伟民，译.上海：上海三联书店，2001：5.

外在的感觉世界所占的位置开始,把我居于其中的联系拓展到世界之外的世界、星系组成的星系以至一望无垠的规模,此外还拓展到它们的周期性运动,这个运动的起始和持续的无尽时间。后者肇始于我的不可见的自我,我的人格,将我呈现在一个具有真正无穷性但仅能为知性所觉察的世界里,并且我认识到我与这个世界(但通过它也同时与所有那些可见世界)的连接不似与前面那个世界的连接一样,仅仅是一种偶然的连接,而是一种普遍的和必然的连接。前面那个无数世界的景象似乎取消了我作为一个动物性创造物的重要性……后者通过我的人格无限地提升我作为理智存在者的价值,在这个人格里面道德法则向我展现了一种独立于动物性,甚至独立于整个感性世界的生命……而趋于无限。①

康德的这段文字,可谓为我们展示了理想与人的存在的关系——因为理想,人的存在才变成一种有价值的存在。

作为人生的精神支撑点,理想虽和个体在社会生活中所接受的知识、经验、规则有关,但它更主要的是人文文化的塑造,是人的灵魂在人文环境中不断求索、试验、反思建构起来的。也正因为人类是有理想的物种,才形成了人类对不同人生境界的追求。理想指向不同,人生境界也不一样。其实所谓“境界”,不过是个体所拥有的文化层次的凝练而已。

按照哲学家冯友兰先生的“人生境界”说,人所能达到的境界大致可以分为自然境界、功利境界、道德境界、天地境界这样四种。美学家宗白华先生在《中国艺术意境之诞生》一文中也论及人生境界,并提出了“六境界”说:功利境界、伦理境界、政治境界、学术境界、宗教境界、艺术境界。② 相比冯友兰的“四境界”说,宗白华的“六境界”说更为具体一些。但它没有冯友兰人生境界理论的层次感。按照现代哲学人类学理论,整合冯友兰和宗白华的“人生境界”思想,我觉得可以将人生境界概括为这样五种,它们由低到高依次为:“自然”“社会”“道德”“哲理”“审美”的境界。③ 我把后三种称为人文理想境界,即它不仅体现出人文内涵,而且也由人文文化来培育。不同的艺术形态、哲学修养、审美理念、历史意识造就了不同的理想和人生境界。

我们就以冯友兰先生提出“人生境界”框架来进行解释。在《中国哲学简史》中,冯友兰这样写道:

> 一个人做事,可能只是顺着他的本能或其社会的风俗习惯,就像小孩和原始人那样,他做他所做的事,而并无觉解,或不甚觉解。这样,他所做的事,对于他就

---

① 康德.实践理性批判[M].韩水法,译.北京:商务印书馆,1999:177-178.
② 宗白华.美学散步[M].上海:上海人民出版社,1981:59.
③ “审美人”这个概念还不十分确切。“审美境界”与“天地境界”有时有重合。并且,宗教的人生也可达到“天地境界”的层次。不过达到审美境界的也有哲学家、宗教大师。故还是将其称为“审美人”。

没有意义,或很少意义。他的人生境界,就是我所说的自然境界。

一个人可能意识到他自己,为自己而做各种事,这并不意味着他必然是不道德的人。他可以做某些事,其后果有利于他人,其动机则是利己的。所以他所做的各种事,对于他,有功利的意义。他的人生境界,就是我所说的功利境界。

还有的人,可能了解到社会的存在,它是社会的一员。这个社会是一个整体,它是这个整体的一部分。有这种觉解,他就为社会的利益做各种事,或如儒家所说,他做事是为了"正其义不谋其利"。他真正是有道德的人,他所做的都是符合严格的道德意义的道德行为。他所做的各种事都有道德的意义,所以他的人生境界,就是我所说的道德境界。

最后,一个人可能了解到超乎社会整体之上,还有一个更大的整体,即宇宙。他不仅是社会的一员,同时还是宇宙的一员。他是社会组织的公民,同时还是孟子所说的"天民"。有这种觉解,他就为宇宙的利益而做各种事。他了解他所做各种事的意义,自觉他正在做他所做的事。这种觉解为他构成了最高的人生境界,就是我所说的天地境界。[①]

在冯友兰先生看来,"自然境界""功利境界"的人,是人现在就是的人;"道德境界""天地境界"的人,是人应该成为的人。"生活于道德境界的人是贤人,生活于天地境界的人是圣人"。也就是说,前两种人生境界只是人之存在的基本属性;后两种则是人文理想在人生中的凝练。

不过,按照我的理解,冯友兰先生的"四境界"说框架虽然较严谨,但对这四种人生境界所做的解释却不尽合理。"自然境界"也就是我所说的"自然人"。据冯友兰的描述,这种人只是顺着本能做事,他所做的事对于他就没有意义或很少意义。这实质意味着,这种人的生命活动只是按照大自然给予他的生物指令做事,用精神分析的语言来表述,也就是他只是在"本"意识的指导下所进行的生命活动。其实这种生命活动基本是人与动物共有的,所以我将其称之为"自然人"。在社会结构中,这种人很少。他们只是那些"自我"没有发展起来的孩童的一种生命实相。

冯友兰所说的"功利境界",我将其称之为"社会人"的人生境界。随着个体生命活动的展开,人与环境的互动,个体的"自传式自我"开始产生。按照神经学家 R. 达马西奥的解释,"自传式自我是一个把个人的记忆同时激活和表现出来的过程","我们每个人都建构了我的自己,我们逐渐形成了我们在身体和心理上是一个什么样的人这种表象以及我们在哪里社会适应最好","我们的态度和选择都是有机体'根据个人的情况'对每一个一闪而

---

① 冯友兰.中国哲学简史[M].涂又光,译.北京:北京大学出版社,2010:292.

过的瞬间进行调和的结果。"①"自传式自我"虽然是建立在"核心自我"的基础上,并且有一些基因的因素,但总体而言是社会的产物。当个体在社会生活中活动,其行动根据"个人记忆""个人情况"而展开,就可以做到不伤害他人,不能不考虑社会(因为在他的自传体记忆中,有这种行为给他造成的"损失"的记忆)效果。这种人能够适应社会,尤其是适应弗洛姆所说的"社会组织人"的生活。严格地说,这种"社会境界"的存在还不能算是理想的存在,而只能是一种"理性自我"活动,当然也谈不上什么人文理想。②

第二节 理想的人文引领

尽管人类是有意识、心理和精神的高级动物,但这并不意味着每个人都有理想。有理想和有想象是两回事。理想源于我们在对客观现实分析的基础上,以知识和经验储备为根基,以理性和感性活动为思维结构而形成的精神指向。这里的知识和经验不仅仅指文化知识和社会经验,更重要的是人类创造的人文知识。

人类为什么会有道德追求、为什么会产生成为"贤人"这种人生理想?这是一个千百年来一直引人思考的问题。从中国古典哲学的"性善论"到古希腊柏拉图、亚里士多德的"理念论";从中世纪基督教神学的"神圣义务"到近现代哲学的"绝对命令"等等。不同的认知模型提出了不同的观点。理解这个问题的关键是不要把人的德性诉求与人的人生实践割裂开来。人作为一种生物性与文化性合一的动物,其所有的生命行动都受到其人生实践的纠缠,没有从天而降的德性。孔孟的向善论、康德的向善论,甚至于列维纳斯的"人质"说,都是人生实践的结果。人不会为了纯粹的善而修德养性,也不会为了一种纯粹的高尚而修德养性。假如一个人把自己的慷慨、仁慈、善良的行为理解成为像列维纳斯或康德所说的那样是为了他者的幸福(而对自己有意义与否都无所谓)的大公无私行为,我觉得那恰恰意味着他所追求的不是人文理想,而是一种"神圣"的理想。这种心理发展到极端,便可能变成一种"病态性"的心理退化。道理很简单,一个人如果连自己的存在都可以放弃而只想成为他人或事的一种工具,当然也就无所谓人文理想的追求了。

那么,追求德性、成为圣贤的理想是一种什么样的人生事实呢?在生物人类学意义上,可以认为,人就是追求快乐与幸福的动物。生命存在最基本的目的就是为了存在的快乐与幸福。人生在世的所有行动都受"幸福"这一动机所激励。无论康德如何敬畏"绝对命

---

① 达马西奥.感受发生的一切:意识产生的身体和情绪[M].杨韶钢,译.北京:教育科学出版社,2007:172,174-175.
② 这可能就是冯友兰认为这种人生境界的人是"现在就是的人"的理据。

令"，如何论证德性修养与幸福无关，但我相信，人对德性的诉求、对"贤人"人格的向往根本目的就是为了存在的幸福。这使我想起伦理学家阿拉斯代尔·麦金太尔关于德性的意义的一个表述："德性是一种获得性人类品质，这种德性的拥有和践行，使我们能够获得实践的内在利益"。① 麦金太尔所说的这种"内在利益"，我以为就是我们人生那或圆满或高贵或优雅的感受，即一种幸福感。

哲学家的这一"道德目的论"通过认知神经科学得到了肯定。R.达马西奥就认为，"所有的人生就是这样，他们努力保存他们的生命，追求幸福。他们的幸福来自成功地实现以上努力，……对自身的关注是德性的基础。"② 尽管我也同意托马斯·内格尔的观点，在解释人类的伦理动机时不需要生物学理论而需要诉诸哲学推理，但我更希望我们所做的哲学推断具有底层数据支撑。事实上，人类的慷慨、仁慈、善良、爱等德性，在它们表达出来的同时，接受者与施与者都是受益者。就德行主体而言，正是在这种德行中，他获得了爱情、友谊、高尚等幸福感。雷锋助人为乐的意义就在于，他在帮助他人、做好事的行动中，体验到了做一个"好人"的快乐与幸福。

除了人的人文性这一人性基础外，成就人生的圣贤理想，尤其离不开人文文化的教养。在某种意义上，圣贤理想的建构及人生境界的追求，就源于人文文化的哺育。

人文文化对人生理想的引向和设计，主要表现于个体在人类文化世界中所储备的人文知识，所接收的人文教养，所形成的人文素养。按现象学社会学创始人阿尔弗雷德·舒(许)茨的知识社会学理论，有关我未来的全部设计，都建立在我现有的知识基础上。这个过着朴素生活的人，会自动掌握那些对于他来说有效的、有意义的复合物(包括多种工具、符号、语言系统、艺术作品等)。从他继承下来的、学到的那些东西出发，从传统、习惯性以及它自己以前的意义构造的多方面积淀——他可以记住这些积淀并把它们重新激发起来——出发，他那关于他的生活世界的经验储备就可以被当作一个封闭的、有意义的复合物建立起来。③ 这里所说的知识储备、意义构造、经验积累、生平情境等文化信息，不仅是常识、经验、习惯、礼仪、制度等社会符号，更主要的是历史、哲学、艺术、语言、审美等人文符号。尤其是对于个体早期心理发展来说，艺术、历史、文学、语言等人文符码不只是他所形构理想的媒介更是理想的内容。老祖母的历史故事、母亲的摇篮曲、同伴们演绎的英雄剧目、地方的传说典故、民间艺人讲述的历史传奇以及社区的文化语言，正是这些人文文化不仅丰富着个体的认知版图，呈现着一个个充满美丽想象的梦幻世界，而且它们也塑造着个体人格系统、人生意义的基本图式。特别是那些优秀的艺术、文学、历史等人文作品，每一

① 麦金太尔.德性之后[M].龚群，戴扬毅，等，译.北京：中国社会科学出版社，1995：241.
② 达马西奥.寻找斯宾诺莎——快乐、悲伤和感受着的脑[M].孙延军，译.北京：教育科学出版社，2009：157.
③ 许茨.社会实在问题[M].霍桂恒，索昕，译.北京：华夏出版社，2001：47、191.

首诗、每一支音乐、每一篇小说、每一个历史典故、神话传说,都昭示着人生的真理,告诉人们什么样的人生是值得去追求的,引导人们去体验人生的光辉与伟大、人性的崇高与神圣,激发着个体成就伟大的人生理想。

一、人文文化培养道德情感

人文科学与自然科学、社会科学的最大区别之处,就在于它通过影响人的思想与情感方式影响人的生命体验。诗性的语言使我们体验到世界的圣洁,进而培育我们圣洁的情感;历史记事让我们"知道心灵的本能、大自然的目标。把事实的坚固棱角磨碎,使其化成闪烁的以太。"[①]而艺术的突出特征就是情感的表现与传达,进而影响个体的情感性态。恩斯特·卡西尔在谈到艺术对人的情感影响时曾这样写道:

> 在艺术中,我们不再生活在事物的直接的实在之中,而是生活在纯粹的感性形式的世界中。在这个世界,我们所有的感情在其本质和特征上都经历了某种质变过程。情感本身解除了它们的物质重负,我们感受到的是它们的形式和它们的生命而不是它们带来的精神重负。……艺术使我们看到的是人的灵魂最深沉和最多样化的运动。但是这些运动的形式、韵律、节奏是不能与任何单一情感状态同日而语的。我们在艺术中所感受到的不是那种单纯的或单一的情感性质,而是生命本身的动态过程,是在相反的两级——欢乐与悲伤、希望与恐惧、狂喜与绝望——之间的持续摆动过程。[②]

如果我们认同卡西尔的观点,那么就可以看到艺术对人的情感影响至少有三种积极的心理作用。

第一,人文文化活化了人的情感。生命是生物性与文化性的统一体,心灵是感性与理性的结构体,因此,生命活动也必然是感性与理性的自然流动。情感的活性和流动对于健康的生命来说必不可少。没有情感或者情感冷漠是生命的残缺;情感如果长期处于一种被压抑的状态就会出现心理失衡或者说扭曲。埃里希·弗洛姆告诉我们说,人只有充分表现了自己,充分利用了自己的能量时,才会健康地生存。如果他的生活只是由占有和使用来构成,那么,他就是退化的,他变成了一件东西,他的生命就无意义了。[③] 我们所说的人的情绪或心理障碍,在很大程度上就与人类缺乏适度的情感表达有很大的关系。心理学家阿道夫·古根布尔-克雷格所说的"厄洛斯症",即精神发展出现空白、基调消沉(即一生缺乏意

---

① 爱默生.美国的文明[M].孙宜学,译.桂林:广西师范大学出版社,2002:230.
② 卡西尔.人论[M].甘阳,译.上海:上海译文出版社,2003:189.
③ 弗洛姆.生命之爱[M].王大鹏,译.北京:国际文化出版公司,2007:18.

义、希望或成长感)、慢性经历恐惧(不信任社会)的病因就是由这种情感缺失问题造成的。[①] 这样的人不可能拥有健康的心理,更不可能成就"贤人"理想,而只能品尝情感痛楚的这杯苦酒,并在这种痛苦的体验中消耗掉自己的生命。

但是,在习俗世界里,艺术、文学、审美,甚至于历史、语言等游戏,无论是创造还是体验,都使人类的情感得到了充分的表达。恰如维戈茨基所说,艺术活动绝不服从节约力量的原则,相反,艺术是疾风暴雨般的和爆炸式的消耗力量,它是心灵的耗费,是能量的宣泄,也是社会情感技术的工具,社会借助于这一工具把人最隐秘、最个性化的方面吸收到社会生活的圈子里。[②] 正是通过文学、艺术知觉,人类被理性冰封、被文明压抑的情感得到了激活与宣泄,从而使残缺破损的心灵得到了修复与还原。情感的归位使人的心理更健康。只有情感健全,人才能体验到快乐与幸福,才能追求快乐与幸福,才能产生成为"贤人"的理想。

第二,人文文化丰富了人的情感。人文文化是一个情感丰富的文化世界,即使哲学(后面详论)亦如是。这个世界不仅有个体的爱与恨、欢乐与悲哀、感叹与愧疚等基本的情感表现形式,而且还具有人类共通的、普遍的、恒久性的情感形式。一个只拥有爱与恨这样单薄情感的人不是一个性情健全的人;一个只有有限的情感体验的人也算不上性情丰富的人。只有那些既拥有爱、恨、快乐、痛苦、悲哀,又拥有伟大感、崇高感、悲剧感、优美感的人才是一个性情丰富因而也是一个生命健全的人。而人类这种高级情商正是通过人文文化实践(创造与欣赏)哺育出来的。"在每一首伟大的诗篇中——在莎士比亚的戏剧、但丁的《神曲》、歌德的《浮士德》中——我们确实都一定要经历人类情感的全域。"[③]正是通过人文文化生活,人才体验到了高度密集、丰富多样的人类情感;正是通过人文文化游戏,人才消除了情感单一、封闭、贫乏、偏狭状态,而倾向于多样、开放、丰富、博大。当我们体验哈姆雷特的时候,我们仿佛觉得自己在一个晚上体验了千百回人生。不在贝多芬的《命运交响曲》中深深地活过一次,你就不会体验到什么是崇高与悲怆。事实上,人类情感世界中那些博大、精致、深刻的东西,如优美、崇高、悲剧、伟大等,大都是在人文文化体验中培养起来的。人类性情的完整与丰富,不仅使我们的情感更健全,使我们能够更准确、细致地理解世界,更重要的,它对人的心理健康、人格涵养有着十分重要的意义。用美德心理学的表述方式说,它更益于培养人的德性理想。一个不能欣赏与赞美伟大与崇高的人,当然也无所谓去追求伟大与崇高;一个不能欣赏与赞美优美与和谐的人,当然也不会去创造和谐与优美;一

---

① 我认为某些"孤独症"的病因也与此有关。他们不仅是"心理(理论)盲",也是"情感盲"。可参见高长江. 神圣与疯狂:宗教精神病学经验、理性与建构[M]. 北京:中国社会科学出版社,2017.

② 维戈茨基. 艺术心理学[M]. 周新,译. 上海:上海文艺出版社,1985:331.

③ 卡西尔. 人论[M]. 甘阳,译. 上海:上海译文出版社,2003:90.

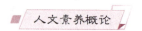

个缺失幸福的激情与想象力的人,当然也不可能真正体验到幸福并积极创造幸福。德性并不意味遵守规范,收敛人性,抑制情感,那样只能令人如牛负重,心理沉闷,生命退化,变得愚昧、僵硬、固化而迷信,如人类精神发展史所证明的,真正伟大的德性不是释放怜悯、同情这些一般化的情感,而是拥有伟大、优美的情操,对优美、和谐、伟大的东西的敬畏与动情。

如果说成为"贤人"是人的一种理想,而这一理想建构又与人的情感能态有关的话,那么,我们便看到了个体德性素养与人文文化修养的密切关系。似乎可以这样说,人类的高尚理想和优美德性的形成,并非像教育学家和社会学家所解释的仅是社会道德教化的结果,在很大程度上与人文文化对人的情感、心理滋润有着十分密切的关系,或者说和人文文化所塑造的伟大优美的人性和人格典范、美的物象对人类情感体验机制的修改、调整、重组有关。我不是说人文作品向人脑中部那个豌豆般大小的松果腺灌入了道德、美学、人学的概念,而是说它们以其理性的激情、鲜明的意象、炽热的感情、丰富的想象作用于人的知觉活动,培养着人的情感倾向,潜移默化地编织着个体的理想世界。

检视人类心灵史,我们不难发现,人类历史上那些伟大的道德圣贤,都是情感丰富的人。尽管人的情商高低有生物基因的因素(杏仁核的状态),但更多的是人文文化训练的结果。作为人类文化的伟大成果,作为人类对真、善、美理想生活追求的表现形式,人文文化可以说是人类情感丰富的能量系统。通过与人文文化的对话,人类的情感结构由单一而变得丰富。美国艺术教育专家艾略特·W. 艾斯纳在其近著《艺术与心灵创造》(2002)中的话说得尽管很谨慎,但仍有助于我们理解人文文化与人类德性建构两者之间的关系:"在艺术领域富有意义的经验,能被带到与感官品质相关的领域。"我想,我们之所以把艺术、美学称为"感性人类学",恐怕就是这个意思。从这个角度看,现代社会人情冷漠,美德消失,人文理想淡化,其实并不像有些人所理解的那样是社会伦理教化的失败,道德规范的缺失,其深层原因在于现代社会人们的情绪感受发生了质变。工商文明和消费文化、网络文化的发展使现代人的心理生活完全为工具理性、效用理性与数码程序所操纵。人的情感生活因陋就简,情感结构严重扭曲和退化。正如前文所述,工商文化本质上是一种缺失人性的文化,没有美感的文化。伴随着整个社会的商品化、富足化,优美、崇高、雅致、圆润的情感生活离我们日益远矣。特别是无所不在的消费文化、数码文化对人们的情绪感受产生了十分消极的影响——人们只学会了那么几种可怜的情感,诸如爱啊、伤心啊、煽情啊、争风吃醋、自恋啊,等等。用有些学者的话说,即现代文化是一种与深刻、意义无关、让人感觉变得麻木的"平滑美学"。可以说,正是现代文化的"平滑"造就了大众的琐碎、狭隘以及几乎是生物调节这种本能式的小气、自私、贪婪、斤斤计较等情感结构,构成了对社会人文理想的颠覆。神经科学家 R. 达马西奥说得好:"如果社会情绪和感受不能很好地发挥作用,如果社会情节与快乐、悲伤之间的联系被破坏,个体就不能根据情绪/感受标记的'好'或者'坏'

经验将个人记忆中的经历进行分类。这将导致人们不能形成好坏观念,即不能再根据结果的好或坏进行什么应该是好、什么是坏的合理的文化建构。"①确实,由于人们不再拥有感恩之心、怜悯之情、崇高之敬等这些人类高贵的情感活动,只是被几种浅俗的情感控制着;由于人们不再为生活中那些伟大而美丽的事物所感动,而只是对财富、巨商以及网红、明星大腕垂涎三尺,望眼欲穿,膜拜追逐,因而也就不可能指望他们能建构什么德性与人文美感的理想。赵汀阳先生说,现代人没心没肺,不能理解真正动人的真情和美丽的感情世界,不再敬佩英雄和伟大,不再为爱和友谊所感动,②是这个社会德性退化的根本原因。我认为是说到点子上了。也正是由于现代社会文化的去人文化,使得人成为没心没肺、无情无义的情感贫血动物。所以,我们不仅难以再见到像雷锋那样伟大的好人,而且还会看见别人做好事而漠然甚至嘲讽、见义勇为受到伤害而众人袖手旁观等这类残酷的反人文现象发生。

因此,提高社会的道德水准,成就个体的高尚理想,不能仅仅局限于法学和社会学所说的知识教育和道德立法,提升公民的人文文化尤其是艺术审美素养尤为重要。艺术审美素养的重要意义并非仅是为了提高民众的艺术欣赏水平,而在于通过审美教育和艺术教育培养人们健全、丰富、精致的情感,使人们能够形成对伟大、崇高、优美等事物的感受能力,可能为伟大而崇高的人或事所感动、为优美和谐的生活而献身的激情。这是人文理想复兴的人类学基础。这一点,英国古典经济学大师亚当·斯密早就意识到了,他认为:

> 在许多场合促使我们去实践神一般美德的,不是对邻人的爱,也不是对人类的爱。它通常是在这样的场合产生的一种更强烈的爱,一种更有力的感情,一种对光荣而崇高的东西的爱,一种对伟大和尊严的爱,一种对自己品质中优点的爱。③

确实如此,如果人们做好事不是为了获得某种利益,不是为了适应某种规范,不是为了某种"文化博弈",而是源于对人类社会中那些伟大而高尚的人和事的崇敬之情,源于人们对优美和谐的幸福生活的热爱之情,源于创造生活世界的美感激情,那么,即使没有"绝对命令"与伦理规范,这个世界仍然会是一个充满爱意、充满和谐的人文社会。这也是我近年来一直提倡用美学代替伦理学的一个思考角度。

第三,人文文化升华人的情感。文学、艺术、历史等,尤其是那些伟大的人文作品,不仅鲜明地表现着人类丰富、多样化的情感,也充分表现了人类纯洁崇高、雍容华贵的情感。这些情感信息的知觉不仅可以弥补个体情感世界的缺失,更重要的在于它升华着人类的情感世界,使之变得更纯洁、更优雅,将人性提升到一个庄严灿烂的境界。

---

① 达马西奥.寻找斯宾诺莎——快乐、悲伤和感受着的脑[M].孙延军,译.北京:教育科学出版社,2009:100.
② 赵汀阳.论可能生活[M].北京:中国人民大学出版社,2004:274.
③ 斯密.道德情操论[M].蒋自强,钦北愚,等,译.北京:商务印书馆,1977:166.

作为生物性与社会性的统一体,人类的情感并非先验的纯净无瑕,洁如天使。在神经生物学的意义上说,情感,作为人类与其他动物共有的生命调节机能,本身就具有诸多生物性元素。尤其是作为人的情感,由于其与人的知觉和心智活动相关,其中沉积着一些无意义的废物乃至消极的东西。如果这些成分不能得到清理与净化,就可能导致情感愈加低俗化、粗鄙化,进而导致人格的猥琐与人性的扭曲。人文文化的情感净化功能早已为艺术、哲学、美学理论所阐发,但过去人们所说的"净化"基本还是亚里士多德诗学语境的意蕴。其实,人文文化对人类情感净化的另一层意义还在于,它通过将伟大、崇高、优美的东西展示在人面前,与人固有的情感品质形成强烈反差,使个体产生强烈的愧疚感,从而自觉扬弃情感世界中庸俗的、不健康的成分,使之趋于纯净与圣洁。这就是现代精神分析学所说的另一种"净化"。用李泽厚的话说,这是人的"新感性"——"感官的人化"和"情欲的人化",亦即"自然感官成为审美的感官,人的情欲成为美的情感"①的生成。

确实如此,人文文化圣殿中的那些伟大的作品,它们所彰显的尽善尽美的道德情感,所表现的登峰造极的美丽情感,所塑造的雍容华贵的高尚情感,所映射的灿烂辉煌的人性光芒,如同一道圣洁的灵光,刺激人的灵魂情不自禁地剧烈颤抖,产生一种强烈的敬畏、谦卑,甚至于忏悔的情绪反应。震颤之后,人的心理不仅具有一种释负和纯净之感,而且对这些伟大而圣洁的情感知觉与体验以及所形成的经验表征和想象使人开始趋向作品所展现的那种情感境界升华。这可能也就是为什么许多人把文学、艺术、审美等同于宗教的重要原因。"勃拉姆斯音乐的逻辑起点,是站在理想主义成就的基础之上,用他对世界深深的崇敬去展现美好事物的无比壮丽;而终点则是用心底的挚情厚爱陪伴着它们的逝去,是以哲人般的慧心和历经劫波之后醇和的情愫,去感受、去理解诸如母爱、情欲、友谊、生与死的价值等等一切他用整个心灵爱慕着的东西";②歌德在 1768 年参观德雷斯顿美术馆时,从那些表现神圣使命的陈列品中领略到了一种庄严肃穆的感觉——仿佛像是"进入一座神殿时所体验的感情一样;"威廉·黑兹利特感到去帕尔摩街的国家美术馆旅行一次就像是去"犹太神殿的至圣所"朝觐了一次,与在艺术圣殿的敬虔相比,整个人世的事务都显得那么"粗俗和琐碎"。实际上,无论是哲学、历史、伦理还是文学、艺术,作为人类创造的人文文化,从它诞生之日起,就是人类精神的庄严祭礼。也正因如此,早在 2000 多年前,人类的文化先知们就特别强调艺术、文学、美学教育的重要作用。无论是孔子的诗教和乐教还是柏拉图的诗教和乐教理论,都充分凸显了人文文化对于人类性情的完善和德性修养的特殊意义。19 世纪的查尔斯·金斯利的话我们今天听起来尽管显得有些玄乎,但他对艺

---

① 李泽厚.华夏美学·美学四讲[M].增订本.北京:生活·读书·新知三联书店,2008:315-319.
② 陈子善.流动的经典[M].杭州:浙江人民出版社,2000:169.

术于人性的涵养和教化的功能的理解却是实在的。他在建议社会下层应该参观美术馆、接受艺术教育时这样说道：

> 绘画唤起我神圣的思想——为什么不能唤起你呢？我的兄弟？请相信，衣着破烂的工人们，尽管你们居住的小巷肮脏恶臭，你们的住所拥挤不堪，你们的孩子营养不良，你们的妻子消瘦苍白，请相信，总有一天你和你的家人也会分享到美。因为上帝想要赐予你美好的东西，所以使你热爱美好的东西。那些意大利古老绘画中的天使——他们多么优雅地穿梭、嬉戏于轻柔的云彩之间，充满了青春的活力和孩童的欢乐！——是的，的确非常美丽，但这恰恰就是你的瘦弱、丑陋的孩子，他死了，一个月前你还在他的摇篮前哭泣；而现在他已经成为一个天使了，你们将重逢，永不分开。①

金斯利并不伪善，尽管他所叙事的在绘画欣赏中主体的这种"移情"和想象活动在一般人身上也许并不经常出现，但他的话至少说明了一个道理(也许他有过类似的经验，而把这种经验推广了)，艺术具有对悲痛、恐惧、不幸等不和谐情感的净化作用。心理学家马斯洛对此做出了理性的解释：参观美术馆，看到非常美的人或事，我们经常感觉到一种欢喜的意味，体验到一种情绪的发泄与情感的净化。② 这种心理净化恰是我们的情感与人性日渐升华的重要心理学前提。

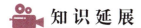 **知识延展**

从"英雄"到"英雄"

鲁成文

在我的爱乐史中，让我百感丛生、夜不能寐的曲目很多。但我为之热泪挥洒、魂魄震撼的却只有两首交响曲——贝多芬的《第三交响曲》和布鲁克纳的《第七交响曲》！啊，它们都有一个相同的、光辉灿烂的别名——英雄。

我最早拜服于古典音乐的圣殿，全因贝多芬的《英雄》。读大学的时候，只有让家人从收音机上录下音来，不知道是哪个指挥，也不知道是哪个乐团，只知道那是人生指南般的千古绝唱。我自己给录音加上关于乐圣的解说词，之后是十传百遍，不绝于耳。青春的热望、立业的渴求、建功的向往，都在贝多芬的《英雄》声中鼓荡出来。有一次窗外寒雪纷飞，我看罢《康德传》，最大音量放起《英雄》，喝了少许啤酒，竟然和着"指挥"一起，头掀手舞，直

---

① 凯里.艺术有什么用？[M].刘洪涛,谢江南,译.南京:译林出版社,2007:88-89.
② 马斯洛.洞察未来[M].许金声,译.北京:华夏出版社,2004:126.

至一捏拳头打在桌上。让同室并不爱乐者目瞪口呆："青春无悔"？

也是十多年后，我庆幸地再拥迎到伟大的布鲁克纳音乐。是那样的巧合，也是《英雄》把我引领至又一座音乐神明面前——《第七交响曲》率先响起在我的耳际。我用 CD 随身听，路上、床上、上班时、写作时，无时不听，无地不闻；不影响人时就放开那套专益于交响曲的大音响，汪洋恣肆，纵情受用。那种痴迷劲和沉醉状……我忘不了，在北京的心脏地段，我冒着碎雪，塞着耳机，踱步孤行，旁若无人，四下皆空。只有"凝固的音乐"——那些人人熟知的象征纪念性建筑——竖立旁侧……《英雄》再次撩起我的理想，我的理想再次因《英雄》而炙热。……

我爱《英雄》。即使没有了需要英雄辈出的时代，消失了可供英雄飞驰的世界，英雄仍可能留驻和潜伏在我们每个人中间：我们个人的生命进程里还会激化出"英雄性"的时期，我们个人的生活流程中还会冲发起"英雄性"的状态！只要理想不死，《英雄》就会永不停息地响彻于天地，奔腾于人心！

（陈子善.流动的经典[M].杭州：浙江人民出版社，2000.）

二、人文文化塑造人格理想

正如心理学家所说，健壮人格理想能够使我们拥有一种好生活或者幸福的人生。那么，好的生活是从何而来的？它不是上天赐予我们的，当然也不是我们幻想的结果。个体好生活首先源于我们拥有一个关于"好生活"的认知模型，而这个认知模型当然不是大自然的恩赐，而是个体在对环境信息加工和编码中建构起来的。通俗一点讲，也就是说个体关于"好生活"的理想、目标都是参照文化提供给他们的好生活脚本构造出来的。正如阿拉斯代尔·麦金太尔所说："人的好生活是在寻求好生活之中度过的生活，对追寻所必需的将使我们懂得更多的有关人的好生活是什么的那些德性，我们把德性不仅置于与实践相关的情形中，而且置于与人的好生活相关的情形中。"①麦金太尔的意思是说，"好生活"的理想蓝图是人文文化环境对个体心灵的导引与模塑。

人文文化对个体人生理想设计的引领，主要体现于个体在人类文化世界中进行的人文知识储备、人文教养对人生理想的规划。按照阿尔弗雷德·舒（许）茨的观点，有关我未来活动的全部设计，都建立在我现有的知识基础上。这个过着朴素生活的人，会自动掌握那些对于他来说有效的、有意义的复合物（包括多种工具、符号、语言系统、艺术作品等）。从他继承下来的、学到的那些东西出发，从传统、习惯性以及他自己以前的意义构造的多方面积淀——他可以记住这些积淀并把他们重新激发起来——出发，他那关于他的生活世界的

---

① 麦金太尔.德性之后[M].龚群，戴扬毅，等，译.北京：中国社会科学出版社，1995：277.

经验储备就可以被当作一个封闭的、有意义的复合物建立起来了。① 舒(许)茨这里所说的知识储备、意义构造、经验积累、生平情境等文化信息,不仅是常识、传统、习惯、礼仪、制度等社会符号,更主要的是历史、哲学、艺术等人文文化符号。尤其是对个体早期心理发展而言,文学、艺术、历史、语言等人文文化不只是他所获得生活世界的形式更是内容。老祖母的历史故事、母亲的摇篮曲、同学们演绎的英雄剧目、地方的传说掌故、民间艺人讲述的历史传奇以及社区的文化语言,正是这些人文文化不仅丰富着个体的认知世界,呈现着一个个充满美丽想象的梦幻世界,而且它们也构成了个体人格系统、人生意义建构的心智模型。特别是那些优秀的艺术、文学、历史作品,每一首诗、每一支音乐、每一篇小说、每一个历史典故、神话传说,都昭示着人生的真理,告诉人们什么样的人生是值得去追求的,引导人们去体验生命的光辉与伟大、人性的崇高与神圣,激发着个体成就伟大人格的奔放想象。"无论是普罗米修斯崇高的牺牲,还是厄底修斯的艰难历险;无论是贝多芬交响曲的雄浑有力,还是哀米欧尔的悲怆绝望;无论是屈原九死不回的求索,还是陶渊明归去来兮的吟哦;无论是古典艺术中人类高贵的单纯和静穆的伟大,还是现代艺术中人的焦虑、不安和失落,无不洋溢着讴颂真善美的激情,充盈着渴求自由,向往光明的意愿,浸透着或深沉睿智或神秘玄妙的哲理光辉。它不仅呼应着现实中社会、国家、阶级、民族的发展趋向,也在更深刻的意义上为人生的状态苦寻着理想的图景,这就是让人类保持自己的尊严和地位,永远有自己诗意的栖居之地,永远有自己的精神家园。"②在诗性的言说中,人感受到存在的寥廓;在神话故事中,人体悟到世界的秩序;在历史典故中,人知道了"人已经做过什么,因此就告诉我们人是什么";在文学艺术中,人走进了诗意的世界,如桑塔亚纳在评价狄更斯的作品时所说的那样:

狄更斯举起镜子映照自然,再把镜中破碎的残片重塑一个世界。这个世界中的男男女女个性丰富多彩,命运令人同情,他们就像我们的邻居一样值得结识,他们的名字被挂在孩子们的嘴边,被领进家家户户成为家庭的一员。他们的故事摇响了想象世界中最快乐、最美妙的钟声,使我们的兴趣疏离纷纷扰扰的日常生活。在世界各地的每个角落,在漫漫冬夜朗诵狄更斯作品的父母孩子,都将受益匪浅。他们会因此而喜欢冬天,彼此相爱。③

其实,人文文化不仅对青少年的人格修养与人生理想的建构提供了认知数据,对于个体的一生的道德修养,成就高境界的人生都是如此。这令我想起美国作家乌尔蔓的诗《青春》,其中的几节文字把我的观点表述得十分清晰。兹引录于下:

　　无论年届花中,

① 许茨.社会实在问题[M].霍桂恒,索昕,译.北京:华夏出版社,2001:47、191.
② 李西建.审美文化学[M].武汉:湖北人民出版社,1992:83.
③ 桑塔亚纳.英伦独语[M].邱艺鸿,等,译.北京:生活・读书・新知三联书店,2003:87.

抑或二八芳龄，

心中皆有生命之快乐，

奇迹之诱惑，

孩童般天真 审美文化学。

人人心中皆有一台天线，

只要你从天上人间接受

美好、希望、欢乐、勇气和力量的信号，

你就青春永驻，风华常存。

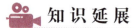 **知 识 延 展**

人的教育

张汝伦

其实，自古以来，人类教与学的知识就分两种。一种可称为"普遍的知识"，它们往往和实际的利益与应用没有直接的关系，而是关系到人类对自己，对世界，对自然和宇宙的一般认识与理解，即现在一般称为"基础理论"的东西。它们虽然不能产生实际的利益，没有实用的价值，却对于人性的完善与提高和人类文明程度起着重要的推动作用。另一种则是"实用的知识"，也可称为广义的技术。这类知识与社会需要密切相关，具有广泛的实用性，给人类带来直接的利益。这两种知识分别满足人性的不同要求，自古以来就处于一种紧张的关系中。柏拉图著名的洞穴寓言就反映了这样一种紧张关系。这个寓言是这样的：

人被锁在一个洞穴里。他们只能看到墙。影子在墙上移动。经过仔细观察，他们知道了映在墙上重复出现的影子形式的种种系列。对他们来说，这意味着知道和说出下个形式。有一天，有人挣脱锁链跑到洞外，走进了真实世界的光天化日之下。但如果那人最终又被迫从光天化日之下回到洞中，那他将会遭到那些仍被锁在洞里的人的嘲笑因为一下陷入黑暗使他处于闭目状态，无法辨别方向。但那到洞外去过的人则觉得那些仍被锁在洞里的人太可怜，居然不知道真实世界是怎样的。真实世界的知识和洞穴的知识处于一种不可克服的紧张中。

普遍的知识和实用的知识也同样如此。这种紧张是由于人们往往各持一端，陷于自己的偏见而不自知。对于那些只看重实用知识的人来说，一切追求普遍知识的人都像那刚从光天化日之下回到洞穴里的人那样，完全是盲目的。可对于那些相信他们发现了真实世界的真相的人来说，他们会笑那些追求实用知识的人就像那些要在黑暗中发现秩序的人那样徒劳无功。实际上双方都基于自己的偏见而对于人类来说，这两种知识都是需要的。人类需要实用的知识对付眼前的问题和需要,也需要普遍的知识给自己确定长远的目标和选择。人类要行动,也要理解,两者不可偏废。只有普遍知识而无实用知识,人类将举步维艰;反之,只有实用知识而无普遍知识,人类同样会陷入困境。

问题是人类如何真正认识到这一点。后现代批判动摇了许多现代的形而上学假设,却丝毫没有触动现代的形而下的实用——功利倾向。相反,由于对现代形而上学假设的批判进一步加强了这种倾向。各国的教育都越来越技术化,大学越来越像许多专业技术学校的集合。现在要做的已不是在学校里加一些通识课程和修身课程之类治标的办法,而是人类的知识观念必须有一个根本改变。人类的知识形态必须在此基础上重新组合;人类对自己的生活目的和人类的未来必须有一个积极主动的认识,而不是盲目地让自己被欲望领到一条自行毁灭的道路上去。人类必须对自己的命运、目的和知识有一个新的认识,对自己的生活有种新的理解和看法,才能从根本上改变目前这种把人当商品、工具或材料来生产或加工的教育观念,才能形成一套不同于现行的教育制度与方法的新的教育制度与方法。否则,终有一天,在即将到来的信息社会和知识社会里,教育也会成为一种新兴的工业。

对坚持教育是人的教育,是人的事业的人来说,现在所能做的是在自己所从事的教育工作中尽量体现和突出人性。师生间建立亲密的人性关系,教学中突出知识的人性内容或人性意义,最重要的是唤醒学生通过教育自我完善的意识。他们的确不能改变课程的日趋专业化和破碎化也不能改变社会对学校和学生教育观念的巨大影响,但他们可以通过自己的教学和为人使学生认识到,最光荣伟大的事业莫过于做一个人。

(张汝伦.坚持理想[M].上海:上海人民出版社,1996.)

第三节 审美与高级人生

什么是人生最高理想?最高理想也可以说是一种高级人生境界。按照冯友兰先生的观点,人生的"天地境界"就是一种"最高境界":为宇宙的利益做各种事。[①] 我认为天地境界是一种"大我"的人生之路。它不仅是一种哲学境界,也同样是一种审美境界。[②] 生活中那些非凡之人、宗教界的"圣人"(如佛门中的一些大师)的人生境界就属于天地境界。不过,"宗教大师"已不属于我们这些凡夫俗子之列,故不宜以之为样本进行论证。对于世俗社会而言,我认为审美境界就是一种天地境界;审美理想就是一种"大我"理想。

[①] 冯友兰.中国哲学简史[M].北京:北京大学出版社,1996:292.
[②] 高长江.神与人:宗教文化学导论[M].长春:吉林人民出版社,2000:145.

审美理想之所以高于道德理想，就在于审美意识不似道德那样，执着于伦理理念去寻求存在之德性，而是从整体化、一体化、超功利化去把握存在之真理。这种人生境界类似于美国灵智学者肯·威尔伯所说的"超灵人"的境界。但威尔伯"超灵人"的人生缭绕着一层宗教神秘主义的光环，这当然不是我们所要追求的最高人生理想。我还是更喜欢美学家宗白华的表述：审美人"以宇宙人生的具体为对象，赏玩它的色相、秩序、节奏、和谐，借以窥见自我的最深心灵的反映……使人在超脱的胸襟里体味到宇宙的深境。"①也正像李泽厚所诠释的那样：这种人生"不诉诸认识，更不诉诸伦理，而只是一种对本体的妙悟感受……又不是思辨的虚无，而仍然具有活泼的生命。"②这是一种更高的人生理想和人生境界——万物一体的存在境界；一种心理学家所说的"大精神"之人生境界。

长期以来，我们一直有个疑惑：在那些远离文化与文明的深山老林、乡土鄙野中，一些文人、僧侣、道人、农人何以具有一种淳朴、自然、高尚、美丽、圆润的心灵与精神？很多学者把思域聚焦于文化，即道德、宗教修养。我觉得，文化修养只是其中的元素之一，更主要的还在于对淳朴、美丽的大自然的"审美知觉"。其实，若要使我们的精神更高远，也许不必像肯·威尔伯所说的那样，苦修小乘、大乘、金刚乘；只要会遇青山绿水无相之在，感悟宇宙生命存在之美，就可升华我们的人生理想，成就我们的人生境界。

确实，淳朴的自然风光，大自然各种有机体的生命意趣，不仅激活了人的生态原型，给人以安住家园的灵魂关怀，也十分有利于人类灵性化精神的孕育和生长。美国哲学家杜威曾经说过："这个世界就是认识的题材，因为心灵就是在那个世界里面发展出来的。身心的结构就是按照它在其中的这个世界的结构发展出来的，所以身心就会很自然地发现它的某些结构和自然是吻合的、一致的。"③人脑的物理结构是宇宙设计的产品，信息加工的神经模块是与环境相互作用的结果；人的意识、心理以及高级的心灵即精神尽管与文明或文化的修剪有关，但它的底版仍然还是环境及其延伸物（文化也是自然的摹版）。因此，也可以这样说，大自然就是人类大精神的能量场，就是人类理想的模板。人类不仅通过对它的知觉产生意识活动，而且也通过对它的审美观照产生心灵意象。美国环境史学家唐纳德·休斯曾说过："人类在穿越历史长河的过程中，从其他物种那里学到的远不仅仅是几种技艺而已。在与无数种动植物的互动中，人类形成了自己的身体形态，产生了文化方向，更重要的是形成了区别于其他动物的特质。"④享誉世界文坛的19世纪美国伟大的思想家、自然主义者亨利·大卫·梭罗的精神转化经历就证明了这一道理。梭罗的文化资本与社会资本

---

① 宗白华.美学散步[M].上海：上海人民出版社，1981：59、72.
② 李泽厚.华夏美学·美学四讲[M].北京：生活·读书·新知三联书店，2008：181.
③ 杜威.经验与自然[M].傅统先，译.北京：中国人民大学出版社，2012：203.
④ 休斯.世界环境史：人类在地球生命中的角色转变[M].赵长风，王宁，译.北京：电子工业出版社，2014：18.

足以使他惬意地享受大都市的舒适生活,然而他却放弃了都市生活而到瓦尔登湖畔搭起木屋,开荒种地。在文学评论家眼里,梭罗的这一举动不过是他对一种简朴自然的生活方式的追求;但从灵性学与审美心理学的角度分析,此乃梭罗希望通过与生态世界的信息交流,探寻"真我"的存在,或者说对"无我"人生境界的追求。梭罗这样写道:

> 我到森林中去生活,是因为我想生活得谨慎小心一点,只想去面对生活中最为基本的事实,看看自己能否学会生活必须教给我们的东西,免得到了离开人世时,才发觉自己白活了一场。我不想去过那种不能称之为生活的生活,因为生活是如此的珍贵;除非万不得已,我也不想对生活逆来顺受。我想扎根于生活的土壤,吸收生活所有的精髓,生活得像斯巴达人一样强壮结实,清除生活中一切无用的东西,我要割划出生活中一块宽宽的田地,然后细心地修剪,我要将生活的车轮驶入一个角落,把它讲到最卑贱的地步。如果生活本身就是卑贱的,那为什么不去追寻生活中完整而真正的卑贱,然后向全世界展示它呢?如果生活是高尚的,那就要亲身去体验它,以便在下一次的游历中真实地讲述这种经历。[1]

这就是梭罗来到瓦尔登湖畔选择自然朴真的生活的心灵意向。这不是一种生活方式的变化游戏,而是通过心灵与朴真的大自然的对话,或用我们今天的生态神经科学的理论来解释,通过与"纯美"的自然生态的交互修改脑中的生态神经网络,重新建构一种"灵性化"的人生[2]:从对物的追逐与功利的桎梏中解脱出来,创造自由、纯真、高尚的生活。也就是说,通过与大自然的日常互动,通过与生态世界的信息交流,通过接收和加工自然界纯美的生命律动信号,不仅唤起了对大自然质朴纯真本性的向往,而且也唤醒心灵底层那个"纯真自我"。这一"自我"用现代心灵学的理论来解释,即精神水平达到了一个全新的境界。我们还是用梭罗在瓦尔登湖畔、在森林中的心灵体验事实来证明:

> 我们常常忘记,太阳总是同时把阳光洒向耕地、草原和森林,不分彼此。大地万物不仅反射光线也吸收光线,耕地只是太阳在它每日的行程中看到的整个优美画卷的一部分。在太阳的眼中,大地应该是被平等地耕耘得像个大花园一样。因此,我们必须以同等的信任与大度来接受太阳的光和热的恩赐。即使我在每年的

---

① 梭罗.瓦尔登湖[M].杨家盛,译.桂林:漓江出版社,2013:77.

② 我认为,人类的意识中有不只一个"自我"。人类与环境的交互,对环境信息的加工与编码,是在不同的脑水平上展开的,因而也产生了不同水平的"自我":某种环境使我们放松、舒适,这是"生物脑"对环境信号加工产生的"自我",即"原始自我"或"生物自我";某种环境使我们产生"领地意识"(个人空间)或安全、私密感,这是"社会脑"对环境信号加工编码产生的"自我",我将其称为"认知自我";某种环境使我们产生纯真、超越感,这是人类的高级"文化脑"对环境信号和文化信号(哲学、宗教、伦理、美学等)加工编码而产生的一种自我意识,我称之为"灵性自我"。生态心理学理论所说的那个"生态自我"也与此相类似:"作为'生态自我'的人,不仅是把人作为自然的一部分,更是一种人与自然情感相互交融、心灵交相辉映的整体有机的生命共同体,是一种回归生命本源的'原生'状态的人。"(吴建平、侯振虎主编.环境与生态心理学[M].合肥:安徽人民出版社,2011:76.)

秋天收获豆子,那又怎样呢?我们久久凝望这宽阔的田野,它并不会认为我是主要的耕耘着,而是离我而去,去迎合那些给它水分,使它变绿,更投它脾气的各种因素。

这些豆子的成果并非由我来收获。它们的一部分不也是为土拨鼠生长的吗?麦穗不应该是农夫唯一的希望,里面的麦粒也不是它唯一的果实。因此,我们怎么可能歉收呢?那些生长繁茂的杂草,它们的种子成了鸟儿们的粮仓,难道我有何理由不为此感到高兴吗?相比之下,田野是否装满农夫的谷仓,显得就不那么重要了。真正意义上的农夫是不应该为此感到焦虑不安的,就像那些松鼠,它们从来不操心林子里今年是否会长出果子。真正的农夫每日完成活计,并不关心地里的收获是否归他所有。在他内心深处,他不但应该奉献他的第一次收获,而且应该奉献他的最后一次收获。①

美国自然主义思想家爱默生曾说:万物的全部使命就是教会我们信仰;心灵接受大自然的忠告我们就会兴旺发达。② 瓦尔登湖畔小木屋的这位主人正是在对大自然的淳朴、慷慨、无相的生命律动的体悟中,在对自然界无欲则刚、清澈透明之生命本相的审美觉照和移情中,在与宇宙"大精神"的交流、互动中,进入了没有得失计较、没有主客对立、没有"自我"与"真我"分离的超"圣人"的人生境界——审美境界。哲学家张世英先生表述得更明晰:通过对自然界的审美观照,激活了我们生命中的"灵明",照亮了我们的人生与世界,进入了"万物一体"的境界。③ 为了将审美与人的审美境界形成之关系解释清楚,这里我准备就审美活动与人的精神境界锤炼的关系作一细致的分析。

从审美文化的角度审视,我们可以这样认为,在人类所接触到的所有现象中,美是最高境界之在。只有在审美知觉中,人才实现了意识和心理由"粗重状态"向"灵性状态"的升华。比如,一只普通的壶,就是这种集合的在者:壶给予水,赐予酒;而在水中则滞留着泉,在泉中保留着石以及地的沉睡和天空的晴朗;在酒中,居留着地的滋养元素和太阳;酒可以解人之渴,可以激励友情;酒还可以倾于地上以祭神,可以在对崇高者的节日庆典上助兴;壶集合了天与地、神与人,并从而使四者进入自身,使世界成为四者的合一。"壶的本质是那种使纯一的四重整体入于一种逗留的有所馈赠的纯然聚集。"④海德格尔所说的这种整体或集合之在,用中国传统哲学的理论来表述,就是"天人合一""万物一体"之在。按照哲学家张世英先生的解释,人生在世的最高境界,就是达到这种天人合一、万物一体的境界。

---

① 梭罗.瓦尔登湖[M].杨家盛,译.桂林:漓江出版社,2013:139.
② 爱默生.美国的文明[M].孙宜学,译.桂林:广西师范大学出版社,2002:257.
③ 张世英.哲学导论[M].北京:北京大学出版社,2002:69,76-77.
④ 海德格尔.存在的天命[M].孙周兴,译.杭州:中国美术学院出版社,2018:79-80.

在张世英看来,人本来或者说原始地就生活于万物一体的世界之中,与万物息息相通;只是有了主客关系的思维之后才产生了人与万物之间的阻隔,形成了人与世界的疏离以至于对立。因此,人的精神发展的最高理想应是回复到天人合一、万物一体的人生境界之中。只有这种万物一体的人生境界,才能化解当代世界人与人、人与自然、人与世界之间的矛盾。而这种"万物一体"的人生境界的成就恰恰是审美活动结果。"提高境界的问题,从更深、更高层次来看,需要通过审美意识的境界来解决。"①

从这种"人生美学"的视角审视,我们可以说,审美在人类精神境界建树中具有最高价值。因为对世界的审美观照,如海德格尔所说呈现了世界的整体性。正是在审美中,人类的视界突破了仅停留于在场事物的局限,而将不在场者召唤出来,将"天地神人"集合的世界呈现出来。正像海德格尔所分析的那样:一座古庙基石上的裂痕所显示的不仅是这座古庙建筑的质料,而且还有那石缝背后的千年风暴的威力以及它所拥有的神圣性,或者说,正是在这个千年古庙的形象中,事物的源初性被人体验到;凡·高笔下一双普通的农鞋,那黑洞洞的敞口和鞋皮上的痕迹所呈现的也不单单是鞋的质料的破损这一简单的事实,而且还回响着大地无声的召唤,显示着大地对成熟的谷物的宁静的馈赠,表征着大地在冬闲的荒芜田野里朦胧的冬眠,以及农妇对面包的稳靠性的无怨无艾的焦虑、战胜了贫困的喜悦、分娩阵痛时的哆嗦、死亡逼近时的战栗;"枯藤老树昏鸦,小桥流水人家,古道西风瘦马"的文学语言审美知觉,我们不仅领略了一副荒寒萧寞的自然景色,而且通过这简练文字的加工,在脑海中浮现出一幅游子浪迹天涯、无家可归的惆怅与感伤意象。超越在场而逼进不在场者,或者说超越有限者而驰于无限者,人的这种精神活动只有在审美知觉中才能实现。"艺术品乃是以有限的事物显现无限,以有限言说无限。"②也正是在审美活动中,人的主客思维消除了,世界的物我分界解体了,人变成了一个"大我",达到了人生的最高理想即与万物浑然一体圆妙合一之境——审美人的存在境界。

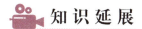

知识延展

理想与现实

贺 麟

一提起理想二字,就难免不引起两种人的反感。一种人就是现实主义者,他们认为理想是和现实根本对立的,注重理想,就无法应付现实,许多实际生活上的事情都会办不通。

① 张世英.哲学导论[M].北京:北京大学出版社,2002:77.
② 张世英.哲学导论[M].北京:北京大学出版社,2002:142,143.

近二三十年来的世界政治，颇为现实主义所笼罩，所以好些受了现实主义熏陶的人，大都认为理想只是不识时务、不切实际的书生脑子里空洞渺茫的想法。不过所谓政治上的现实主义者，据个人印象，大概是重利轻义，重力轻德，重实际利害的计算，轻理想高远的价值，重一时的权变，轻百年的大计，重申韩的法术，轻孔孟的仁义。本文的目的不在批评政治上的现实主义，而在讨论理想与现实一般的关系，希望可以作讨论政治的参考。

还有一种对理想二字起反感的人，就是实行家。实行家反对理想，因为理想多半不能实行，就是实行起来也是扞格不通，理想家和实行家对立的问题，在辛亥革命初年，就有"孙文理想，黄兴实行"的普通传说。这种传说，显然有轻视理想家，尊重实行家的趋向，成为反对先知先觉，不真实信仰主义者的护身符。所以，当时孙中山先生特别作"知难行易说"，来校正这个错误。他提出知难行易说的用意之一，就是要指出作理想家难、作实行家易，具有理想难，见诸实行易，也就包含有理想重于现实，理想为现实之母，任何实行家均须接受理想家的指导的意思。实行家的任务，进一步来说，就是要使一般人认为不可能的，成为可能，换言之，就是他能够实现远大的理想。所以实行家是离不开理想的，没有理想的实行家根本不配称为实行家。所以本文的主旨并不在于品评理想主义和现实主义的是非，也不在批判理想家与实行家的难易高下，而在发挥理想与现实的合一，实行家与理想家的不可分。

……

假如我们不愿意和现实妥协，为现实所束缚，又不愿意陷于幻想梦想，逃避现实，那么我们必须要应付现实、改造现实、征服现实。但是要达到这一个目的不能不有理想。第一，因为理想基于人类的本性。理想出于理性，人类是理性的动物，理想是构成人格的要素，人类所以异于禽兽，伟人所以异于常人，全看理想的有无和高下。人类能够凭借他的理智，构成理想的世界，以提高其生活，改造现实，征服现实。在一个人用理想来指导他的行为的时候，也就是他发挥他最高的灵性以实现其自身的时候。第二，因为自由是人格的本质。要有自由的人，我们才承认他有人格。同时争取自由，争取政治、社会、宗教、经济上一切的自由，是西洋人近代的根本精神。然而理想是争取自由最不可缺少的条件。无理想就无自由的标准。行为合于理想，就是自由，不合于理想，就是不自由。一切外界的违反我们理想的事物，都是侵犯我们自由的事物，假如没有理想来作我们争取自由的标准，那我们就可以随遇而安，当然就无所谓自由。所以理想和自由是不可分的，和近代精神也是不可分的。第三，因为理想是认识现实的主观条件。没有理想，就无法认识现实。许多没有理想的人，在人世上厮混多年，奔走许多地方，但是并没有得到真正的知识，因此也不能认识现实。科学知识，就是对于现实的认识，然而没有科学上的假设——假设是假想的理想——就没有法子求得科学的事实。再如欲求得科学的事实，必须厘定其时间空间关系与因果关系，然而据康德所说，时空乃是获得经验的理想形式，因果乃是获得经验的理智范畴，足见没有主观的理想,客观的科学事实也就无法求得。第四,因为理想是征服现实的指南针。理想是陶铸现实的模型,是创造现实的图案,是建立现实的设计。现实是理想的材料,是理想实现其自己的工具。现实是被动的、受支配的,理想是主动的、支配的。由此足见离开理想,要想认识现实、应付现实,不仅事实上不可能,理论上也说不通。任何人类有价值有意义的政治社会的建树,文化的创造,都是理想与现实合一的产物。不过在理想与现实的合一体中,理想为主,现实为从,理想为体,现实为用,任何国与国之间的战争,人与人之间的冲突,不仅是现实的斗争,乃是理想与理想的斗争,现实与现实的斗争。就理想而论,要看谁的理想更合理、更高尚、更远大、更能支配现实。就现实而论,要看谁在实际方面、物质方面以及军事经济方面的设施,更有组织、更有力量、更遵循理想的指导。所以任何斗争,必然是精神力量与物质力量合一的斗争,也就是理想与现实合一的斗争,同时也可以说是两者配合与否的斗争。

(贺麟.文化与人生[M].上海:上海人民出版社,2019.)

 思考题

1.简述理想与人文文化的关系。

2.结合自己的生活分析理想的不同层次及其价值

第五章　文化传统的人文血脉

第一节　人文血脉与文化传统

人之所以是一种精神动物,就在于在人类的生命里面流淌着人文血脉,就在于在人类的传统里沉积着人文精神。也正因此,传统不仅给我们以记忆,更重要的它使我们知道了我们是谁、我们来自哪里、我们应当走向哪里、我们应当创造一个什么样的社会、我们应当成为一个什么样的存在者。正如美国社会学家希尔斯所说,传统不仅仅是过去的重现,它也是未来的希望。只要人还仍然是由动物进化而来,并且由于人文传统,使我们变成了一种人文动物的话,那么人类的血液当中、人类的历史当中、人类的生命当中就会永远流淌人文的血脉。

通常所说的人文血脉,即人类由古至今延传下来的人文传统和人文知识,如语言、文学、艺术、哲学、历史、科学等。它们之所以被称为"人文血脉",就在于作为一种固化为形的文化传统,它们承上启下,薪火相传,构成了人类进化与发展的文化基因。人文文化不仅是这条人文血脉的血管,同时,人文文化又是人文血脉中的血液。也就是说,人文文化不仅是人文血脉的传播途径、媒介,同时,人文文化本身又是人文血脉的构成部分,是人文血脉传递的内容。例如语言,一方面,语言是非常重要的传播媒介,我们通过语言进行交流,表述自己,同时理解他人。人类创造的文化,无论是艺术还是哲学、宗教等,正是因为语言的存在才能够从古至今不断地传递下来。另一方面,语言本身具有意义、蕴含信息,它本身就是一种人文精神、人文传统。

构成一个共同体文化传统之血脉的人文元素很多,诸如文学、艺术、哲学思想、伦理制度、历史记忆、语言系统等。但基本可以将其分为人文传统流传的"血管"(媒介)和人文文化流传的"血液"(内容)两种。这里我们主要以语言和艺术为例做一分析。

正如前面所述,本身就是人文血脉传递的信息。可以说,正是语言的人文性维系着人类的诗性在场。我们可以从两个方面来讨论语言和人类存在的关系——语言既提供给人一个诗性的世界,人也在语言中诗性地居留。我们不妨把视野拉得远一些。

20 世纪以来,西方哲学经历了从"认识论"到语言论的转向。在现代哲学看来,"世界"是一种"语言"的事实。语言成为"世界"所以"在场"的重要基质。他们认为语言并非仅是人类思想及观念表达的工具系统,人类必须而且只能通过语言去理解世界,并用语言来表达对世界的理解。虽然世界在人的意识之外,但世界却在语言之中,离开了语言,"世界""存在"都是不可想象的。这里必须提到海德格尔。海德格尔存在主义哲学思想的核心可以浓缩为一句话:语言是存在的家园。海德格尔超越了传统语言学关于语言本质的"工具"性框架,认为:

> 语言的本质即非意谓所能穷尽,语言也绝不是某种符号和密码,因为语言是存在之家,所以我们是通过不断地穿行于这个家中而通达存在着的。当我们走向一口井,当我们穿行于森林中,我们总是经过了"井"这个词语,穿过森林这个词语,哪怕我们并没有说出这些词语,并没有见到语言方面的因素。

> 一切存在者,无论是意识的对象还是心灵之物,无论是自身有意图的人还是冒险更甚的人,或所有的生物,都以各自的方式作为存在者存在于语言之区域中。因此之故,无论何处,唯有在这区域中,从对象及其表象的领域到心灵空间之最内领域的回归才是可完成的。①

在海德格尔这里,存在的世界完全变成了一个语言的世界。

哲学家伽达默尔也认为理解语言就是理解世界。在《真理与方法》一书中,他着重阐释了语言在理解活动中的重要性。伽达默尔认为,人只有借助语言才能理解存在。语言不只是工具或表意符号系统,而是我们遭际世界的方式,它揭示着我们的世界。在他看来,能理解的存在就是语言。这实际意味着,只有语言才能本真地传达人与世界的内在关系,人永远是以语言的形式拥有世界的,语言给予人一种对于世界特有的态度和世界观。更进一步说,因为语言与世界的这种不可分割性,因而理解世界的界限实质便是语言的界限:不仅世界只有进入语言才是世界,而且语言也通过对世界的表现使世界变为真实的存在。

如果说,语言是存在的家园,存在者通过语言获得了生命实在,那么,我们便可以理解语言作为人类的人文血脉的意义:护佑人类诗性地居留在大地上。语言是一切存在者的栖居之所,世界万物离开语言便无家可归。正因为语言,世界上所有的"存在者"才能够明晰起来。尤其是被我称之为"文化语言"的文学语言、艺术语言、地方语言,通过其艺术性、历

---

① 海德格尔.林中路[M].孙周兴,译.上海:上海译文出版社,1997:316-317.

史性、审美性的诗性的语言守护着人的世界,使人诗性地栖居。如文学、戏曲、传说故事、歌谣、仪式音声等,它们都是高度修辞化、美学化的。例如民俗文化的语言,不仅具有浓郁的地方特色,而且融汇了本地的文化传统与智慧、生活形式与审美情趣等诸多地方文化元素,人在这里诗性地栖居着,即感受着家园的在场。所谓"诗性地言说"或"诗性的语言"不是说用作为一种文学体裁的诗歌的格律组成的语言和话语,而是说这种语言具有深厚的历史感和饱满的情感温度。在这种语言中,在场者和不在场者、过去和未来、平凡与超凡的交织在一起,给人以存在的整体感、根基感。

而作为人类思想、信息、知识交流、传递的工具和媒介,语言又是人类历史传递的介质。没有语言,就没有人类文明,甚至会阻碍人类的进化。原始时期的很多智人人种之所以后来消失了,就因为他们缺失发达的文化传播媒介——语言。正是因为语言,我们才有了传统,才有了知识,才有了文化。

我们再来看艺术。人类的艺术活动,不仅是为了创造生活的消费品,也不仅仅是增添生活的乐趣,而是人类自由、和谐、圆润心灵的绽放,是人类通过这种特殊的文化游戏所展开的心灵远游。人是一种自然动物,受本能驱使;人又是一种社会动物,受各种社会规范制约;但人还是一种文化动物,我们虽受制于本能和社会,但可以通过本能和社会之外的另一个世界即文艺世界通往自由、和谐、圆润的人之原在。从人类文化史的角度看,人类最早创造的文化形式便是艺术与神话。如果说神话以"精神鸦片"的形式为激情过剩而又软弱无能的原始人提供在世的精神担保的话,那么艺术则是人类通过想象游戏的方式达到对自我和世界的重新建造,为人类提供神话经验之外的另一种幸福体验。无论艺术史学家和文化史学者如何强调人类源初艺术生产的实用功能,但无可否认的事实是,这些原始造型符号生产的真正意义仍是原始人对现实存在限制的一种逃避。在杜威"实用主义"哲学的意义上,实用主义取向也可以理解为对现实世界的一种逃避,即对大自然的威严、不可控与人类力量的小、无能这种巨大的反差这一不和谐的世界的逃避。如果人可以不费力气乃至于不冒任何危险就能抵抗各种自然灾害,获取各种猎物的话,人就不会把想象和激情浪费在岩壁的雕绘和人体的装饰上。即使是日常生活中的手工艺活动,比如各种手工艺品的制作,它的意义也是如此,即在满足基本生活需要的同时给人带来自由活动的快感与游戏的快乐。正是在这种快感与游戏当中,一个自由、和谐、愉悦的世界被创造出来。桑塔亚那在《艺术中的理性》一书中曾说到:"如果艺术是理性生活中的组成部分,即它能改变生活环境,进而促成其目标的实现,艺术也就能促进人类理想各个方面的全面实现,使我们的生活更舒适、知识更丰富、精神更愉悦。"造型艺术、语言艺术乃至于身体纹饰等都充分表现了古人对世界的秩序化以及对天人合一、生命和谐的世界的愉悦性建构这一人文追求。特别是人在进行艺术活动时并不想知道他从事这些活动时是在创造艺术还是在玩游戏,他只知道他需要这种"白日梦";也只有沉醉于梦(创造和欣赏)中,高级哺乳动物虚弱的灵魂才不再感到压迫。正是在这种意义上,我们说艺术不仅创造了一种文化,而是创造了人类自由、和谐、圆润的心灵和存在的幸福。特别是人类的艺术一经产生便川流不息,由古至今传递着人类自由、创造、意义、审美的人文精神,维系着人文动物存在的独特性。

艺术不仅本身就是一种人文文化,而且它还是人类人文文化传递的血管,即人类的历史、英雄主义、崇高的美德,都通过艺术品跨越时空限制而代代流传。"艺术作品内容可以有现实的(以及历史的)真实性,也可以是虚构的,但它们作为'故事'——即历史事件,却展示着过去的生活图景,提供给人们'看到'那种生活。"①在这种意义上,艺术成为人类真正的人文"血管"。

第二节 传统库存与人文知识

一、历史

作为知识人类学范畴,虽然人的"历史意识"这个概念出现得较晚,但作为一种心理与精神现象,应该说自人的意识由混沌而至清晰之日起,它就在人身上生长并发展起来。正如希尔斯所说:"关于历史的知识、对于历史的敬重和依恋、对于历史的仿效和对于历史的愤恨——了解过去,把现在的自我置入一个具有时间深度的境域,并且去解释自己的起源"。所谓的"我从哪里来""要到哪里去"云云,正映现了人的历史性存在这一本质。

说人是"历史性存在",并不是说人是生活在往昔的回忆、先人的遗物以及各种历史掌故残片之中的这样一种"古董迷恋者",而是意味着人在"过去"的诸意象中寻觅着存在的意义与价值,成为历史的"产物和结果"②。在考古学的意义上,当然所有的"过去"都成为历史;但在历史学和人类学的意义上,被历史学家书写和普罗大众敬重、依恋的东西才是历史。如果说人是一种"文化学习的动物",那么,人要在"过去"学习、仿效的,人所要"朝圣""凝视"的景象并非那些平庸、琐碎的东西,而是那些令人敬仰、令人痴迷和令人感慨的东西。检视人类历史文化,历史的开端总是神话或"英雄的时代""黄金时代"、牧歌般的"梦幻时代",原因就在这里,即通过历史回忆和反思,人类的生命获得了一种意义感、崇高感和

---

① 叶秀山. 美的哲学[M]. 北京:北京联合出版公司,2016:138.

② 马克思,恩格斯. 马克思恩格斯全集(第26卷)[M]. 中共中央马克思恩格斯列宁斯大林著作编译局,译. 北京:人民出版社,1972:545.

阔大感。生命发源于"超凡",也以"超凡"的形式进化发展,最后达到"超凡"的最高结局——"神话的天堂"或世俗化的理想社会。历史之所以是一种人文文化,历史知识之所以属于人类的人文血脉,就在于它的这种精神品质。

　　没有历史学,我们就会在这个有机体的进展中失去一个必不可少的环节。艺术和历史学是我们探索人类本性的最有力的工具。没有这两个知识来源的话,我们对于人会知道些什么呢? 我们就只能依赖于我们个人生活的资料,然而它能给予我们的只是一种主观的见解,并且至多只是人性的破镜之散乱残片而已……在伟大的历史和艺术品中,我们开始在这种普通人的面具后面看见真实的、有个性的人的面貌。……历史学与诗歌乃是我们认识自我的一种研究方法,是建筑我们人类世界的一个必不可少的工具。①

正是通过历史这一人文血脉的滋养,人类的人文精神才永不枯竭地存续着。

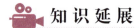 知 识 延 展

人类的历史意识

爱德华·希尔斯

　　在任何时候,组成人类的个体无论对他本人还是对他人来说都是既定的。他的性格尽管有矛盾,但业已定型,其信仰可能模糊而不确定,但也已经形成,其智力和体力方面的能力也已成形,他的个性特征、他的信仰和他的能力可能极不稳定,以后可能会经历变化;而且他本人和其他人也许只能朦朦胧胧地,或是错误地认识他的个性、信仰和能力。然而在被论及的那一刻,这些性格、信仰和能力是确定的。它们的形成基于每个人的原初遗传天赋以及一种传统沉淀的过程,即在某个盛行着特定的信仰和习俗的既定环境中,一代代人所经历和继承的传统的沉淀。无论他的性格和信仰以后会起何种变化,这种性格和信仰在任何特定时候都是他在过去获得、一些人比另一些人更加易变,但是,无论他们是易变的还是古板的,任何变化都是消除了某些过去影响的结果。无论人们在行动中显示出多么大的,而且是蓄意的自我约束力,稳定而全面的个性决不是他们自己创造的结果。这种稳定性表明,从过去获得的范型不可动摇地主导了个性。有些人具有矛盾心理,并持有明显的自相矛盾的信仰。即使是这样,一些具有不稳定个性的人也受到他们周围各种传统的支配;使他们个性失去稳定性的主要原因,不是各种本能冲动的冲突。要他们已获得并且已得到发展的信仰沉淀中解放出来,其困难程度至少如企图控制他们的本能冲动。大体上来

---

① 卡西尔.人论[M].甘阳,译.上海:上海译文出版社,1985:261－262.

说,个人在不同程度上都接受了他们已经形成了的个性,但是,他们并非总是欣然接受这一事实的、如果他们成功地改变了自己,摆脱了他们已有的个性,逃离了使他们具有这种个性的环境,那么,他们靠自己所获得的不仅是过去就存在的东西,而且还有各历史阶段的后果。一般来说,他们进入了一个已绘制成图的地域,这一地域有其确立的规则、要求和需要。他们获得了一个以前不属于他们的过去。

个人随着生理和神经系统的成熟,在他们所处的环境的压力下和传统的塑造中成长变化。他们中的大多数在变幻莫测的历史事件之流中随波逐流;在对这些事件作出反应的过程中,他们不知不觉地发生了变化。这些事件构成了确定任务和提供机会的环境,而这些任务和机会则以不同形式渗透了传统。这些任务构成了规范性和认知性期待主要由传统形成的期待;这些机会在某种程度上是按照传统准绳配置的自然、社会和文化的资源,它们也是得以接触特种传统的机会。在对这些要求和机会做出反应的过程中,个人获得的情趣和技能,对他们自己来说是新东西,但是,对于他们已涉足的文化来说则不然。他们的宗教信仰和政治态度发生了变化,这意味着他们不再奉行构成他们信仰和态度的传统,而去遵循其他传统,或者,缩小了思想范围和思想内容。

有关过去的知识和对过去的感受力将关于过去的形象延续至今。但它们并不一定使这种形象成为今天的行动指导。关于过去的形象是传统,但是,它有别于评价现今事件的传统方法,有别于传统的行为方式,有别于传统的目的。这种形象在两种意义上是传统:它将过去作为一种形象延续至今,它将过去的人们对于过去的认识延续至今。它使过去的形象成为今天的依恋对象,它增加了过去事物的规范潜能得以生效的机会,然而,它不能保证这种规范潜能的实现。一个充满了过去遗物的社会并不必然喜爱这些遗物。在一个社会中,或许会有人对遥远的过去作努力勤勉的学术研究,然而,这个社会中的大多数人对这种过去却几乎一无所知,甚至学者对过去也无仰慕之情。然而,这种过去并不简单地就是真实知识的对象,或回忆对象,它不是个人自己的过去,或是其祖先的过去,也不是在时间和空间上遥远社会的过去。

(希尔斯.论传统[M].傅铿,吕乐,译.上海:上海人民出版社,2009.)

二、哲学

什么是哲学? 冯友兰先生曾用简练的语言把哲学概括为"对于人生的有系统的反思的思想"。[①] 这种反思用海德格尔的话说,即"加重历史性此在以及从根本上说是加重绝对的在。艰深使得万事万物,使得存在者重新获得凝重(在)。"也正是存在者之在的"凝重",使

---

① 冯友兰.中国哲学简史[M].北京:北京大学出版社,1996:1.

得人类生命之在具有了某种厚重感,达至了某种超常的境界。也正因此,冯友兰先生认为:"哲学的功用不在于增加积极的知识(积极的知识,我是指关于实际的信息),而在于提高心灵的境界,达到超乎现世的境界,获得高于道德价值的价值。"①"超乎现世",不论是超乎自然还是超乎社会乃至于超乎伦理,都是一种人生智慧。在这种意义上我们也可以说,哲学就是一种存在的智慧之学。

哲学作为一种智慧之学,它不是一般的慧性,而是具有一种历史的穿透性和审美的诗性。海德格尔曾说,诗具有与哲学运思相等同的地位。如果说存在的智慧是保持好奇的天性和创造的冲力,那么,审美性的哲学恰恰是给我们以惊奇的一种活动;如果说存在的智慧使日常世界陌生化,那么,审美性的哲学恰恰是在日常世界之外为我们创造了一个富有诗意的世界;如果存在的智慧就是拥有精神探索的冲动,那么,审美性的哲思恰恰在于其创造性;如果存在的智慧是保持对生命本源的思考、追问与探寻,从而为人类建构并守护着一个诗意的世界,那么,审美性的哲学生活恰恰为人类建构并守护着一个诗意的世界。

从人类精神发展史的角度看,人类最早的生命活动是艺术和宗教,哲学也在其中,随着人类精神和文化的发展,哲学逐渐从艺术与宗教中分化出来。但哲学与艺术、宗教的分化也仅仅是思维方式与表达方式的差别,在本质上它们仍然是相通的:或者说哲学只不过是改用理论思维的方式追寻着那个诗意的美的世界。正是对那个诗意的理想世界的思考、追问与建构,所以,哲学修养不仅可以令人保持着"高举远蹈的心态""慎思明辨的理性""体会真切的情感""执着专注的意志""洒脱通达的境界",而且也拥有惊异与想象的精神品质。

三、科学

在常识性思维甚至于一般性理论思维中,科学文化与人文文化被看作是两种不同的知识系统和精神文化现象。科学是以理性、逻辑、实验等专业语言、符号构成的知识系统,而人文文化多是以感性、情感、想象、意象、思辨等构成的另一种知识系统。总之,科学是通过各种不同的概念系统和理论模型探索自然和人类精神的奥秘,从而获得关于世界和人类进化的规律性的认识,并进而改造世界和人类;而人文文化尤其是艺术、美学主要是通过意象、情感和形象思维的方式来表现自然、社会和人类精神的美感,从而升华人们对世界的感受与体验。至少从目前人们对于科学与人文文化二者的这种认识而言,科学文化与人文文化不仅在活动旨趣,而且在活动方式上都相去甚远,甚或处于一种对立的状态。

但这不是事实。

---

① 冯友兰.中国哲学简史[M].北京:北京大学出版社,1996:4.

人文文化与科学文化不仅不是毫无关系的两种知识现象,不是两种对立的人类精神活动,而且还具有同一性。人类科学活动的心理动力学来源于美:科学所探寻的是宇宙的终极真理美,并将这种美展示、播撒给天下。因此,科学所承担的使命不仅是发现自然现象,把握自然规律,还包括传递人类的人文精神——爱美、求真、自由、创造。

科学研究的目的并非都是获得真理或某种道德、经济、社会等的实效性目的,它本身就是生命或人生的乐趣。如此,科学文化与人文文化便结下不解之缘,或者说在科学世界的建构中,人文精神发挥着极为重要的精神动力学作用:科学本身就是一种趣味性很浓的精神游戏形式,而游戏恰恰是人类人文精神是根本,即美的活动;科学工作以其美的形式使人完全沉迷其中而达到一种"忘我""忘物"的精神境界。由此我们导出了第二个观点:正是由于美的活动,科学的目的成为一种人文目标——美的世界的发现与构造。于是,人类科学文化由古至今的延续与发展,便成为人类人文血脉的一种流传形式。

 思考题

1. 简要谈谈人文血脉的价值和意义。

2. 为什么说科学也是人文血脉的重要分支?

第六章　成功人生的人文方法

第一节　人文思想辩证人生

以人文思想辩证人生,将使得人生变成一个奇迹。正像海德格尔所惊讶的那样:我们生活的世界居然有物存在而不是无物存在。而更令我们感到惊奇的是,世界不仅有物存在,而且有真善美的物存在。它们不仅给我们一种属人的人生,而且丰富着我们的人生,升华了我们的精神。如果你能在一只普通的青花碗中,在一只普通的茶壶中,在一件古朴的家具中,在一部历史著作中,乃至在一次语言交流中感受到愉悦和美感,你就活在人文世界之中,就是一个幸福的人。然而,虽然世界与生活中充满了真善美,但我们却很少感知到,这是因为我们缺少感知能力。要生活在人文世界中,首先就要培养我们的人文文化感知能力,如马克思所说的培养感受音乐美的耳朵,感受形式美的眼睛。① 罗丹说得没错,美或艺术到处都存在着。对于我们而言,不是缺少美,而是缺少发现。正因为缺乏感知能力,于是,我们的生活成了一种沉重的负担(比如劳动,如何从"卖力"转换成"快感");我们的世界成了一个"物件"的世界(我们盯着生活世界中的物品"有什么用"和"有什么感觉");我们有限的在世时间成为生命机能的耗损、成为通向"陌生"的世界的一种无可奈何的驱迫。人文素养教育的人本意义不仅仅是普及大众的艺术创造力,或阅读历史书、伦理学作品的能力,而是培养人们的以人文的眼睛观察生活、思考生活的心智系统。维特根斯坦说得好,以艺术的眼睛观察生活,就是在永恒的形式下观察生活。所谓永恒的形式下观察生活,其实就是体验愉快、感动、纯粹、优美的生活。

这些年来,我国的高等教育把教育的中心放到如何提升大学生素养这个方面上来,而

---

① 马克思.1844 年经济学哲学手稿[M].中共中央马克思恩格斯列宁斯大林著作编译局,译.北京:人民出版社,2000:87.

所谓大学生素养的提升，又主要着眼于大学生的公民知识、就业技能和遵纪守法、恪守公德等工具理性的教养。其结果是，大学生的公民知识、劳动技能提高了，就业率提高了，然而，人生的品位并没有提升；人们的知识健全了，但人性的光辉却日益暗淡；毕业生中"能人"多了起来，"常人""庸人"也多了起来，而英雄、伟人、德性高尚的人、会过生活的人却越来越少。很多人表面上活得很轻松、很快乐、很幸福，其实从心灵学的角度看，却是一种真正的不幸。人与人之间、人与社会之间、人与自然之间、人的灵魂与肉体之间仍然存在着一种深层的对立与矛盾。在某些人那里，所谓的人际关系和谐，人对社会的亲和、人与自然的友好等，其实不过是人为了某种利益与他者、社会和制度签订的一纸权宜协议，而不是出于人类德性之光辉和美的诉求。我相信赵汀阳先生是对的："规范是必要的，但在本质上却没有什么道德光辉而言。"①它不过是人们为了达到自己的利益而对现实做出的某种策略性的妥协。因此，我们才看到，尽管我们培养出来那么多"好人"，然而，面对歹徒行凶，面对欺小凌弱，面对贫困潦倒，面对不公与邪恶，很大一部分人却表现出极端的冷漠与麻木，甚至那些"见义勇为"、针砭时弊者还常常"惹祸上身"。长期以来，人们对这种现象一直迷惑不解，很多人认为主要原因是人们道德实践理性的匮乏和公共伦理制度的不健全。其实并非如此。人们的实践理性已经过分成熟，公共伦理制度已经相当健全。我认为，其根本原因是因为这个社会缺乏一种古典意义上的德性，或者说，是这个社会缺乏一种对人文美感的追求。伦理学其实是美学的一种延伸，真正的德性都与美有关，或者说是由美感衍生出来的。和谐、秩序、优雅、淳朴、精致等美感正是和善、公正、勇敢、真诚、文明这些德性之源。维特根斯坦认为"伦理学和美学是同一个东西"，②说的恐怕就是这个道理。正因为现代社会人们的美感退化，所以必然导致德之丧失。不注重人文素养教育的教育系统只会造就服从规范、遵守制度、技能娴熟、追求效益而无个性、遗忘生活意义的"好人"以及在不违反规范的前提下去争权夺利、唯利是图的"小人"，甚至于钻制度规范的空子的"恶人"。

　　残酷的事实给我们的教育文化提出了一个新的课题。强调知识教育、社会教育、技能教育并不完全表达教育之本意，也不是提高全民族精神素质的主要途径，根本的问题是如何提升受教育者的人文素养，以艺术、审美、哲思、历史的眼界观察和参与生活，即我们通常所说的人文素养教育问题。高等教育作为一种人文教育，不应仅是教导学生如何利用知识博弈，顺从规范获利，而且还要教会学生如何培养优雅的性情，提升生活的美感，体验存在的愉悦，追求幸福的人生。总之，通过人文教育，提升人们的真善美感知能力，使他们不仅学会理解真善美并能够为真善美的人性、生活、世界所感动、所倾倒、所奉献。如此，我们的

---

①　赵汀阳.论可能生活[M].北京：中国人民大学出版社，2004：32.
②　维特根斯坦.逻辑哲学论[M].贺绍甲，译.北京：商务印书馆，1996：102.

社会才会成为一个真正的人文社会,我们的世界才会是一个人道的世界,我们才说一个正常的人——"他的正常状态是和他的意识相适应而由他自己创造出来的"。①

这并非人文理想主义的陈词滥调。个体人文素养的提升与品位的提高、能力的增长,可以养育和谐的心灵,进而推进人与人、人与社会、人与生活、人与自然的和谐,筑牢和谐社会的地基。试想,如果人们能够把他者作为美的事物来欣赏,甚至于从美学的角度来欣赏他者的丑,这样,人与人之间的关系就成为马丁·布伯所谓的"我—你"一体化的关系而不是"我—他"的功利关系,人与人的和谐便应运而生;如果人们在生活设计或者生活实践中有一种艺术的态度,工作、休闲、居家都成为一种艺术创造,那么,人与生活就会和谐相融;如果爱自然不是出于环保法的约束和地球资源的持续利用这种功用理性而是因为自然的和谐是我们生活美感的一部分,那么,在处理人与自然的关系时,人能够由此跨出一步——在这跨出的瞬间,头顶的星空就不再单纯是雨露的源头,庄稼的养殖场,而是一个绝对,一个万有,一个美。它令我们惊愕、激动、愉悦,并引诱着我们的心灵远游;最后我们能够超出有限的人类世界和生活世界而达至与宇宙万物一体相通、和融无碍的圆满存在境界。

第二节　人文情怀体验生活

人类通过人文之路回到原始家园,不仅表现于以人文的眼光观察世界,观察生活,还在于以人文情怀体验生活。

人文情怀是什么? 是崇高、优雅,是善与爱,也是想象与激情;是空灵是优游。没有想象与激情,生活就不再有动力;但仅有想象与激情,人就会变成偏执狂。在想象与激情的同时,我们还需要空灵与悠游的心境。一个满脑子装满了功利、实用、效益、财富的人不会有人文精神;一个每日奔波忙碌、过着一种线性生活的人不会有人文精神。苏东坡诗云:"静故了群动,空故纳万境。"静观才能发现生命的奇迹;心空才能直达相界之本。美学家宗白华先生表述得如此精妙:

艺术心灵的诞生,在人生忘我的一刹那,即美学上所谓"静"。静照的起点在于空诸一切,心无挂碍,和世物暂时绝缘。这时一点觉心,静观万象,万象如在镜中,光明莹洁,而各得其所,显现着它们各自的充实的、内在的、自由的生命。②

---

① 恩格斯.自然辩证法[M].北京:人民出版社,2015:160.
② 宗白华.美学散步[M].上海:上海文艺出版社,1981:21.

中国古代农人田园牧歌般的诗意生活,就在于他们拥有一种艺术心境。"中国人的全部生活是一种情感的生活——这种情感既不是来源于感官直觉意义上的那种情感,也不是来源于你们所说的神经系统奔流的情欲那种意义上的情感,而是一种产生于我们人性的深处——心灵的激情或人类之爱那种意义上的情感。"①古庙老树,黛空繁星,平静的叙事语流冲刷着现实的喧嚣,把灵魂带到一个宁静的港湾:讲述/聆听社区的神圣起源、本土的神话传说、族群的圣贤英雄……故事讲述的意义不在于对文本信息的理解,而是通过叙述建立了一个虚灵的空间——古韵悠悠的语言把人带离现实生活的现场,意向着不在场的缺席的世界。特别是静夜聆听,它不同于观看:如果说观看是流动的、充满兴趣的,甚至是喧闹不安的,而聆听则是固定的、静默的、高度聚神的;如果说观看诱引着主体的欲望,那么,聆听则是主体的忘却。总之,无论是讲述还是倾听,在句法的意向中,个体的性灵诗意地复苏,单调沉闷的乡土生活被诗意地建构。中国传统社会田园牧歌般的生活情调就产生于这种艺术心境。

然而,现代生活却是一个由信息、效率、时钟构成的机械的生活世界。我在前文已述,现代人的生活其实并不缺乏人文文化,缺乏的是与人文文化缠绵共在的时间和空间,缺失的是对人文文化的透彻的体验。虽然家里书架上摆着康德、宗白华、莎士比亚、托尔斯泰,影碟机上放着贝多芬和柴可夫斯基的乐曲,墙壁上挂着名画,壁橱里摆放着维纳斯雕像,但是,它们仅仅是我们生活的修辞,是布尔迪尔所说的"文化资本"的象征。人们不再有黄昏时餐桌上精美的烛台和闪烁的烛光,不再有月夜下"平湖秋月"的轻盈流淌,也不再有小径上词律诗节的荡漾,甚至也很少有寺庙里优雅的祷唱。精神分析学大师荣格告诉我们说:批判性理性统治越严,生活就变得较为贫乏;我们所能意识到的潜意识越多、神话越多,我们就能使更多的生活变得完整。② 时间意识和工具理性为我们带来了效率、财富与荣耀、风雅,而我们的灵魂却处于一种极度饥渴的状态,并由这种饥渴产生噩梦和疯狂。

也只是在这种意义上,我们才说人文素养教育就是引导人们走上一条精神还乡之路,人类的人文精神体验就是体验一种诗意的生活。"诗意"并非写诗的意兴,而是希腊人所谓的"poien"(想),总之,即回归人与存在的原初。人的性灵与生活的诗意化,不仅使人对生活一往情深,倍增爱恋,而且还能诗意地返回生活,创造出一种类似于仲尼闲居、孔颜之乐般安逸平和之美的生活境界。要体验这样的生活意境,首先就要学会给心灵创造一块宁静的空间。培养空灵与幽静的心境,并不是要把我们造就成文学家、艺术家、哲学家,而是培养我们如何体验人文性存在的重要步骤。因为无论是文学创作还是戏剧体验,都是以这

---

① 辜鸿铭.中国人的精神[M].海口:海南出版社,2007:32－33.
② 荣格.荣格自传[M].刘国彬,译.上海:上海三联书店,2009:263.

种空、静之心境为前提的:八大山人、凡·高的绘画,舒伯特、莫扎特、海顿的音乐,罗丹的雕塑——或一座石桥,一座古庙……对它们的美的领悟就在于我们心灵空静的刹那间。生活诗意的感受就发生在时间和理性之外的第三空间,即与灵魂厮守在一起之际。因此,我们应尽可能多地让自己放松,完全释放自己,达到忘情的地步。在匆忙的人海中停下脚步,轻拂广场上那尊静穆的雕像;在幽静的夜晚关掉电脑,倾听小说家的呢喃,让文字、想象、欢笑、眼泪重铸我们的精神空间;或在晨间闲坐花园,让一曲古筝,一架钢琴的乐音穿透我们挤满尘埃的毛孔,滋润我们的灵魂。在我们的灵魂静静复苏和自由绽放的此时此刻,我们回到了那个人类的源初之家。

人文文化体验不仅可以养育我们空灵圆妙的心灵,而且也养育着我们高贵的人格尊严。人类文化史上那些伟大的人文主义作品,都构成了对人类彷徨精神的亲密厮守,对撕裂灵魂的轻柔抚慰,对生命意义的终极关怀。可以说,与人文文化相伴的时间与空间,就如中世纪的农人在教堂里呢喃、祈祷和赞美上帝的时间与空间。不是吗?有多少人曾在济慈的《夜莺颂》中抽泣过、哀伤过,然而,这种哀伤与抽泣却是一种甜蜜的痛苦,也正是在这甜蜜的痛苦中,人走进了精神的梦乡;有多少人曾在人生悖论的无望之际诵念着普希金的《我的名字》,从而忠贞地守护着爱情和人生的意义与理想;又有多少人曾在《安娜·卡列尼娜》《复活》的呢喃叙事中重新找回被无情的世界、荒诞的命运击碎了的生命的感觉,紧紧搂抱住被生活的无常残酷地消磨掉的个体生命;更有多少落魄的灵魂曾在伦勃朗的油画《浪子回头》那挚爱的亲情、团圆的喜悦,特别是老人那饱经沧桑刻下的道道岁月之痕中绽放出的怜爱、欢乐的脸庞上感受到了人生有一种意义——纯洁而伟大的爱。

米兰·昆德拉曾说过,"小说家既非历史学家,也非预言家;他是存在的探索者。"[①]这句话如果把"小说家"换成"人文主义者"就更贴切了。所谓"存在的探索者",也就是人生之意义、个体之命运、生活之可能、生命之终极关怀即人类存在的家园的询问、守护与言说者。这也可能就是每当我们遭遇人生挫折、存在困苦而精神沉郁时走进美术馆,聆听音乐会,或参加诗歌朗诵会、阅读历史、哲学著作之后心中满怀感激,灵魂无比畅快,精神为之一振的原因吧。

第三节　人文精神守护"存在"

什么是以人文精神守护"存在"?德国著名诗人荷尔德林在《回乡》一诗中对此作了很好的表达:

---

① 昆德拉.小说的艺术[M].董强,译.上海:上海译文出版社,2004:56.

……在河谷里,鲜花从清泉得到滋养,

　　小村庄欢快地散布在草甸的远方。

这里安宁恬适。忙碌的磨坊在远处鸣响,

　　可是声声钟鸣告知我白昼已沉落。

锤打镰刀之声亲切悦耳,农夫的嗓音,

　　在回家的路上正吆喝牲口调整脚步。

母亲与幼儿坐在草地,歌声亲昵可人;

　　目光饱览中时间消逝;可云彩已嫣红,

波光粼粼的湖边,树林把敞开的院门

　　遮掩成墨绿,金色的光在窗边炫耀,

老屋迎接了我,还有庭院的家的幽暗,

　　父亲曾在此用植物亲切地把我抚养;

我自由,如生双翼,嬉戏在风中的树枝,

　　或在树林之冠向着诚实的蓝天仰望。

能够感受到存在之美,能够与这种美的人生相伴,这就是人文精神对存在的守护。当然,我们现在所处的世界已不同于荷尔德林时代。虽然比起我们的先人,我们不能不说是幸运的——有着比他们优越得多、丰富得多、浪漫得多的物质生活、社会生活、精神生活,然而,与我们的先人相比,我们又是十分不幸的,因为我们缺失了古人那稳定的人生意义感、生命厚重感、生活故事感。"睡也无聊,醉也无聊",一种难以平息的莫名忧郁总让人的灵魂无法安宁下来。我们不妨通过作家斯蒂芬·茨威格在《昨日的世界》中的文字来领会一下现代人的这种心灵忧郁:

　　我的父亲、我的祖父,他们见到过什么?他们每个人都是以单一的方式度过自己的一生,自始至终过的是一种生活,没有平步青云,没有式微衰落,没有动荡,没有危险,是一种只有小小的焦虑和令人察觉不到的渐渐转变的生活,一种用同样的节奏度过的生活,安逸而又平静,是时间的波浪把他们从摇篮送到坟墓。他们从生到死生活在同一块土地上,同一座城市里,甚至几乎总是在同一幢住宅里。至于外面世界发生的事,仅仅停留在报纸上而已,从未降临到他们面前……可我们这一代人的生活,一切都不会重复,已过去的生活不会留下任何痕迹,再也不会回来……总之,在我们之前,作为整体的人类,既没有露出过像我们所见到的那种恶魔般的狰狞的面目,也没有建树过那种好像是神明创造的业绩。

这到底是一种"乡愁"的表达,还是对传统生活的批判呢?我们接着跟踪作者的文字行迹一起往下走:

我的父母和祖父母那一代人有幸遇到了这样的时代,他们平静、顺利和清白地度过了自己的一生。不过话又说回来,我不知道我是否要为此而羡慕他们。因为他们像生活在天堂里似的,从而对人间的一切真正痛苦、命运的种种险恶和神秘力量懵懵懂懂,对一切使人焦虑的危机和问题视而不见,然而那些危机和问题却越来越严重!由于陶醉在安宁、富足和舒适的生活里,他们很少知道,生活还可能成为一种负担和变得非常紧张,生活中会不断出现意想不到的事和天翻地覆的事;由于沉溺在自由主义和乐观主义之中,他们很难料到,任何一个明天,在它的晨光熹微之际,就会把我们的生活彻底破坏。即使是在最黑暗的黑夜里,他们也不可能醒悟到人会变得多么险恶;不过他们也同样很少知道,人有多少战胜险恶和经受考验的力量。而今天的我们——我们这些被驱赶着经历了一切生活急流的人,我们这些脱离了与自己有联系的一切根源的人,我们这些常常被推到一个尽头而必须重新开始的人,我们这些既是不可知的神秘势力的牺牲品、同时又心甘情愿为之效劳的人,我们这些认为安逸已成为传说、太平已成为童年梦想的人——都已切身感受到极端对立的紧张关系和不断出现的新的恐惧。①

茨威格在这里所表达的,既有对现代世界丰富的人生体验的肯定,又流露出对传统社会那平和、安宁、幸福生活的浓浓乡愁。人类的这种存在困惑,并非这颗小行星上的智性动物先天的"思想病"的发作。因为在传统社会,人们那平和、知足、安宁、适意的人生不单纯是一个生活方式问题,本质上是一个文化问题。所谓文化问题,并不仅仅是丹尼尔·贝尔所说的有一个宗教的根基给人一种"在家感",更主要的还在于传统人生是一种意义丰满、充满情趣,带着某种纯净质朴之美感的生活。② 在中国古代社会,人们的物质生活虽然简单,但精神并不简陋。你看:

> 银烛秋光冷画屏,
>
> 轻罗小扇扑流萤。

---

① 茨威格.昨日的世界[M].舒昌善,译.北京:生活·读书·新知三联书店,1991:3-4,30-31.

② 例如,在中世纪的西方,虽然神学控制着人们的精神,物质匮乏影响了人们的物质生活质量,但人们的心灵却是和谐的。历史学家笔下的农民,虽然物质生活条件差,工作辛苦,但他却情感丰富,生活趣味盎然,经常吹着口哨做着白日梦。(帕瓦.中世纪的人们[M].苏圣捷,译.上海:上海三联书店,2014:22-38.)诚如哲学家乔治·桑塔亚纳所说,中世纪人心灵之中有一种"恐怖与雅致相混杂,局促不安的缝隙中存在着田园诗的宁静"(桑塔亚纳.宗教中的理性[M].犹家仲,译.北京:北京大学出版社,2008:103.);或如中世纪史学家所叙述的那样,中世纪人的心理基本是平静的,因为每一个人都是上帝的孩子,都沐浴着至高无上的神恩的光芒,都知道自己来自何处,归于何处,都知道自己应该做什么,知道自己如何从这个世俗的罪恶世界上升到神圣的永恒世界之中去。他们"世界上的每一种事物都恰当地排列着,井然有序,每一个人都有自己要干的事情,都有自己的尊严。没有空旷的地方和空白的住所;没有什么东西是多余的和不需要的;每一种声音都是那样的和谐,每一种动物甚至于魔鬼和邪恶的异教徒穆罕默德,也是在扮演着上帝为他们预先安排的角色,正确无误地履行上帝赋予的职责。"(古列维奇.中世纪文化范畴[M].庞玉洁,李学智,译.杭州:浙江人民出版社,1992:74.)

天阶夜色凉如水，

卧看牵牛织女星。

阶前流水玉鸣渠。

爱吾庐。

惬幽居。

屋上青山，

山鸟喜相呼。

少日功名空自许，

今老矣，

欲何如？

闲来活计未全疏。

月边渔。

雨边锄。

花底风来，

吹乱读残书。

谁唤九原摩诘起，

凭画作，

倦游图。

虽然平淡无奇，但却充满诗情画意；虽然日常惬趣，但却散发着一种美感；虽然流露出淡淡的忧郁，但在这淡淡的忧郁中仍有一种古典的优雅。

然而，进入现代社会，许多人的人生开始缺乏诗性。现代性存在虽然也充满了文化色彩，但同时是商业文化、技术文化、感官刺激的消费文化所创造的矛盾的人生——现代人虽然也会用艺术包装生活，但许多人却是可怜的"美盲"，对许多人而言，艺术仅仅是一种附庸风雅，装点门面、自我包装以及情绪发泄的工具；现代人有钞票，有时装，有高档汽车，有海边度假村；有夜总会，有咖啡厅，有高档酒店，有名门会所；有知识，有技术，有信息，有时间意识，有文化明星，有快乐女（男）生，有网红……然而，许多人却没有温馨的小屋，没有风琴乐，没有但丁的《天堂》，没有莎士比亚的戏剧，没有狄更斯和托尔斯泰，没有莫扎特和贝多芬，没有老祖母和妈妈月光下讲述的美丽的生活故事，没有家庭和社区的神圣的节日庆典，没有爬满青藤、开满鲜花的小院……许多现代人，成为贫血的怪物：物质需求有求必应,但精神生命却一贫如洗。

有些人拥有了这个世界所有的所有,但却仍可能没拥有生命完整的意义;有些人明白了地球和宇宙的原理,但仍可能不理解落日的绚烂与瑰丽;有些人装备了丰富的法学、政治学知识,但却可能不懂得人性的伟大与光辉;有些人的肉身栖居于豪宅别墅,但灵魂却四处游荡。

对家的依赖是这个地球上的低等动物和高级动物共同的进化遗产。作为文化动物,家,不仅是一个居所,一个存放行李的地方。家安放着祖先的神位,家储存着个体的文化记忆,家守护着生命的想象,家呢喃着亲人的细语。当我们的生命被残酷的世界击得破碎不堪时,当我们的生活故事被无常的现实抹得模糊不清时,我们需要一个家,需要家的陪伴,家的抚慰,家的支撑,以此重建人生的支点。

于是,有了人类语言中最美的一句:"我们回家吧!"

"回家"并不仅是"思乡"渴望的满足,也不仅是对往昔的重访,回到记忆的世界之中;它是对美的人生的追寻和创造。用海德格尔的话说,"返乡就是回到本源近旁。"①"回到本源近旁"也就是回到理想的人生,回到人文性存在之中。如果说,启蒙运动、现代主义和后现代主义、技术主义对理性、自我、自由的膜拜导致了人类存在的部分迷失,那么,"回家"也就意味着我们对理性的重新认识——不是冷酷的功用理性、工具理性、技术理性,更主要的应是人文理性。

那么,什么是人文理性的本质呢? 简言之,即存在的守护者。所谓"存在的守护者"也就是创造人生的和谐性、整体性、诗意性。这就是新时期"人文素养"实践的内涵。我认为,我们今天所需要的新人文素养,既应具有人类人文主义的历史性,也应具有时代性;既应具有它的神圣性,②也应具有它的世俗性。毋庸置疑,自主、自由、自尊、平等、正义、博爱、理性仍是它的精神原子;快乐、幸福、个性化不可或缺,但英雄主义、贵族性的美德、生活的神圣意义、人生的崇高目标更是它重要的精神维度。

需要特殊解释一点的是,走向"新人文主义"并非丹尼尔·贝尔所说的那样向宗教文化的回归;也不单纯像海德格尔所说的回归"新人道主义"。它面向丰广的人文世界——哲学、伦理、艺术、审美、语言、历史等。如果说人文素养的核心意向是生命、生活、人生的和谐性、整体性、诗意性,那么,"人文素养"提升的实践就是通过哲学、美学、文学、艺术、历史、语言修养的过程。其实,从生物人类学的视角看,艺术、哲学、美学、历史与人的"本在"

---

① 海德格尔.荷尔德林诗的阐释[M].孙周兴,译.北京:商务印书馆,2000:24.

② 这里的"神圣性"与"宗教性"不是同一所指。

具有同一精神原型,它们都是人类对某种高于其日常生活常识、日常世界事务的形而上学甚至于乌托邦梦幻的信仰与爱,是我们这些人相信生命有着某种意义而认真地活下去的理由和依据。至于采取什么方式——情啊、美啊、音乐啊、绘画啊或爱啊、善啊、永恒啊——来表达并不重要。重要的是那些意向本身所凝聚的人文精神。

 思考题

    1. 人文思想辩证人生的意义是什么?

    2. 人文精神如何守护人类的诗意存在?

第七章　存在的智慧：哲学素养

第一节　何谓哲学

什么是哲学？

按照也正是存在者之在的"凝重"，使得人类生命之在具有了某种厚重感，达至了某种超常的境界。也正因此，中国哲学家冯友兰先生认为："哲学的功用不在于增加积极的知识（积极的知识，我是指关于实用的信息），而在于超乎现世"，不论是超乎自然还是超乎社会乃至于超乎伦理，都是一种智慧。在这种意义上我们也可以说，哲学就是一种人生智慧之学。

"哲学"这个词的英文是 philosophy。这个词源于希腊文，由希腊文的 philia 和 Sophia 这两个词合成，意思可以译为"追求"和"智慧"。故在古希腊，哲学也被称作"爱智之学"。按照傅佩荣先生的观点，作为哲学所爱，"智慧"有两个典型特征，就是"完整"和"根本"。"完整"即把生命视为一个整体，对任何事情成败得失的判断都不只看某一点，而是从整体上来考量；"根本"即对于生与死这类人生大问题的觉悟。① 也正因此，海德格尔认为"哲学的真正功用恰恰就在于加重历史性此在以及从根本上说是加重绝对的存在。艰深使得万事万物，使得存在者重新获得凝重（在）。"②所谓获得"凝重"，用冯友兰的话说，即"提高心灵的境界，达到超乎现世的境界，获得高于道德价值的价值。"③对于哲学的这种"智慧"本质，孙正聿先生作了细致的阐释。他这样写道：

> 爱智的哲学，不是回答和解决各种具体问题的"小智慧"和"小聪明"，而是关

---

① 傅佩荣.哲学与人生[M].北京:东方出版社,2006:15.
② 海德格尔.形而上学导论[M].熊伟,王庆节,译,北京:商务印书馆,1996:13.
③ 冯友兰.中国哲学简史[M].北京:北京大学出版社,1996:4.

于人类生存发展和安身立命的"大智慧"和"大聪明"。它是理解和协调人与自然、人与社会、人与他人、人与自我的关系的智慧，所以它是"世界观""历史观""人生观"和"价值观"，它要为人类的生存和发展提供"安身立命之本"和"最高的支撑点"。

爱智的哲学，不是既定的知识，不是现成的结论，不是实例的解说，不是枯燥的条文，而是追究生活信念的前提，探寻经验常识的根据，反思历史进步的尺度，探索评价真善美的标准。哲学智慧反对人们对流行的生活态度、思维方式、价值观念、审美情趣等等采取现成接受的态度，反对人民躺在无人质疑、因循固守的床上睡大觉。哲学智慧是反思的智慧、批判的智慧、变革的智慧。它启迪、激发和引导人们在社会生活的一切领域永远敞开自我反思和自我批判的空间，促进社会的观念更新、科学发现、技术发明、工艺改进和艺术创新，从而实现人类的自我超越和自我发展。[①]

按照冯友兰的哲学观，通过哲学将人生试炼到这种境界，也就是达到了人生的最高智慧，即他所说的达到了"圣人"的慧性。

在我看来，哲学作为人生的智慧之学，不仅是一种"聪明"之学，也是人生的诗性之学；它不仅追求怀疑、反思、批判、创新、变革的人生，而且也守望诗意的存在。

让我们看看哲学家的存在境像。

古希腊哲学故事中说：哲学家泰勒斯有一次因为观望天空，思索过于专注而不小心掉入一口井里，引起了特拉西地区一群少女的讪笑，嘲笑他的愚莽与怪异。柏拉图后来在《泰阿泰德篇》中说，哲学家经常是人们嘲笑的对象，不仅特拉西的少女嘲笑他们，一般人也嘲笑他们。他们是世界的异乡人，不仅会掉入井里，还会经常陷入尴尬的困境里。

如此看来，哲人并非"圣人"而是"愚人"？

否。哲学是人类高级智慧的生活。

把哲思理解为人类高级智慧的生活，并不是因为哲学是一种形而上学之道，而是因为它是人类的一种诗性之在——对存在保持一种源初的天性，探寻存在者真相，使存在更为睿智和美好。

作为一种智慧，哲学首先使人保持着惊奇的神秘。惊奇，恰如歌德80岁时所说，是人类所期望的最高精神境界。由于惊奇，不仅我们熟悉的世界变得陌生起来，呈现出一种全新的意象，而且，惊异也改变着我们的心智结构，催生了我们探索的动力。德国哲学家约瑟

① 孙正聿.哲学导论[M].北京:中国人民大学出版社,2000:2.

夫·皮珀说得好:"人一旦感受到了惊奇,一趟旅程便展开了,沿着惊奇不断往前摸索。"①能够体验惊奇的人,不仅精神更丰富,而且存在也最富诗性。也正是在这种意义上说,我们也可以把哲学活动视为一种审美性的诗性活动。维特根斯坦曾说过:"哲学研究和美学研究共同存在着奇特的相似。"②这个"相似"的界面无论如何宽广,中心点只有一个:诗意世界的守护。古希腊哲学家卢克莱修说得好:

> 我的心被诗神缪斯的甜蜜的爱所浇灌,这些使我的思想极为活跃,步入那至今从未有人涉足过的派伊莉亚仙境(pierides)。我喜欢到处女泉开怀畅饮;我喜欢到文艺女神从未采花给人编织桂冠的地方采摘花朵,为我的头编织一个绝妙的花环;因为第一,我的教导是关于极为重要的事物的,并且我正在解放那些被迷信的绳索紧紧束缚的心灵。其次是因为我所讨论的主题如此晦暗不清,而我写下的诗行又是如此清晰明了,就像我用缪斯的魅力点化了一切事物一样……所以我选择一种甜言蜜语的女神之歌来传达我的学说,就好像是把缪斯的可口甜蜜洒在我的诗文上;如果你正在思索整个自然是以什么样的方式构造的问题,我希望这样就可以让你的心陶醉在我的诗文中。"③

卢克莱修说得十分明了,他之所以选择诗的方式进行哲思和哲理陈述,不仅在于艺术化的语言更易于理解,能够引起人们的情感震撼,更重要的还在于哲思作为一种对世界本源的思索与追问乃是一种智慧之思,作为一种关于世界万物尤其是人的存在意义之学乃是一种智慧守望之学,它是需要惊异感和想象力的。没有惊异则思之匮乏;缺乏想象则慧性不足。我们通常说哲学活动是以抽象思维、概念演绎、逻辑推论为主体的理性活动,其实这些所谓的理性活动只是哲思众多路径的基本形式而已。哲思的根本目的不是创造一个冷冰冰的逻辑世界,而是一个充满奇异、充满想象的诗性世界。因此,乔治·桑塔亚纳说:"不能驰骋思想世界的控制感情的人是无法达到它的,达到它的哲学家那时就是一位诗人。而把自己运用熟练、富于情感的想象力指向一切事物的秩序,或指向整个世界之光的诗人,此时就是哲学家。"④这也许就是很多伟大的哲学作品,无论是柏拉图还是黑格尔、马克思还是海德格尔的著作都充满诗性的原因,也是爱因斯坦说他从陀思妥耶夫斯基那里得到的比任何科学家给予他的都要多的原因。

① 皮珀.闲暇:文化的基础[M].刘森尧,译.北京:新星出版社,2005:131.
② 赖特,尼曼编.文化的价值:维特根斯坦随笔[M].许志强,译.杭州:浙江文艺出版社,2002:47-48.
③ 伊壁鸠鲁,卢克来修.自然与快乐:伊壁鸠鲁的哲学[M].包利民,等,译.北京:中国社会科学出版社,2004:56.
④ 桑塔亚纳.诗与哲学[M].华明,译.桂林:广西师范大学出版社,2002:6.

第二节 哲学素养与智慧人生

对于普通人而言,哲学素养的基本意义可以概括为可以使人拥有智慧的人生——高远的心灵、高明的生活、高妙的生命。简言之,使人趋向于存在的大智慧境界。

人类的生命与动物的生命最根本的区别在于:动物的生命是本能性的,人类的生命是理想性的;动物只按照大自然给定的装置组织生命活动,人类不仅根据自然的指令而且还根据其文化想象组织生命活动。正因为人类的生命活动为文化想象所激动,所以,人生变成了一种"乌托邦"构造。所谓"乌托邦"并非"乌有"之念,而是一种超越现实存在的高远心灵。

人类的心灵层次不同,形成了人类不同的人生境界。哲学家冯友兰先生曾按由心灵低到高的层次把人生所可能达到的境界分为自然境界、功利境界、道德境界、天地境界这样四种。其具体如下。

一个人做事,可能只是顺着他的本能或其社会的风俗习惯,就像小孩和原始人那样,他做他所做的事,而并无觉解,或不甚觉解。这样,他所做的事,对于他就没有意义,或很少意义。他的人生境界,就是我所说的自然境界。

一个人可能意识到他自己,为自己而做各种事,这并不意味着他必然是不道德的人。他可以做某些事,其后果有利于他人,其动机则是利己的。所以他所做的各种事,对于他,有功利的意义。他的人生境界,就是我所说的功利境界。

还有的人,可能了解到社会的存在,它是社会的一员。这个社会是一个整体,它是这个整体的一部分。有这种觉解,他就为社会的利益做各种事,或如儒家所说,他做事是为了"正其义不谋其利"。他真正是有道德的人,他所做的都是符合严格的道德意义的道德行为。他所做的各种事都有道德的意义,所以他的人生境界,就是我所说的道德境界。

最后,一个人可能了解到超乎社会整体之上,还有一个更大的整体,即宇宙。他不仅是社会的一员,同时还是宇宙的一员。他是社会组织的公民,同时还是孟子所说的"天民"。有这种觉解,他就为宇宙的利益而做各种事。他了解他所做各种事的意义,自觉他正在做他所做的事。这种觉解为他构成了最高的人生境界,就是我所说的天地境界。①

---

① 冯友兰. 中国哲学简史［M］. 北京:北京大学出版社,1996:292.

在冯友兰先生看来,"自然境界""功利境界"的人,是人现在就是的人;"道德境界""天地境界"的人,是人应该成为的人。"生活于道德境界的人是贤人,生活于天地境界的人是圣人"。可以说,前两种境界只是人之存在基本属性的表达;后两种则是人的人文追求和人文理想。美学家宗白华先生在《中国艺术意境之诞生》一文中也论及人生境界,并提出了"六境界"说:功利境界、伦理境界、政治境界、学术境界、宗教境界、艺术境界。① 相比于冯友兰的"四境界"说,宗白华的"六境界"说更为具体一些。但它没有冯友兰人生境界理论的层次感。

不过,按照我的理解,冯友兰先生的"四境界"论框架虽然很严谨,但对这四种人生境界所做的解释却不尽合理。"自然境界"也就是我所说的"自然人"。据冯友兰的描述,这种人只是顺着本能做事,他所做的事对于他就没有意义或很少意义。这实质意味着,这种人的生命活动只是按照大自然给予他的生物指令做事,用神经生物学的语言来表述,也就是他只是在"核心自我"意识的指导下进行生命活动。其实这种生命活动是人与动物共有的,所以我将其称之为"自然人"。在社会结构中,这种人很少或并不存在。他只是那些"自传式自我"没有发展起来的孩童的一种生命实相。

冯友兰所说的"功利境界",我将其称之为"社会人"的精神境界。随着个体生命活动的展开,人与环境的互动,个体的"自传式自我"开始产生。按照神经学家 R.达马西奥的解释,"自传式自我是一个把个人的记忆同时激活和表现出来的过程","我们每个人都建构了我的自己,我们逐渐形成了我们在身体和心理上是一个什么样的人这种表象以及我们在哪里社会适应最好","我们的态度和选择都是有机体'根据个人的情况'对每一个一闪而过的瞬间进行调和的结果。"②"自传式自我"虽然是建立在"核心自我"的基础上,并且有一些基因的因素,但总体而言是社会的产物。当个体在社会生活中活动,其行动根据"个人记忆""个人情况"而展开,他可以做到不伤害他人,但不能不考虑社会(因为在他的自传体记忆中,有这种行为给他造成的"损失"的记忆)效果。这种人能够适应社会,尤其是适应弗洛姆所说的"社会组织人"的生活。严格地说,这种"社会境界"的存在还不能算是理想的存在,而只能是一种"高级生物本能"活动,也就更谈不上什么高远的心灵。③

如若依冯友兰先生所说,人生的天地境界是存在的最高境界,哲学修养就是我们成为拥有"大智慧"的"圣人"的根本途径,那么,我们也可以这样说,哲学修养将引领我们达至这种境界。英国著名哲学家罗素的哲学观虽然很传统,但他关于哲学的价值的论述还是切中实质。在他看来,哲学的重要价值就在于给出我们许多可能性,这些可能性扩展了我们

① 宗白华.美学散步[M].上海:上海人民出版社,1982:59.
② 达马西奥.感受发生的一切:意识产生的身体和情绪[M].杨韶钢,译.北京:教育科学出版社,2007:172,174-175.
③ 这可能就是冯友兰认为这种人生境界的人是"现在就是的人"的理据。

的思想,使我们摆脱了习俗的"暴政"。此外,哲学修养培养了我们沉思的习惯——不仅超越于世俗事务而去沉思那些"伟大的"事物,而且在沉思中达到客观自由,不偏不倚。"不偏不倚是心灵的一种品质,这种品质在沉思中是对真理的纯粹渴望,在行动中是正义,在情感中则是可以给予所有人而不只是给予那些被认为有用或值得赞美的人的普遍的爱。"他最后这样总结道:

> 我们研究哲学,不是为了对哲学问题给出任何明确的答案,因为一般来说无法知道它们是否为真,而是为了这些问题本身,因为这些问题扩展了我们对可能之物的认识,丰富了我们的想象力,并且减少了那种独断的自信,使心灵得以向思考开放,但最为重要的是,通过哲学所沉思的宇宙的伟大,心灵也会变得更伟大,并能与宇宙相结合,这种结合构成了最高的善。①

第三节　原典阅读

一、哲学

哲学是什么②

孙正聿

学习或研究哲学,人们首先就会提出一个问题:哲学究竟是什么?"哲学"这个词源于古希腊文的"philosophia",意思是"追求"(philem)和"智慧"(sophia),即爱智。在汉语中,"哲"是聪明、智慧的意思,以"哲学"翻译和表达"philosophia",往往使人把"哲学"视为"聪明之学"和"智慧之学",亦即把"哲学"当作智慧的总汇或关于智慧的学问。然而,人类所创造的常识、宗教、艺术、伦理和科学,不都是人类智慧吗?由这些智慧所构成的人的常识世界、宗教世界、艺术世界、伦理世界和科学世界,不都是人类智慧的结晶吗?由人类智慧所创建的物质文明和精神文明及其相互融合而形成的人类文明史,不也可以说是人类智慧的发展史吗?由此可见,哲学是智慧,但智慧并不就是哲学,仅仅把哲学视为智慧的代名词,显而易见是不恰当的。我们应当按照哲学的"爱智"的原意去思考哲学。

爱智,虽然它也是智慧的表现,但却不是通常意义的智慧,而是对待全部智慧的一种态度。这种态度,就是对智慧本身的真挚、强烈、忘我之爱,也就是"爱智之忱"。爱智的哲

---

① 罗素.哲学问题[M].张卜天,译.天津:天津人民出版社,2021:178-183.
② 选自孙正聿.哲学导论[M].北京:中国人民大学出版社,2000.选辑中有删节,文中脚注为原注。

学,不是回答和解决各种具体问题的"小智慧"和"小聪明",而是关于人类生存发展和安身立命的"大智慧"和"大聪明"。它是理解和协调人与自然、人与社会、人与历史、人与他人、人与自我的关系的智慧,所以它是世界观""历史观""人生观""价值观",它要为人类的生存和发展提供"安身立命之本"和"最高的支撑点"。

(一)作为世界观理论的哲学

人们通常是把哲学称作"世界观理论"或"理论化的世界观",并试图通过这个定义来明确哲学的理论性质,确认哲学的研究对象,显示哲学的社会功能。然而,在对"世界观理论"的理解和解释中,却存在下述亟待回答的问题:其一,怎样理解"世界观理论"是以"整个世界"为对象,并从而为人们提供关于"整个世界"的"普遍规律"的?其二,"世界观理论"与哲学的"基本问题"是何关系?能否离开"思维和存在的关系问题"去回答"世界观"问题?其三,"世界观"是人站在"世界"之外"观"世界,还是人把自己同世界的关系作为对象而进行"反思"?其四,"世界观"同"认识论""方法论"是何关系?为什么说哲学是世界观,也是方法论?为什么说世界观、认识论、方法论是统一的?其五,"世界观"同"历史观"是何关系?能否把"世界观"同"历史观"分割开来,离开"历史观"而谈论"世界观"?其六,"世界观"同"价值观"是何关系?人对世界的认知关系、审美关系和价值关系是不是统一的?对这些问题的思考,表现了当代哲学对智慧的强烈而真挚的忘我之爱。

这里我们讨论"世界观理论"与"普遍规律说"的关系。作为一种通行的哲学观,"普遍规律说"认为,各门科学只是研究世界的各种"特殊领域",并提供关于这些领域的"特殊规律";而哲学则以"整个世界"为对象,并提供关于整个世界的运动与发展的"普遍规律";因此,哲学是关于世界的根本看法的世界观理论。

这种"普遍规律说"的哲学观,具有深远的哲学史背景。在哲学的发展史上,从古希腊哲学"寻取最高原因的基本原理",到德国古典哲学寻求"全部知识的基础"和提供"一切科学的逻辑",就其深层实质而言,都是把哲学定位为对"普遍规律"的寻求。

这种"普遍规律说"的哲学观,具有深刻的人类思维的根基。人类思维面对千姿百态、千变万化的世界,总是力图在最深刻的层次上把握其内在的统一性,并以这种"统一性"去解释世界上的一切现象,以及关于这些现象的全部知识。思维的这种追求以理论的形态表现出来,就构成了古往今来的追寻"普遍规律"的"哲学"。

这种"普遍规律说"的哲学观,更具有深切的人类实践的根基。人类的实践活动,是以人类关于世界的规律性的认识为前提,并以人类自己的目的性要求为动力去改造世界,把世界变成对人来说是真善美相统一的世界。没有关于世界的规律性的认识,人类就无法成功地改造世界以造福人类自身。因此,人类在自己的历史性的实践活动中,总是不满足于对世界的不同领域、不同侧面、不同层次的认识,而总是渴求获得关于"整个世界"的"普遍规律"的认识。寻求"普遍规律"的渴望,激发起一代又一代人的哲学思考。

这种"普遍规律说"的哲学观,直接地与近代以来的科学发展密切相关。近代以来的科学,不仅分门别类地研究了自然界的各个领域,而且逐步分门别类地研究了人类社会历史的各个侧面和各个领域,特别是随着现代自然科学、社会科学和思维科学的蓬勃发展,"自然""社会"和"思维"这"三大领域"日益成为科学的直接的研究对象。正是在这种背景下,人们从哲学与科学的关系出发,或者致力于区分二者的"对象",或者强调划清二者的"领地",或者探寻剥离二者的"职能"等,并由此提出,哲学以"整个世界"为对象,并从而提供关于"整个世界"的"普遍规律"。然而,在对哲学的这种通常理解中,却存在两个值得认真思考的重要问题:

其一,这种通行的"普遍规律说",只是从"哲学"与"科学"的二元关系(二者关系)中去理解哲学,而没有从"哲学"与常识、科学、宗教、艺术、伦理等等的多元关系中去理解哲学,因而无法解释和说明哲学的多重性质和多重功能。对此,哲学家罗素曾经提出,哲学是某种"介乎神学与科学之间的东西,它和神学一样,包含着人类对于那些迄今仍为确切的知识所不能肯定的事物的思考;但又像科学一样是诉之于人类的理性而不是诉之于权威的,不管是传统的权威还是启示的权威"。由此,我们可以进一步追问:哲学不是宗教,为什么它也给予人以信仰?哲学不是科学,为什么它也赋予人以真理?哲学不是道德,为什么它也启发人向善?哲学不是艺术,为什么它也给予人以美感?难道哲学什么都是又什么都不是吗?这又启发我们,在对哲学的现代理解中,需要从人类把握世界的多种基本方式的相互关系中,重新理解哲学。

其二,在把哲学解释为关于"普遍规律"的学说时,常常是离开哲学的基本问题——思维和存在的关系问题——去看待哲学对"普遍规律"的寻求,把哲学当成经验常识或实证科学的"延伸"或"变形",其结果往往把哲学理论混同为其他的实证知识。由此我们可以进一步追问:哲学如何研究"世界"?哲学是为人们提供某种关于"世界"的"知识"吗?为什么说哲学是"爱智"和"反思"?"反思"的哲学是以"世界"为对象,还是以关于"世界"的"思想"为对象?这就启发我们,在对哲学的现代理解中,需要从哲学的基本问题即"思维和存在的关系问题"出发,重新理解这种"普遍规律说"的哲学观。

(二)世界观与人和世界的关系

"世界观"并不是人站在世界之外去"观世界",并从而形成关于"整个世界"的知识。如果是这样,哲学就不是以"思维和存在的关系问题"作为自己的"重大的基本问题",而是以"世界"本身的存在及其运动规律作为自己的研究对象和基本问题。如果这样理解作为

"世界观理论"的哲学,就会混淆哲学与科学这两种方式之间的相互关系,就会把哲学视为一种具有最高的普遍性和最大的普适性的"科学",乃至总是把哲学当成凌驾于科学之上的"科学的科学"。

"世界观"是人对自己与世界的关系的理解,"世界观理论"是理解和协调人与世界之间关系的理论。正因如此,哲学不同于科学,它不是把"整个世界"作为自己的对象,而是把"思维和存在的关系问题"作为自己反思的对象;它不是为人们提供关于世界的知识,而是为人们提供理解和协调人与自然、人与社会、人与历史、人与他人、人与自我"相互关系"的"大智慧"和"大聪明"。为了深入地思考这个问题,在对"世界观理论"的理解中,我们需要提出和分析三个重要概念及其相互关系,即"自在世界""世界图景"和"人类把握世界的基本方式"及其相互关系。

所谓"自在世界",就是自然而然地存在着的世界,处于生生不息地运动和变化中的世界。把它称作"自在世界",不仅仅是指它外在于人而存在,不以人的意志为转移而存在,而且主要是强调"自在世界"这种提法本身就意味着还没有从人对世界的关系出发去看世界。一旦从人对世界的关系出发去看世界,世界就成了人的"对象世界",世界就成了人的"世界图景"。

所谓"世界图景",就是人以自己把握世界的各种方式为中介而形成的关于"世界"的"图景"。这种解释表明了"世界图景"的不可或缺的二重内涵:其一,世界图景是关于世界本身的图景,是关于人与世界关系的图景,而不是某种与人或世界无关的图景,即使是宗教的幻化的世界图景,也只能是以幻化的方式所构成的关于人与世界关系的图景;其二,关于世界本身的图景,关于人与世界关系的图景,不是自在的世界,不是自在的人与世界的关系,而是人以自己把握世界的多种方式为中介而构成的图景,这样的"世界图景"离不开人类把握世界的基本方式。因此,作为"世界观"理论的哲学,就不是直接地以"世界"为对象而形成关于"世界"的种种"思想",而是从"思维和存在的关系问题"出发,以人类把握世界的各种方式,特别是科学方式所形成的关于"世界"的"思想"为对象,去反思"思想"与"世界"的关系、"人"与"世界"的关系,从而形成关于人与世界相互关系的"世界观"理论。由此,就凸现了"人类把握世界的基本方式"在"世界观理论"中的地位与作用。

所谓"人类把握世界的基本方式",简洁地说,就是人类把"自在的世界"变成自己的"世界图景"的方式。人类在其漫长的形成和演进的过程中,逐渐地形成了人与世界之间的特殊关系,即:人类不仅是以其自然器官与世界发生自然的"关系",而且特殊地以自己的"文化"为"中介"而与世界发生"属人"的"关系"。常识、宗教、艺术、伦理、科学和哲学等等,就是人类在实践活动的基础上所形成的与世界发生真实关系的"中介",也就是人类"把握"世界的"基本方式"。

人类以自己"把握"世界的基本方式为"中介"而与世界发生关系,这表明人是历史的、文化的存在,人的"世界图景"是与人的历史性的存在与发展密不可分的,因此,不能从"纯自然"的观点去看待人与世界的关系,而必须从历史的、文化的观点去看待人与世界的关系。合理的"世界观理论"只能是从"现实的人及其历史发展"出发而构成的哲学理论。因此,在对"自在世界""世界图景""人类把握世界的基本方式"这三个重要概念及其相互关系的分析中,重新理解与阐释作为"世界观理论"的"哲学",这本身正是意味着一种理解人与世界关系的真正的"世界观理论"。

(三)世界观与历史观

哲学世界观是关于人与世界相互关系的理论,因而也是人们理解和协调人与世界相互关系的理论。在人与世界的相互关系中,人究竟是怎样的存在,这是个最具根本性的理论问题。古往今来的哲学,正是由于对"人"的不同理解,从而导致了对人与世界相互关系的不同理解、并进而构成了不同的世界观理论。因此,"人"的问题在哲学中占有特殊的重要地位。

人是社会历史的主体,历史不过是追求着自己的目的的人的活动而已。在这个意义上,历史表现为人们自己创造自己的历史,表现为人的活动过程。但是,人们创造历史的活动又不是随心所欲的,不是在他们选定的条件下进行的,而是在既有的、给定的、别无选择的历史条件下进行的。在这个意义上,历史又表现为不以人的意志为转移的历史过程,表现为制约和规范人们的创造活动的历史规律。这表明,人与历史是不可分割的。人是历史性的存在,对"人"的理解,本质上是对"历史"的理解,"历史观"同作为"世界观"理论的哲学是息息相关的。在历史观中,一个自古以来争论不休的根本问题就是人的创造历史的活动与历史的客观规律的关系问题,它具体地表现为"人决定环境"还是"环境决定人""英雄造时势"还是"时势造英雄"等问题。在哲学的发展史上,马克思从人的现实存在及其历史发展出发,合理地回答和解决了这个困扰哲学家们的历史观的"二律背反"问题,从而创立了唯物史观,实现了哲学发展史上的革命性变革。

马克思提出,人的存在是有机生命所经历的前一个过程的结果。只是在这个过程的一定阶段上,人才成为人。但是一旦人已经存在,人,作为人类历史的经常前提,也是人类历史的经常的产物和结果,而人只有作为自己本身的产物和结果才成为前提。人作为"历史的经常前提",总是"前一个过程的结果",他们的历史活动总是决定于在他们以前已经存在、不是由他们创立而是由前一代人创立的历史条件。因此,人们的历史活动并不是"随心所欲"的,人们的历史活动的结果表现为不以人们的意志为转移的历史发展规律。人作为"人类历史的经常的产物和结果",他获得了创造历史的现实条件和现实力量,并凭借这种现实条件和现实力量去改变自己和自己的生存环境,实现社会历史的进步,为自己的下一代创造新的历史条件。因此,人们又是自己创造自己的历史,历史就是追求自己的

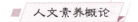

目的的人的活动过程。现实的人既是历史的前提又是历史的结果。他作为历史的结果构成新的历史前提,他作为历史的前提又构成新的历史结果。人作为历史的前提与结果的辩证运动,就是人及其历史的辩证法。人们只有自觉到人作为历史的"前提"与"结果"的辩证发展,才能历史地、辩证地理解和解释人与世界的关系,并合理地形成哲学的"世界观理论"。

(四)世界观与价值论

作为世界观理论的哲学,并不仅仅是解释人与世界关系的理论,从根本上说,它是改变人与世界关系的理论,即启迪、激励和指导人们以实践的方式改变人与世界的关系、从而让世界满足人的需求的理论。因此,哲学对人与世界的关系、思维与存在的关系的探索,在根本的意义上说,是为人的思想和行为提供根据、标准和尺度,也就是为人的思想和行为提供"安身立命之本"和"最高的支撑点"。这表明,哲学作为世界观理论,它最为关注的乃是人自身的幸福与发展,如何看待人与世界的关系、怎样评价人与世界的关系,这才是激发人们进行哲学思考的深层理论问题。这就是"价值论"问题。

人与世界的关系,是一种超越"自然"关系或"自在"关系的"自为"关系和"价值"关系。这就是说,人不是作为纯粹自然的存在而与自然的世界相统一,恰好相反,人是作为超越自然的存在,以实践的方式即否定世界的现存状态的方式而实现与世界的统一。世界不会满足人,人用自己的行动让世界满足自己。这就是人对世界的价值关系。

人对世界的价值关系,是一种目的性要求与对象性活动相统一的实践关系。人的生命活动,是一种创造生活意义的目的性、对象性活动。在人的目的性要求和对象性活动中,人是实现自己的目的性要求并诉诸自己的对象性活动的主体,而世界则是人的目的性要求和对象性活动的客体。这表明,人以自己的目的性要求和对象性活动为中介而构成的人与世界之间的实践关系,本质上是一种价值关系。

人类的实践活动,是把"自在的世界"变成"属人的世界"的过程,也就是把"自然界"变成"价值界"的过程。这种"属人的世界"或"价值界",才是人的现实的"生活世界"。人在现实的"生活世界"中与世界发生的价值关系,才是现实的人与世界之间的关系。这表明,作为"世界观理论"的哲学,不能离开人与世界之间的价值关系,孤立地从认知关系去理解和解释人与世界之间的关系。进一步说,人对世界的认知关系,本身就蕴含着人对世界的价值关系。人们总是运用一定的方法去认识世界,而"方法"本身就是服从有效与无效、有利与不利、方便与麻烦等价值范畴的。价值观本身是作为如何看待人与世界之间的价值关系的方法而起作用的,就此而言,价值观与方法论是统一的:方法论是价值观,价值观也是方法论。

作者简介

孙正聿,1946 年 11 月 7 日生于吉林省吉林市,哲学博士。现任吉林大学马克思主义哲学研究中心主任,教授,博士生导师。中国辩证唯物主义研究会理事,教育部哲学教学指导委员会委员。吉林省哲学学会副理事长、吉林省政协常委、吉林大学校务委员会委员、学术委员会委员,《哲学动态》《哲学门》(北京大学)、《求是学刊》(黑龙江大学)编委。吉林省首批省管优秀专家、吉林省劳动模范、吉林省优秀教师。代表性著作 :《理论思维的前提批判》《哲学通论》《哲学:思想的前提批判》《崇高的位置》等。代表性论文 :《本体论批判的辩证法》(《哲学研究》1990 年 1 期)、《辩证法的批判本质》(《中国社会科学》1992 年 4 期)、《终极存在、终极解释和终极价值》等。

二、美学

美学是什么[①]

李泽厚

美学到底是什么呢?

中文的"美学"一词来自日本(1904 年中江肇事民译),是西文 Aesthetics—词的翻译。西文此词始用于鲍姆嘉通(Baumgarten),他把这个本来指感觉的希腊字转用于指感性认识的学科。所以如用更准确的中文翻译,"美学"一词应该是"审美学",指研究人们认识美、感知美的学科。

我认为,在美学范围内,"美"这个词也有好几种或几层含义。第一层(种)含义是审美对象,第二层(种)含义是审美性质(素质),第二层(种)含义则是美的本质、美的根源。所以要注意"美"这个词是在哪层(种)含义上使用的。你所谓的"美"到底是指对象的审美性质? 还是指一个具体的审美对象? 还是指美的本质和根源? 从而,"美是什么"如果是问什么是美的事物、美的对象,那么,这基本是审美对象的问题。如果是问哪些客观性质、因素、条件构成了对象、事物的美,这是审美性质问题。但如果要问这些审美性质是为何来的,美从根源上是如何产生的,亦即美从根本上是如何可能的,这就是美的本质问题了。

可见,所谓"美的本质"是指从根本上、根源上、从其充分而必要的最后条件上来追究美。所以,美的本质并不就是审美性质,不能把它归结为对称、比例、节奏、韵律等等;美的

---

① 李泽厚.华夏美学・美学四讲[M].增订本.北京:生活・读书・新知三联书店,2008.选辑中有删节,文中脚注为原注。

本质也不是审美对象,不能把它归结为直觉、表现、移情、距离等等。

争论美是主观的还是客观的,就是在、也只能在第三个层次上进行,而并不是在第一层次和第二层次的意义上。因为所谓美是主观的还是客观的,并不是指一个具体的审美对象,也不是指一般的审美性质,而是指一种哲学探讨,即研究"美"从根本上到底是如何来的? 是心灵创造的? 上帝给予的? 生理发生的? 还是别有来由? 所以它研究的是美的根源、本质,而不是研究美的现象,不是研究某个审美对象为什么会使你感到美或审美性质到底有哪些,等等。只有从美的根源,而不是从审美对象或审美性质来规定或探究美的本质,才是"美是什么"作为哲学问题的真正提出。

那么,美的根源究竟何在呢?

这根源(或来由)就是我所主张的"自然的人化"。

在我看来,自然的人化说是马克思主义实践哲学在美学上(实际也不只是在美学上)的一种具体的表达或落实。就是说,美的本质、根源来于实践,因此才使得一些客观事物的性能、形式具有审美性质,而最终成为审美对象。这就是主体论实践哲学(人类学本体论)的美学观。

那么,这种美学观是属于主观派、客观派还是"主客观统一"派呢?

如前所说,所谓"主客观统一"这概念并不很清楚,原因是所谓"主"指的是什么? 如果"主"指情感、意识、精神、心理,那么这种"主客观统一"论便仍然属于主观派,如立普斯和朱光潜。但是,如果"主客观统一"中的"主"指的是人的实践活动,那情况就大不相同,人的实践是一种物质性的客观现实活动,即是说,这里的"主"实质上是一种人类整体作用于众多客观对象(如大自然)的物质性的客观活动,从而,它与客观世界的统一即这种主客观统一便不属于主观论,而属于客观论,它是客观论中的第三派,即一种现代意义的新的客观论,亦即主体性实践哲学的美的客观论。它既是"主客观统一"论,又是客观论。

前面讲到,格式塔心理学的同构说认为,自然形式与人的身心结构发生同构反应,便产生审美感受,但是为什么动物就不能呢? 其根本原因就在人类有悠久的生产劳动等社会实践活动。人类在漫长的几十万年的制造工具使用工具的物质实践中,劳动生产作为运用规律的主体活动,日渐成为普遍具有合规律的性能和形式,对各种自然秩序、形式规律,人类逐渐熟悉了、掌握了、运用了,才使这些东西具有了审美性质。自然事物的性能(生长、运动、发展等)和形式(对称、和谐、秩序等)是由于同人类这种物质生产中主体活动的合规律的性能、形式产生同构同形,而不只是生物生理上产生的同形同构,才进入美的领域的。因此,外在自然事物的性能和形式,既不是在人类产生之前就已经是美的存在,就具有审美性质,也不是由于主体感知到它,或把情感外射给它,才成为美;也不只是它们与人的生物生理存在有同构对应关系而成为美,而是由于它们跟人类的客观物质性的社会实践合规律的性能、形式同构对应才成为美。因而美的根源出自人类主体以使用、制造工具的现实物质活动作为中介的动力系统。它首先存在于、出现在改造自然的生产实践的过程之中。格尔茨曾强调指出,人性甚至包括人的某些生理性能,也是文化历史的产物。[①] 我们对从猿到人的研究,也说明从人手、人脑到人性生理结构(包括如逻辑、数学观念、因果规律观念等智力结构、意志力量的伦理结构和形式感受的审美结构)都源起于上述使用制造工具的漫长的人类现实物质性的生产活动中。[②] 从美学看,这个史前期的悠久行程,在主体方面萌发和形成审美心理结构的同时,在客体方面即成为美的根源。

拙著《批判哲学的批判》:

> 通过漫长历史的社会实践,自然人化了,人的目的对象化了。自然为人类所控制改造、征服和利用,成为顺从人的自然,成为人的"非有机的躯体",人成为掌握控制自然的主人。自然与人、真与善、感性与理性、规律与目的、必然与自由,在这里才具有真正的矛盾统一。真与善、合规律性与合目的性在这里才有了真正的渗透、交融与一致。理性才能积淀在感性中,内容才能积淀在形式中,自然的形式才能成为自由的形式,这也就是美。

拙文《美学三题议》:

> 自由的形式就是美的形式。就内容而言,美是现实以自由形式对实践的肯定,就形式而言,美是现实肯定实践的自由形式。

所以,美是自由的形式。

什么是自由? 黑格尔《精神现象学》说:

> 任性和偏见就是自己个人主观意见和意向,是一种自由。但这种自由还停留在奴隶的处境上。对于这种意识,纯粹形式不可能成为它的本质,特别是就这种纯粹形式是被认作弥漫于一切个体的普通的陶冶事物的力量和绝对理念而言,不可能成为它的本质。

这就是说,自由不是任性。你想干什么就干什么,恰恰是奴隶,是不自由的表现,是做了自己动物性的情绪、欲望,以及社会性的偏见、习俗的奴隶。那么,自由是什么? 从主体性实践哲学看,自由是由于对必然的支配,使人具有普遍形式(规律)的力量。因此,主体面对任何个别对象,便是自由的。这里所谓"形式",首先是一种主动造形的力量。其次才是表现在对象外观上的形式规律或性能。所以,所谓"自由的形式",也首先指的是掌握或符合客观规律的物质现实性的活动过程和活动力量。美作为自由的形式,首先是指这种合

---

① 格尔茨. 文化的解释[M]. 南京:译林出版社,2017. 第1—2章.
② 参阅《李泽厚哲学美学文选·试论人类起源》《批判哲学的批判》。

目的性(善)与合规律性(真)相统一的实践活动和过程本身。它首先是能实现目的的客观物质性的现实活动,然后是这种现实的成果、产品或痕记。所以它不是什么"象征"。"象征"(symbol),不过是种精神性的、符号性的意识观念的标记或活动。从远古的巫师到今日的诗人,都在不断制造这种符号、象征,但它们并不就是美的本质或美的根源。可见,如果主观蛮干、为所欲为,结果四面碰壁,不是自由;而且,自由如果只是象征、愿望、想象,只是巫师的念咒、诗人的抒情,那便只是封闭在内心深处的可怜的、虚幻的"自由"。真正的自由必须是具有客观有效性的伟大行动力量。这种力量之所以自由,正在于它符合或掌握了客观规律。只有这样,它才是一种"造形"——改造对象的普遍力量。孔子说,"从心所欲不逾矩",庄子有庖丁解牛的著名故事,艺术讲究"无法而法,是为至法",实际都在说明无论在现实生活或艺术实践中,这种在客观行动上驾驭了普遍客观规律的主体实践所达到的自由形式,才是美的创造或美的境界。在这里,人的主观目的性和对象的客观规律性完全交融在一起,有法表现为无法,目的表现为无目的(似乎只是合规律性,即目的表现为规律),客观规律、形式从各个有限的具体事物中解放出来,表现为对主体的意味,……于是再也看不出目的与规律、形式与内容、需要与感受的区别、对峙,形式成了有意味的形式,目的成了无目的的目的性,"上下与天地同流","大乐与天地同和"。要达到这一点,无论从人类说或从个体说,都需要经过一个漫长的实践奋斗的现实历程。艺术家要达到"无法而法",就得下长期的苦功夫,那更何况其他更根本的实践?所以,自由(人的本质)与自由的形式(美的本质)并不是天赐的,也不是自然存在的,更不是某种主观象征,它是人类和个体通过长期实践所建立起来的客观力量和活动。就人类说,那是几十万年的积累,就个体说,那也不是一朝一夕的功夫。自由形式作为美的本质、根源,正是这种人类实践的历史成果。

总之,不是象征、符号、语言,而是实实在在的物质生产活动,才能使人(人类和个体)能自由地活在世上。这才是真正的"在"(being),才是一切"意义"(meaning)的本根和家园。人首先也不是通过语言、符号、象征来拥有世界,也不是首先因为有语言才对世界产生关系,世界不是首先在语言中向我们展开和呈现,能理解的"在"也并不首先是语言。人类光靠语言没法生存。世界是首先通过使用物质工具性的活动呈现和展开自己,人首先是通过这种现实物质性的活动和力量来拥有世界、理解世界、产生关系和建立自己。从这里也许可以了解,为什么美不能是自由的象征,而只能是自由的形式(自由的力量、自由的实在)。这就是我所强调并坚持的主体性实践哲学的美学观不同于其他哲学的美学观之所在。

作者简介

李泽厚,著名哲学家,湖南长沙人,生于 1930 年 6 月,1954 年毕业于北京大学哲学系。曾任中国社会科学院哲学研究所研究员、巴黎国际哲学院院士、美国科罗拉多学院荣誉人文学博士。李泽厚主要从事中国近代思想史和哲学、美学研究,成名于 20 世纪 50 年代美学问题论战,以重实践、尚"人化"的"客观性与社会性相统一"的美学观卓然成家。80 年代,李泽厚不断拓展其学术论域,促引思想界在启蒙的路径上艰辛前行,著书立说,从者甚众,人称"青年导师",这一时期主要著有《美的历程》《华夏美学》《美学四讲》等代表作。90 年代,李泽厚客居美国,出版了《论语今读》《世纪新梦》等著作,对中国未来的社会建构给予沉甸甸的人文关怀。他提出的"主体性实践哲学""心理积淀说""工具本体""情感本体""偶然性(命运)""后马克思主义""儒学四期说"等观点对中国 20 世纪八九十年代文化造成了很大影响。

三、伦理学

伦理学的本质与价值①

王海明

(一)伦理学:关于优良道德的科学

伦理学无疑是关于道德的科学。但是,伦理学不是关于某个社会的特殊的、具体的道德的科学,而是关于一切社会的道德的普遍性的科学。因为在这个定义中,"道德"是全称,因而包括一切道德,包括一切特殊的、具体的道德而不是其一般、抽象、共性、普遍性。所以,伦理学是关于道德的科学,这意味着,伦理学是关于一切特殊的、具体的道德所包含的那种共同的、抽象的、一般的、普遍的"道德"之科学,因而也就是关于道德的普遍本性的科学,说到底,伦理学就是道德哲学:道德科学、道德哲学和伦理学是同一个概念。所以,布洛克(H. Gene Blocker)说:"伦理学试图发现能够确证人类所有行为和最终说明使行为正当或不正当之最高层次、最一般的原因。"②这样一来,伦理学便是哲学的分支,亦即道德哲学。今日西方伦理学家也都这样写道:"伦理学是关于道德的哲学研究。"③"伦理学是哲学的一个分支;它是道德哲学,亦即关于道德、道德问题和道德判断的哲学思想。"④

不过,真正讲来,这个定义也是不够确切的。因为道德是一种社会制定或认可的行为规范:道德亦即道德规范。这样,道德便正如休谟所说,无非是人们所制定的一种契约,具有主观任意性,因而虽然无所谓真假,却具有优良与恶劣或正确与错误之分。举例说,我们

---

①　王海明.伦理学原理[M].北京:北京大学出版社,2009.选辑中有删节,文中脚注为原注。

②　Blocker. Ethics:An Introduction [M]. New Haven:Haven Publications, 1988:p10.

③　Pojman. Ethical Theory:Classical and Contemporary Readings[M].Bevery:Wadsworth Publishing Company, 1995:p1.

④　Frankena. Ethics[M].Upper Saddle River:Prentice-Hall, Inc. , 1973:p4.

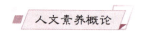

显然不能说"女人应该裹小脚"的道德规范是真理还是谬误,而只能说它是优良的还是恶劣的或正确的还是错误的:它无疑是恶劣的、错误的。伦理学的意义显然全在此:避免恶劣的、错误的道德,制定优良的、正确的道德。因为道德既然是可以随意制定的,那么,制定道德便不需要科学。确实,在伦理学诞生之前——亦即在亚里士多德和孔子的时代之前——道德早就存在了。只有制定优良的、正确的道德才需要科学:伦理学是关于优良道德的科学。所以,布洛克说:"道德哲学家反思日常道德假定,并不仅仅是用哲学术语重述我们已经信赖的任何规范;而是寻求对于日常道德的一种新的理解和新的观点,这将改正我们某些道德信仰和改变我们每天的道德行为。"①于是,确切地讲,伦理学并不是关于道德的科学,而是关于优良道德的科学,这恐怕才是伦理学的精确定义。伦理学,亦即道德哲学,是关于优良道德的科学,是关于优良道德的制定方法和制定过程以及实现途径的科学。

如果说伦理学是关于优良道德的科学,那么,究竟怎样的道德才是优良的? 这是个十分复杂的问题:它牵扯到三个密不可分而又根本不同的重要概念:道德(亦即道德规范)、道德价值和道德判断(亦即道德价值判断)。人们大都以为,所谓道德或道德规范,亦即道德应该、道德价值。其实,二者根本不同。因为道德或道德规范都是人制定或约定的。但是,道德价值却不是人制定或约定的:一切价值——不论道德价值还是非道德价值——显然都不是人制定或约定的。试想,玉米、小麦、大豆的营养价值怎么能是人制定或约定出来的呢? 那么,道德价值与道德规范是何关系?

道德规范与道德判断一样,皆以道德价值为内容、对象、摹本,都是道德价值的表现形式:道德规范亦即道德价值规范;道德判断亦即道德价值判断。只不过,道德价值判断是道德价值在大脑中的反映,是道德价值的思想形式;而道德规范则是道德价值在行为中的反应,是道德价值的规范形式。因此,道德规范和道德价值判断有真假对错优劣之分。道德价值判断有真假之分:与道德价值相符的判断,便是真理;与道德价值不符的判断,便是谬误。道德规范则没有真假而只有对错优劣之分:与道德价值相符的道德规范,就是优良的、正确的、对的道德规范;与道德价值不符的道德规范,就是恶劣的、错误的道德规范。举例说,假设"女人裹小脚"确实是不应该的,因而具有负面道德价值。那么,一方面,断言"女人裹小脚是应该的"道德价值判断便不符合"女人裹小脚"的道德价值,因而是一种谬误的、假的判断;另一方面,把"女人应该裹小脚"奉为道德规范也不符合道德价值,因而是一种恶劣的道德规范。

可是,究竟怎样才能制定与道德价值相符的优良道德规范呢? 人们制定任何道德规范,无疑都是在一定的道德价值判断的指导下进行的。显而易见,只有在关于道德价值的

---

① Blocker. Ethics:An Introduction ,New Haven: Haven Publications,1988:p22.

判断是真理的条件下,所制定的道德规范才能够与道德价值相符,从而才能够是优良的道德规范;反之,如果关于道德价值的判断是谬误,那么,在其指导下所制定的道德价值的规范,必定与道德价值不相符,因而必定是恶劣的道德规范。举例说,如果"为己利他是应该的"道德价值判断是真理,那么,我们把为己利他奉为道德原则,便与为己利他的道德价值相符,因而是一种优良的道德原则。反之,如果"为己利他是应该的"道德价值判断是谬误,那么,我们把为己利他奉为道德原则,便与为己利他的道德价值不相符,因而便是一种恶劣的道德原则。

可见,伦理学是关于优良道德的科学的定义,实际上蕴涵着:伦理学是寻找道德价值真理的科学,是关于道德价值的科学。所以,伦理学家们一再说伦理学是一种价值科学:"伦理学是一个关于道德价值的有机的知识系统。"[①]"伦理学之为科学,研究关于全体生活行为之价值者也。"[②]这是伦理学的公认的定义,也是伦理学的更为深刻的定义。然而,真正讲来,这个"伦理学是关于道德价值的科学"的定义,只能从"伦理学是关于优良道德的科学"推出,而不能由"伦理学是关于道德的科学"推出。因为优良道德是不能随意制定、约定的,制定优良道德必与道德价值相关:优良道德是与道德价值相符的道德规范。反之,道德是可以随意制定、约定的,制定道德不必与道德价值相关:与道德价值相符的道德是道德;与道德价值不符的道德也是道德。

(二)伦理学意义:价值最大的科学之一

从伦理学的研究对象可以看出,伦理学对于人类社会的发展进步具有莫大的意义。因为人类社会的发展进步,说到底,无疑都是每个人的劳动、活动之结果:每个人的劳动或活动是社会发展进步的基本原因。诚然,科学的发展、技术的发明、生产工具的改进、生产关系的变革、政治等上层建筑的革命等都是社会发展进步的重要因素。但是,所有这些社会进步的要素,统统不过是人的劳动或活动的产物,因而唯有人的劳动或活动才是社会发展进步的基本原因。人的社会本性决定了每个人的劳动和活动——直接或间接地——总是一种社会活动。一切社会活动,要存在和发展,显然必须互相配合、有一定秩序而不可互相冲突、乱成一团,因而需要遵守一定的行为规范:一切社会活动都应该是某种行为规范之实现。一切行为规范无非两类:权力规范和非权力规范。所谓权力规范,也就是法(包括法律、政策、纪律等),是依靠权力来实现的规范,是应该且必须遵守的行为规范;所谓非权力规范,亦即道德,是依靠非权力力量——如舆论、名誉、良心的力量——来实现的规范,是应

① 宾克莱.二十世纪伦理学[M].石家庄:河北人民出版社,1988:214.
② 黄建中.比较伦理学[M].北京:国立编译馆,1974:34.

该而非必须遵守的规范。这样，人的任何社会活动实际上都可以看作是对于某种道德或法的规范的实现与背离。

如果抛开规范所依靠的力量而仅就规范本身来讲，道德的外延显然宽泛于法：一般说来，二者是普遍与特殊、一般与个别的关系。因为一方面，道德不都是法，如无私利他、助人为乐、同情报恩等都是道德，却不是法；另一方面，法同时都是道德，如"不得滥用暴力""不得杀人""不得伤害""不可盗窃""抚养儿女""赡养父母"等，岂不既是法律规则同时也是道德规则吗？所以，抛开规范所依靠的力量而仅就规范本身来讲，法是道德的一部分：道德是法的上位概念。那么，法究竟是道德的哪一部分呢？无疑是那些最低的、具体的道德要求：法是最低的、具体的道德。这个道理被耶林（Jelling，1851—1911）概括为一句名言："法是道德的最低限度。"反过来说，最低限度的道德或所谓"底线伦理"也就是法。

于是，抛开规范所依靠的力量而仅就规范本身来讲，一切法都不过是那些具体的、最低的道德，因而也就都产生于、推导于、演绎于道德的一般的、普遍的原则。所以，法自身都仅仅是一些具体的、特殊的、琐碎的规则，法自身没有原则；法是以道德原则为原则的：法的原则就是道德原则。法的原则、法律原则，众所周知，是正义、平等、自由等。这些原则，真正讲来，并不属于法或法律范畴，而属于道德范畴，属于道德原则范畴。这是不言而喻的，因为谁会说正义是一项法律呢？谁会说平等是一项法律呢？谁会说自由是一项法律呢？岂不是只能说正义是道德、平等是道德、自由是道德吗？正义、平等、自由等都是道德原则，是社会治理的道德原则，因而也就是法律原则，也就是政治——政治是法的实现——原则。这就是为什么法理学和政治哲学的核心问题都是正义、平等、自由的缘故：正义、平等、自由都是法和政治的原则。

可见，如果抛开规范所依靠的力量而仅就规范本身来讲，法就是最低的、具体的道德，法是以道德原则为原则的，因而实际上法乃是道德原则的一种具体化，是道德原则的一种实现：法是道德的实现。这样一来，人的一切社会活动实际上最终便都是对于某种道德的实现与背离。而社会之所以能存在发展，无疑是因为人们的活动大体说来是遵守而不是背离道德的。所以，大体说来，人的一切社会活动都是道德的实现；因而道德的实现也就是社会发展进步的基本原因。

诚然，道德自身不过是一种行为规范，不过是一纸空文，是软弱无力的。但是，道德的实现与道德根本不同：道德的实现不是道德而是活动，不是规范而是行为。所以，道德的实现乃是社会发展进步的基本原因，并不是说道德是社会发展进步的基本原因；而是说人的实现、奉行某种道德的社会活动——如法律活动、政治活动、经济活动、宗教活动等——是社会发展进步的基本原因，是说人们推行、奉行某种道德的诸如此类的社会活动是社会发展进步的基本原因。一言以蔽之：道德规范本身，并不是社会发展进步的基本原因；但是，一个社会实行何种道德规范,则是社会发展进步的基本原因:推行优良的道德规范是社会进步的基本原因;推行恶劣道德是社会停滞的基本原因。伦理学正是研究优良道德的科学。因此,伦理学对于人类社会的发展进步便具有莫大的效用、莫大的价值:伦理学是对于人类用处最大的科学,是具有最大价值的科学,至少是具有最大价值的科学之一。

作者简介

王海明,吉林省白城市镇赉县人,哲学硕士,现为北京大学哲学系教授、闽南师范大学特聘教授。主要研究方向为伦理学与国家论。著有《新伦理学》(全三册)、《伦理学方法》《人性论》《公正与人道:国家治理道德原则体系》《名家通识讲座书系:道德哲学原理十五讲》《名校名师名课系列:伦理学与人生》《复旦博学系列:伦理学导论》、北京大学哲学教材《伦理学原理》(第三版)。曾在《中国社会科学》《哲学研究》《哲学与文化月刊》(台北)、《中国社会科学季刊》(香港)等刊物发表伦理学与国家学以及中国学论文300余篇。

 思考题

1. 为什么说哲学是关于世界观的学问?

2. "丑"属于美学研究的范畴吗? 为什么? 请试作简要分析。

3. "行为事实属性"是王海明的伦理规范公式的核心概念,是其整个伦理体系的基础。在王海明看来,伦理学不应该成为规范科学,不应该只研究"应该""价值"而不研究"是""事实"。他创造"行为事实属性"概念的目的是想表达这样一个重要思想:人们制定行为规范时必须以该行为的客观效果为基础,而不能仅从主观愿望出发。这一思想具有重要理论意义。试举一个例子:一个人看见路上有人抢劫,想要匡扶正义,但在行正义的路上却不小心把抢劫的人杀害,抢劫的人虽是犯罪了,但是罪不至死,而这个想要"路见不平,拔刀相助"的人身上是否具有伦理道德呢? 试从王海明的"行为事实属性"原则角度,简要分析一下这个案例,并从这个案例深入思考一下,你赞同王海明的"行为事实属性"原则吗?

第八章 深度的时间:历史素养

第一节 历史的人文关怀

在海德格尔后期哲学中,"历史"几乎成为一个重要的思想路标和目标。对于海德格尔而言,人之在——存在、此在或本在,都是一种历史之在。在1936—1938年书写的"未完成"的哲学论著《哲学论稿》中,人类存在的历史性本质被海德格尔以诗意的语言简洁而深刻地表述为:"人,既非历史的'主体',亦非历史的'客体',而只是被历史(本有)所吹拂,并且被一道撕扯入存有之中,归属于存有者,急需之呼唤,被送交人守护状态。"①尽管作为一部哲学"残稿",海德格尔的表述有些晦涩,但我们从这晦涩性的语言片段中,仍可把握海氏人类学的基本思想:人在历史中敞开存在。

作为这个物理世界物质变化的结晶体,人属于自然,随着自然界的时空延展而生生灭灭;但作为一种高级的地表存在物,人又如马克思所说属于历史——不仅是历史发展的产物,而且是被历史所构造,是人类历史的"产物和结果"。② 黑格尔曾经断言,人没有人性,有的只是按照精神的原则创造历史的"狡黠的理性"。在历史学的意义上说,黑格尔无疑是正确的;但在人类学意义上说,黑格尔错了。构造历史并不仅仅是理性,更重要的是"人性",即深藏于人的身体与灵魂之中的"历史意识"。

所谓历史意识,并不仅仅是人们常说的那个"我从哪里来""要到哪里去"的追问,也不仅仅意味着人的精神生活与往昔的回忆、先人的遗物以及各种历史掌故紧密关联这样一种存在现象,还意味着人在"过去"的诸意象中寻觅着存在的意义、价值与方法。荷兰历史学

---

① 海德格尔.哲学论稿[M].孙周兴,译.北京:商务印书馆,2016:582.
② 马克思,恩格斯.马克思恩格斯全集(第26卷)[M].中共中央马克思恩格斯列宁斯大林著作编译局,译.北京:人民出版社,2014:543.

家 F. R. 安克斯密特曾说过:"当我们谈及过去时,失去与爱的感受奇特地交织在一起——一种结合了痛苦和愉悦的感受。"①这种复杂的精神感受,正是源于历史所给予人类的意义体验。历史之所以是一种人文文化,就在于它的这种精神品质——"通过历史回忆,通过内心的传说,通过其内心个体精神命运归向历史命运的行为,寻求着伟大历史世界中的真正现实。他投身于无限丰富的现实,以此战胜腐朽和自身的渺小,克服自己贫乏、狭窄的视野。"②用恩斯特·卡西尔的话说,即:

> 没有历史学,我们就会在这个有机体的进展中失去一个必不可少的环节。艺术和历史学是我们探索人类本性的最有力的工具。没有这两个知识来源的话,我们对于人会知道些什么呢? 我们就只能依赖于我们个人生活的资料,然而它能给予我们的只是一种主观的见解,并且至多只是人性的破镜之散乱残片而已……我们描绘的人的图画将仍然是僵滞呆板、毫无生气的。我们将只会发现"平常的人"——注重实际和社会交往的日常的人。在伟大的历史和艺术品中,我们开始在这种普通人的面具后面看见真实的、有个性的人的面貌。……历史学与诗歌乃是我们认识自我的一种研究方法,是建筑我们人类世界的一个必不可少的工具。③

正是通过历史这一人文血脉的滋养,人类的人文精神才永不枯竭地存续着。为了使人更具体地了解历史的这一人文性,下面我从历史文化所传递的人类存在的崇高信念这一视角做一阐述。

"历史"作为惟人类独有的一种精神现象,在人类的知识谱系中,具有两种不同的内涵:一种是作为集体共享假设的"历史";一种是职业历史学家的"历史"。前一种历史记忆即阿斯曼所说的"文化记忆"。区别于历史编纂学中的历史,共享假设的"历史",可以解释为共同体通过神话意识、文化想象以及文化媒介生产出来的"过去"。这里的"神话"不仅指向宗教学的意义,还包括政治神话、社会神话乃至于家族神话;文化想象包括梦想、幻想、构想等认知行为;文化媒介则指那些具有历史厚度、民俗温度、艺术维度的语言文字、图像仪式等。在历史学家看来,一个集体之所以构建和回忆这些由虚构、想象和媒体生产出来的"历史",就在于为了"实现对自我的定义并校检认同",并将社会的秩序创造出来。历史学通过文化传播的理论表达了这一认知:文化记忆传播过程就是强化共同体成员信仰、唤起政治参与和身份认同的过程。

我在这里不想再去讨论"人的本质"这个令古今中外很多思想家中了邪的"大问题",我打算更直接一点论证历史学的这一思想。人类认知行为不仅追求秩序、伦理、宗教等方

① 安克斯密特.崇高的历史经验[M].杨军,译.北京:东方出版中心,2011:109.
② 别尔嘉耶夫.历史的意义[M].张雅平,译.上海:学林出版社,2002:15.
③ 卡西尔.人论[M].甘阳,译.上海:上海译文出版社,1985:261-262.

面的意义,也追寻审美的体验。这也就意味着,集体对共享假设的"历史"回忆,尤其是对作为文化生产出来的"意识景观"或"历史景象"的记忆与回忆,既有自我定义、校检认同、创造秩序这种文化理性,也融入了海登·怀特所说的"情节化""故事化""诗性化"以及 R.安克斯密特所论证的"崇高经验"。也正因为文化回忆行为的"崇高意识",所以我们看到,集体文化记忆的形象大都具有崇高之美的特征。历史知识、历史记忆,不是为了人对过去的凭吊,而是为了延续人类的人文血脉,为现实人生奠基与导引——追寻人类存在的秩序与崇高的意义。用意大利历史学家维柯的话说,即我们在历史中体验到了惊奇、崇敬和强烈愿望,从而使自己和绝对的智慧融为一体。[①]

我们可以用人类文化记忆史的若干案例来证明这一点。

在集体文化记忆的形象或"真理"景观中,"过去"基本都被表象为共同体历史上的"黄金时代",是美德、纯真、和谐堪称典范的历史岁月,是伟大而崇高的祖先们的时代。被历史学家和文化记忆理论家作为经典案例反复提及的"历史记忆"景观——澳大利亚土著仪式,它的目的就是为了重现神话——祖先时代那神圣、吉祥的氛围,亦即澳大利亚人所说的"梦幻"年代。古希腊作为历史学家和文化记忆理论家心目中的回忆文化典型,其文化回忆的主要媒介是史诗。希腊人正是通过史诗《伊利亚特》进行文化回忆,并在这种回忆的基础上形成了"希腊民族"意识。我不去讨论阿斯曼对于古希腊"史诗回忆"结果的结论是否正确,只想指认这一点:希腊人确实是通过史诗(编纂与吟诵)寻求政治认同,但希腊人史诗吟诵的目的绝不仅在于建构政治认同,也同样是在体验崇高——不仅是史诗文本修辞与音乐格调方面的崇高体验,还有荷尔德林小说中的许珀里翁被史诗所呈现的"古代雅典"的壮观景象惊愕得几乎眩晕的体验以及他自己与过去的"黄金时光"相逢拥抱的惊艳狂喜。同样,"轴心时代"中国的孔子念念不忘复兴周礼,就是因为在孔子的"历史"记忆中,过去的周代是一个君令、臣共、父慈、子孝、兄爱、弟敬、夫和、妻柔、姑慈……这样一个秩序、和谐、散发着迷人的人伦美之光辉的"黄金时代"。正是这种伦常秩序,使得孔子坚定不移地"从周"。[②]

有人可能会通过以色列集体记忆的"苦难"形象这一案例质疑我的观点。在人类文化记忆史上,以色列属于个案;但我还不想用"个案"来为自己辩解,我仍会坚持用我的崇高史学思想解释以色列的"苦难"回忆。在以色列集体记忆景观中,"出埃及""辗转荒野""与神盟约"构成了其主体意象。但我认为,以色列集体记忆的这一意识景观,也不仅仅是阿斯曼所说的信仰与身份强化这一宗教、政治解放意识的动力,其中仍然有崇高经验融会其中。

---

① 维柯.新科学(下册)[M].朱光潜,译.北京:商务印书馆,2012:626.
② 出自《论语·八佾》。

作为以色列宗教记忆的主要媒介,早期的"托拉"以及《旧约》所生产的以色列人"失乐园"、出埃及以及在西奈半岛接受神选、与神盟约这一历史景观,不仅完全是悲苦的、宗教的风格,也有崇高的审美风格。有的学者认为,作为一个艺术乏味的民族,以色列人的历史回忆根本不存在美的元素。我不想去辩解这种观点正确与否,只想说明这样一点:艺术乏味并不意味美感的枯涩。犹太民族也许重视宗教而漠视艺术,耽于"圣洁的以色列"而贬抑俗世的感性快乐,但恰恰是他们的这一哲学与宗教发展出其独特的生命意识与生活意识——崇高的理念。如果哲学与宗教任由生命与生活处于浑噩状态,它们就不可能扮演灵魂的根本关怀这一角色。尤其是我们必须认识到,无论是早期的祭司还是流亡巴比伦时期的学者,其"历史"的生产不仅基于苦难的记忆与信仰建立,也基于对以色列未来的圣洁想象。犹太人的圣城耶路撒冷是一幅壮美的城市景观;犹太人未来的愿景是一个完美的梦幻景观;甚至于犹太人与神盟约、在世界各处流浪,但不忘回归耶路撒冷也同样是一种崇高美学的意识景观。

这就是集体历史记忆或回忆文化动力的另一重要维度——"崇高美学"动力。人们所以能够对那些遥远和想象的"过去"进行回忆,就在于媒介所创造的"过去"或以其和谐性的优美(黄金岁月)或以其悲剧性的壮美(苦难时代)诱引着回忆主体,与"历史"相遇不仅成为伽达默尔所说的使生命感到整体性、充实性的"奇遇",[①]而且通过历史悲剧认知情感失调的调整,使构造的未来的愿景更加完美。

到了这里,我们关于人类历史记忆的崇高经验之论已经基本落地。为什么无论是西方民族还是东方民族、古代社会还是现代社会,历史记忆中的形象要么是田园牧歌般的"黄金岁月",要么是英雄主义的崇高风格的原因,就在于它是人类的基本"精神习性"。满族尼玛查氏大萨满杨世昌在咏唱女神神歌时端坐炕上,并用绳索将双手捆上反背着;当"妈妈耶……妈妈耶……"的咏唱响起来时,歌者听者无不因之动容,泪水纵流。[②] 这不仅是对神的感恩与希冀,也是一种审美冲动——当"(尼莫)妈妈"的这一呼唤经由听觉组织进入大脑空间时,人们的经验瞬间被激活,那是一种"失去美的痛苦"与"希望美的还乡"相互交织的复杂感受,是安克斯密特所说的"失去与爱的感受奇特地交织在一起,一种结合了痛苦和愉悦的感受",是美国心理学家罗伯特·索尔索的"第三水平"认知模式所生产的精神现象——审美介入使我们每一个人能与古老大脑的生物性原型相联系,"表面上我们'欣赏'艺术、文学、音乐、理念与科学,而本质上,我们所看到的仅是这些深深触动了我们的美好事物所揭示的我们自己的思维。"[③]

---

① 伽达默尔.真理与方法(上卷)[M].洪汉鼎,译.上海:上海译文出版社,1999:89.
② 富育光,王宏刚.萨满教女神[M].沈阳:辽宁人民出版社,1995:2.
③ 索尔索.艺术心理与有意识大脑的进化[M].周丰,译.郑州:河南大学出版社,2023:249.

不仅人类对于"历史"的编码,即使作为人类社会"历史"回忆形式如节日庆典,也具有一种崇高的风格。这正是出于历史对人的精神升华的考量。我们不妨再就此做一分析。

在古代社会,集体文化回忆和文化记忆传递的主要形式是仪式和节日。在阿斯曼看来,"交往记忆"和"文化记忆"之间的根本差异是日常生活和节日庆典之间的差异。"在宏大聚会的节日时间或者'黄金时间'(Traumzeit)中,地平线延展到了整个世界、创世纪之时、起源和重大变辙,它们共同描画了远古时代的世界。"①这一点历史学家无疑是正确的。但是,由于人们只看到了节日庆典对集体文化记忆传承与社会秩序生产价值实现的文化社会学维度,而忽视或剪除了它的另一重要精神维度——崇高感的意义,使得这一理论在根底上出现了裂缝。历史人类学研究表明,古代社会的节日庆典,作为文化传承与再生产的主要媒介和形式,它所以能够受到集体成员的认同、拥护以及积极参与,不仅在于其的宗教、政治、社会表征意义,更在于其美学意义。正如我曾指认的,在传统社会,节日庆典不仅是社区的一桩政治事件,也是一桩精神事件。其热烈、喜庆、欢愉、朴俗的文化意象打造出一种"图像魔力"吸引着人们,使人们沉醉其中,②诱发着回忆和强化着记忆。

为使这一理论获得更充分的理据,我们就从节日本身说起。

从发生学的角度而观,节日,原本是一种物理时间节奏的符号。人类发明它是为了对绵延的世界进行标划,如柏拉图所说,乃民众祈望从劳苦中得到解脱和休养的一种社会生物学方案。但是后来,随着人类文化想象的植入,节日演化为"非共时存在"共时化的象征,变成了一个特殊的"文化时间"。按照柏拉图的解释,人们之所以喜欢和重视节日,不仅仅是为了休养生息,而且也可使那些"源自祖先的古老习俗重放光辉"③,即同过去历史的相遇。其实,作为人类社会一种特殊的文化现象,节日在发展过程中形成了三个不同的历史维度:原始时代的生物学维度,即辛苦劳作身体的休养;上古时代的神话学维度,即通过节日庆典与非共时存在的沟通;从古代至近现代的美学维度,即节日庆典活动所具有的崇高感。

讨论节日意象崇高风格对人的节日意趣之影响,我们不妨再次回到本雅明。在本雅明看来,节日之所以"伟大而重要",是因为在节日里可以与"以往的生活相逢",而这"以往的生活"首先就是美的"生活气息"。他用波德莱尔的诗句将这种美描画为"华丽音乐的有力的和弦和落日在我眼里投映的色彩",还有古罗马女人"身体的美"和"智慧的美"。正是这自然、生活与人性的崇高美的"气息联盟","极度地麻醉(人的)时间感",从而使得人沉浸

①　阿斯曼.文化记忆[M].金寿福,黄晓晨,译.北京:北京大学出版社,2015:47,52,149.
②　高长江.民间信仰:文化记忆的基石[J].世界宗教研究,2017(4).
③　柏拉图.柏拉图文艺对话集[M].朱光潜,译.北京:商务印书馆,2013:275.

在"思乡病"的"泪水的热雾中"。①

其实,早在本雅明之前,德国诗人荷尔德林就向我们呈现了节日庆典的崇高、圣洁性。在《如同在节日的日子里……》《弗里德里希·荷尔德林的和平庆典》《怀念》等诗作中,节日庆典都被诗人描画为"神奇、美丽、安宁"的自然以及棕色的女人、醇厚的酒、知心的话、"神圣的词语""热情的歌唱"合成的。② 那是"伟大的精神所绽开的时间形象",是诗人记忆中的"金色的梦幻"。③ 海德格尔以一个存在主义哲学家的敏锐察觉到了荷尔德林的这种节日情结:"节日是欢庆的日子":"异乎寻常的东西的开放,……不同于日常生活的无光彩的灰暗,乃是光亮的日子"——"人类与诸神的婚礼"。④

至于以色列的节日文化,确系人类节日文化史上的一个特例。作为犹太人回忆文化的主要形体,无论是宗教节日还是世俗节日,其多以"迫害""苦难"为主题,如赎罪节、五旬节、逾越节、净殿节等。历史学家往往将其节日文化的这一特征归之于以色列人历史上尤其是"第二圣殿"后屡遭磨难的经历及其所形塑的这个民族孤独、固执、冷漠、紧张的性格所致。我不排除这一民族文化心理因素,但我觉得它并非唯一因素,还与以色列人独特的"崇高历史意识"有关。孤独、冷漠、偏狭、忧患的民族心理与"预言文化"传统融汇在一起,使得以色列人的历史美学不是指向"过去"而是指向"未来";生命与世界之美不是感性的世俗快乐与灵魂复活的喜悦,而是经过苦难磨炼出来的虔敬、意志、信仰建构的"弥赛亚王国"。这一点我们甚至可以通过其节日文化的编排觉察出来。以色列的节日编程通常是在每个欢庆的节日之前安排一个悲伤的节日,如以色列的"独立日"之前是"以色列战争阵亡将士纪念日";在"狂欢节"之前是"斋戒日"。这是一种十分独特的"悲剧节日美学":用过去的"苦难"映衬理想与未来的"完美"。无论是逾越节家宴上讲故事以及咀嚼枯涩坚硬的食物还是净殿节时对犹太先人被驱离耶路撒冷又重返并圣化耶路撒冷的"历史追忆"等,这些节日文化不仅是为了唤起以色列人苦难而光荣的历史记忆,也通过听觉、味觉、触觉的混合形成一种复合的审美体验——忧郁而和谐、孤独而圣洁的崇高之美:"安息日及节日获得了富有诗意的魅力和气氛,在这神圣域所内,人们可以躲开外面所有的肮脏与压抑,呼吸纯净的空气,日常闲暇得以纯净,给晚间娱乐以礼遇在这两者中,人的个性与自由展露无遗。"⑤

综上所述,可以得出这样的结论:历史知识、历史记忆、历史遗留并不是为了满足人对

---

① 本雅明. 发达资本主义时代的抒情诗人[M].张旭东,魏文生,译.北京:生活·读书·新知三联书店,1989:155-156.
② "神圣的数字",即"宇宙的和谐统一精神"——荷尔德林原注。
③ 以上诗句均引自荷尔德林:荷尔德林诗集[M].王佐良,译. 北京:人民文学出版社,2016:30-300,458-459,486.
④ 海德格尔. 荷尔德林诗的阐释[M].孙周兴,译. 北京:商务印书馆,2014:121-122,162.
⑤ 拜克. 犹太教的本质[M].傅永军,于健,译. 济南:山东大学出版社,2002:231.

过去凭吊的意识,而是为了传递人类的人文精神,为现实人生引领和奠基,即引导人类追寻存在的庄严秩序与崇高的意义。

第二节　在深度时间中成长

在哲学人类学的意义上,人根本没有本性,他所有的是历史。这里的"历史"不仅指文化、文明的时间流,更重要的乃人的"文化时间意识"或"历史感",亦即历史性的存在建基。正是通过那些来自遥远纪年的"过去"光芒穿透了人类日常经验世界的晦暗,赋予存在以明晰的意义。

然而,进入现代世界,地球上"历史动物"的"历史意识"正日渐消淡,也可谓沦为一种历史的"集体失忆"存在状态。所谓"集体失忆"指的是公众对其民族"文化史诗"的认同、信仰、记忆的衰颓。其实,早在 20 世纪 20 年代,奥地利著名诗人和思想家里尔克就敏锐感受到人类"历史意识"的这种危机:随着异质文化(他指的是美国文化)的侵入,奥地利民族"那些活过和活着的事物,那些分享我们的思想的事物,都正处于衰微之中,再也不可替代"。面对民族文化的日渐颓衰,里尔克疾呼:

> 我们的责任不只是要保持对它们的记忆(那将是微不足道和不可靠的),而是要保持它们的人性的或'家神'的价值。(守护神意义上的'家神')。①

里尔克十分清楚,文化是一个民族的魂魄,它以及有关它的记忆的衰微,将导致民族失去心灵的守护神,成为无可归依的漂泊者。这里我想特别提醒人们注意,里尔克在这里使用的两个表述——"记忆"和"保持家神价值"——的不同内涵。如果我没理解错的话,他所说的"记忆"指的是生物学意义上的神经记忆;而"家神"则是个体和群体安身立命的文化神话,"保持家神价值"就是保持维系民族文化想象与文化认同的文化记忆。

与里尔克当年所面对的异质文化对民族文化以及记忆的冲击、弱化的处境相比,当下我们所遭遇的文化记忆之"囊虫"更诡异、更恐怖,也更令人焦虑:我们不仅面临着文化全球化时代异质文化对民族文化的蚕食,更面临着当代中国社会世俗化、文化娱乐化、记忆数码化等对共同体文化记忆与记忆文化②的肢解和压抑。"文化失忆"可谓现代世界

---

① 里尔克.里尔克诗选[M].黄灿然,译.石家庄:河北教育出版社,2002:5.
② "记忆"与"回忆"是两种不同的心智现象。"记忆"指的是知觉经验的存储;"回忆"指的是存储数据的调取、加工与再生产。但是,通过回忆将再生产的意义进行存储与传承,这又构成了记忆。在这种意义上说,"文化回忆"可以用"文化记忆"来替代。本文在分析与解释过程中均用"文化记忆"指代"文化回忆",只在二者需要特别区分时才分别使用。

由技术和"平滑"①文化塑造出来的"后人类"或孙周兴所说的"类人"②的真实在场。正如法国哲学家斯蒂格勒在论及现代信息产业之发展与人类的这一"失忆症"病理之关系时所分析的那样：

> 程序工业是记忆工业化的操作者，它开发由模拟、数字和生物技术带来的记忆综合的各种可能性。这一切通过实况直播、数据实时处理和违抗体细胞与生殖细胞互不相通性的基因操作，以各种形式彻底改变了事件的结构。③

对斯蒂格勒而言，正是现代数字产业所创造的"记忆工业化"，导致了人类"第三记忆"生命历史的断裂，从而开启了"后种系生成"之纪元。斯蒂格勒之论虽然仅是一个技术人类学视角，但其所展示的现代人"失忆症"发生原理却给我们以诸多启示。我们知道，记忆，作为地表高级灵长类动物特有的脑—心理能力，其乃以分子生物学和生物物理学为基础而形成的一种特殊生命机能。它通过大脑生物神经网络和物理运动将人的知觉以"痕迹"的形式存储于神经—心智系统之中，形成了人类的经验、知识乃至思想和理性等记忆，从而使人成为拥有多样性、多层次的自我意识——原始自我、自传体自我、文化自我这样一种记忆动物。也正是人类的这一记忆使其存在被抛入多重时间流——过去、当下、未来中，此在绽开了丰富的意义感、深厚的根基感和诗性的情调感。而当动物记忆的生物机制被工业技术和数字符号所取代，当记忆的心理能被"娱乐""平滑"所充溢时，就意味着人之记忆不再依附于脑—心理系统的情-意性加工而是被技术所规定，记忆能力被扁平。现代人的这种"失忆症"再次验证了我曾提出的观点：现代社会人类对地表存有的毁坏不仅是生态环境，也包括人性。④

其实，"数码人类学"和"平滑人类学"时代对人类记忆之挑战还不仅限于斯蒂格勒所说的人类"细胞记忆"能力的退化，更为严重的还在于它导致人之所以为人之意识的"文化记忆"的涣散。正如我曾分析的，不同于细胞记忆和阿斯曼所说的"交往记忆"，文化记忆是一个群体关于"我是谁""我由何而来""往何处去"这类"超越生活之大"的共享知识，是人类雍容而尊严存在的文化神话。⑤ 如果说文化记忆的生产与存续主要依托于一个社会所创造的独特的"回忆文化"，如活的言语、文字、历史遗存、宗教，尤其是科泽勒克"历史时间经验人类学"所展现的那些非同寻常的"重复性结构"——仪式、歌舞、史诗诵读等，那么，消费文化、数码文化所创造的"娱乐至死方式的在场和工业化记忆，则通过信息的情感性、

① "平滑文化"指崇尚感性娱乐而拒绝崇高、深度的消费文化。
② 孙周兴.人类世的哲学[M].北京:商务印书馆,2020:85—87.
③ 斯蒂格勒.技术与时间:2.迷失方向[M].赵和平,印螺,译.南京:译林出版社,2010:9.
④ 高长江.去"人类纪"的旅游人类学之思[J].长白学刊,2021(3).
⑤ 高长江.民间信仰:文化记忆的基石[J].世界宗教研究,2017(4).

反思性、联想性的清除而将信息加工变成一种"平滑享受"和数字操作"功能控"。在这种情况下,人之文化记忆将不再。弗朗索瓦·利奥塔在论及此时分析道:

诗学、文学、音乐、视觉艺术、日常言语等,在这些形式中,最重要的无疑是:它们中的每一种都在认识这种生成规则之前生成了这些际遇……

"实用主义"的忙碌驱散了古老的家庭单子,细心地进行匿名记忆或存档。非任何个人的、无传承的、无叙述的、无节奏的记忆……在理性记忆中,每个人都尽量寻找并将发现足够的信息以便能够生活,一种毫无意义的生活。……屋面被电信化的扩散撕裂。屋面被界面苦苦相逼。①

是否有些过于敏感和悲观?在很多人看来,数码文化和人工智能的发展使人类拥有了神奇的信息"记忆"功能,其存储的容量和调取的方便大大强化了人类的记忆,将人变成了摩莫捏莫辛涅这种超凡的记忆之神。但这仅仅是一种表象认知。无论程序记忆、数码记忆多么神奇,但它最终都不是人的记忆,而"人"在这种情况下的含义是:"支撑这种记忆的躯体不再是地球人的躯体"。工业化记忆的实质是人类性记忆的抹除。也许当代中国集体文化记忆的实在可以帮助我们更深刻理解这一事实。

伴随着当代中国社会现代性的发展,古老的华夏文明正进入一个急剧转型的时代。精神世俗化、文化娱乐化、社会个体化以及文化载体数字化,不仅使得上层建筑通过主流话语引导和活化社会文化记忆的链条发生撕裂,而且也导致了集体文化记忆的压抑。老街、老屋、纪念地的叙事以及宗祠祭祀、"荒野'盛大节日'"日渐隐退,淡出了人们的知觉世界,而如上帝之眼的摩天大厦、洋味十足的城市广场和商业博弈的"文化景观"在声明"现代化"的同时则驱逐着历史的记忆。尤其是娱乐文化和数字产业的发展,虽为民族文化记忆提供了快乐情境和先进技术媒介,但这种"文化"景观则如埃及雕塑中王家夫妇美丽而又缠绵的目光,在诱引大众被欲望锁定的"怀想"之时则揉乱了人们的身份认同和文化想象。"没有记忆能够抵御电子媒介以及它们提供分散注意力的消遣的潜力"。② 或者也可以说,技术媒介如美杜莎之瞳石化着人们的心智,造就着一种"不去忆"和"安乐椅怀旧"之集体心理。其结果便是导致社会文化乡愁的驱魔和文化记忆的终结。因为文化回忆的关键因素不仅在于载体形式,更主要的在于通过"言传身教"之亲身经验来体验、重返无数细节的过程。

如前所述,作为一种精神动物,人命中注定只能依靠文化及文化记忆来创造存在的幸福。在生物人类学的意义上,文化可以理解为高级灵长类动物在自己生命组织中嵌入的一

① 利奥塔.非人[M].罗国祥,译.北京:商务印书馆,2000:70,79-80,211.
② 阿斯曼.回忆空间:文化记忆的形式和变迁[M].潘璐,译.北京:北京大学出版社,2016:479.

种与基因相补充的高级生命管理装置。① 人类所以要创造这套"与自然相对"或"第二基因"的文化，并非因为自然意味粗鲁和野蛮，文化意味优雅和文明，而是为了弥补生命的缺陷和摆脱世界的混沌。通过这套装置的运行，不仅可以维系个体和群体"免疫系统"的正常运行，即保证生命意义生产的连续性，校检个人的文化认同，使社会有机体的每个细胞都与整体谐调同步，而且还可以创造"计划和希冀"，使存在具有杜夫海纳所说的那种"深度"感。著名社会学家希尔斯在论述人类存在乃至人性的这一维度时这样写道：

> 只要人类天生还是人类，只要他们还具有爱的能力和性的欲望，只要父母的爱护仍为儿童的生存和成长所必需，那么这些传统就不会消亡。只要宇宙还存在着神秘性，只要人类还在其中寻找秩序，只要他们还好奇地希望认识它，那么他们就会创造、完善和依恋于传统。只要他们还希望成为比他们的身躯还多点什么东西，那么他们就会寻求并创造传统。②

在"存在—文化记忆"的这一语境下也可以这样说，文化记忆的弱化乃至于失忆意味着人类生活世界秩序的畸形、混沌和生命意义的幻灭这样一种宿命论经验，如里尔克的噩梦一般——"我们在哪／越来越自由／像彩色风筝断了线／我们被抛上半空／尖叫着／被风撕碎"（里尔克：《献给俄尔甫斯的十四行诗·第二部》）。因而，严肃面对现代人"文化记忆失忆症"这一严酷现实，探寻人类日常文化实践于文化意义生产的基本原理和规律，维系和传承共同体的文化记忆，便成为当代中国文化发展的重大文化战略。

第三节　原典阅读

1. 人类的存在是历史的存在③

姜义华　瞿林东

人类之所以要认识历史，历史学家之所以要搜集和整理历史资料来撰写历史著作，归根到底，是因为人类的存在本来就是一种历史的存在，宇宙的存在也是一种历史的存在。现实的人类，是由历史的联系、历史的发展、历史的积淀构成的存在。

（1）物质生产、精神生产、交往关系生产的历史连续性

---

① "生命管理装置"有"基本"和"高级"之分："基本装置"为生物调节系统；"高级装置"则属于文化调节系统。
② 希尔斯. 论传统［M］. 傅铿，吕乐，译. 上海：上海人民出版社，2009：345.
③ 姜义华，瞿林东. 史学导论［M］. 上海：复旦大学出版社，2018. 选辑中有删节，文中脚注为原注，小标题为选辑者所加。

近代自然科学的成就已充分证明,自然界的存在,是一种历史的存在。无机物也好,有机物也好,都处在永恒的运动、变化和发展之中。已知的包含着数以百亿计与银河系一样的星系,有其起源与演化的历史;包含着数以千亿计的太阳这一类恒星,有其起源与演化的历史;人类所生活的地球及其地质与地理,也有着形成和发展的历史。生物变异性的发现,生存竞争、自然淘汰学说的创立,使有机物的产生、动植物物种的变迁、生命的进化,就是生物形成和发展的历史,获得了不可动摇的佐证。所有这些自然物的存在,包含它们的产生、演变和灭亡,通过它们的连续性与变异性共同构成了历史联系。当然,天体运动也好,地质和地理运动也好,生物运动也好,作为一种历史的存在,它们的历史联系具有极强的自在性质,可以说,完全为自然规律所支配。因此,除去专门研究宇宙演化史、天体发生史、地质史、地理环境变迁史及生物进化史者外,一般研究自然物者,如物理学家、化学家、生物学家,可以专注于自然物较为恒定的本质,而将历史的联系搁置于一边。

人类是灵长类动物的一部分,当然具有和其他生物相同的自在性质。但是,人类的活动又具有一系列新的特征,正是这些特征,使人类和其他生物的活动区别开来。这些新的特征之所以形成,就是因为历史的联系、历史的发展、历史的积淀在人类现实存在中具有决定性的意义。正是基于这种历史的存在,人类方能不断超越现状,从自在走向自为。

人类作为历史的存在,首先根源于人类能够借助制造和使用生产工具,延长和扩展自己的各种器官,将人类的现实存在确立在物质生产持续进行和不断扩大这一基础上。正如马克思所说:"人们为了能够'创造历史',必须能够生活。但是为了生活,首先就需要衣、食、住以及其他东西。因此第一个历史活动就是生产满足这些需要的资料,即生产物质生活本身。同时这也是人们仅仅为了能够生活就必须每日每时都要进行的(现在也和几千年前一样)一种历史活动,即一切历史的一种基本条件。"①根据考古发掘所发现的远古资料,240万年前产生了最初的石器工具;而按照分子生物学家对人类基因的分析,也正是这一时候,人走完了从猿到人的过渡期。两者互相叠合,并不是偶然的巧合。正是基于这两者之间内在的必然联系,工具制造被视作人类形成的主要标志。

人类的生产活动,有赖于生产工具、生产技术、生产方式世世代代的连续与传承,有赖于劳动者与管理者知识、技能、经验的不断积累与改进。一代又一代,都不是从头开始,先前世代的成就为后来者提供了基础与前提,人类生产活动由此得以在发展的基础上变革,在变革中实现新的发展。这种历史的联系,使人类从旧石器时代前进到新石器时代,再一步步前进到青铜器时代、铁器时代、机器生产时代,从采集渔猎经济逐步发展到畜牧与农耕

---

① 马克思,恩格斯.德意志意识形态[M].中共中央马克思恩格斯列宁斯大林著作编译局,译.北京:人民出版社,1961:21—22.

经济,再到工业经济,从而脱离了原始与半原始状态。而当生产技术一旦失传、生产活动一旦中断时,社会就将严重倒退,文明甚至因此而毁灭与消失。

马克思、恩格斯指出:"历史不外是各个世代的依次交替。每一代都利用以前各代遗留下来的材料、资金和生产力;由于这个缘故,每一代一方面在完全改变了的条件下继续从事先辈的活动,另一方面又通过完全改变了的活动来改变旧的条件。"[1]古代人类的存在是这样,近代以来人类的存在也是这样,蒸汽机的发明和机器的广泛使用所代表的工业革命,使人类的存在确立在一个全新的基础之上;随后,电力的发明与普遍推广,使人类的存在产生新的飞跃,新兴的工商文明无可动摇地取代了传统的农耕文明。当今正在勃兴的信息革命,以及科学技术各领域的新成就被迅速应用于生产实际及人们的日常生活,又在将人类的存在导向一个新的发展阶段。蒸汽机的发明,电力的发明,现代信息技术的发明,以及它们的应用与推广,无一不是历史积累、历史发展的结果。人类对先前世代创造的一切加以继承,同时对这些遗存加以改变,而先前历史创造的这些东西又预先规定了新一代人的生活条件,使他们的发展和改变无法逾越一定的限度。这种物质生产的历史连续性,决定了人类的存在必然是历史的存在。

人类作为历史的存在,还根源于人类除去从事物质生产以保障自身生存和繁衍后代外,还从事精神生产以满足人自身真、善、美、健等精神的文化的追求。这种精神的生产与文化的追求,也有赖于世世代代的积累,有赖于在一代又一代的传承、变革与发展中,不断超越原先的自在状态而走向自为。每一代人的精神生产与文化追求,也都不是从零开始。正是在一代又一代历史演进中,人们发现了自身精神生产与文化活动中的不足,要求改变现状以及造成现状的各种外在环境,在变革中实现新的发展。

语言文字符号系统是精神生产与文化活动的基本要素,它似乎可以超越时间、空间和族类各种局限,在不同个体、不同群体、不同地域、不同世代之间完成巨量的信息传递、信息碰撞与信息积累,但它同样是历史积累、历史变革与历史发展的产物。5000多年前,在古埃及和古巴比伦出现了象形文字、楔形文字,4000年前,古代印度和古代中国也出现了象形文字。后来,文字的形体逐步由繁到简,书写逐步由难到易,语言表达能力逐步由弱到强,人类的活动、思想、经验由此得以在广大范围内传播交流,并一代代传承下来。文字的形成与发展促进了远古时代辉煌的文化与文明的形成。1000多年前,印刷术的发明,使信息的传播与传承实现了一次新的大飞跃,推动了欧洲文艺复兴和工业革命的出现。从电讯的发明到电影、电视的普及,再到当今电脑、数据库、数码化的风行,人类可以用先前无法想象的速度

---

[1] 马克思,恩格斯.德意志意识形态[M].中共中央马克思恩格斯列宁斯大林著作编译局,译.北京:人民出版社,1961:41.

和容量,通过文字与形象的充分结合进行信息的传播、积累与交流,它预示着符号信息系统正在爆发一场前所未有的新的革命,人类的文化与文明也正在孕育着一次新的更大的飞跃。

精神生产与文化活动包含着知识、思维、道德、审美、抒情等众多层面。无论哪一个层面,都同样是历史的连续、历史的积累、历史的发展、历史的变革过程。精神生产的这种历史连续性,再一次决定了人类的存在必定是历史的存在。

人类作为历史的存在,还根源于人类在进行物质生产和精神生产的同时,也在进行着社会关系的生产。与物质生产和精神生产是历史的过程一样,社会关系的生产也是世世代代不断积累、不断变革、不断发展的历史过程。

人类在初始阶段,以采集渔猎为其物质生产方式,以口耳相传、结绳记事、图腾崇拜为其精神生产方式,形成了以血缘相联系的原始群、氏族、部落等群体。农业与手工业相结合的农耕经济和草原地区的游牧经济取代了原始的采集渔猎经济以后,出现了专业的精神生产者和公共事务管理者,致力于生产统一的思想、统一的信仰、统一的道德和公共事务的专门管理,社会关系从原始的血缘群体转变为家庭、家族、宗族、等级、邦国、大一统国家等多层次的复合型关系,人们在新的血缘联系、地域联系、等级联系中确定了自己的社会本质。近代以来,当自由竞争、世界市场、机器大工业和生产资料私有制支配了物质生产与精神生产时,人们突破了原先的地域性联系和等级秩序局限,建立起广泛的直接的世界性联系,阶级分化与阶级对立、民族压迫与民族解放、人的自由与人的异化,赋予人的社会关系、社会本质以新的内涵。当今,信息革命和全球化进程,正在推动物质生产和精神生产实现一次历史性的飞跃,人们由此开始逐步转变为超越国家、民族、阶级的局限而成为新型的世界人,他们同世界范围物质生产和精神生产直接关联,一种以每个人自由而全面发展为最高目标,由个人、公众、社会、国家、全球化组成的新型社会关系,正引导人们形成一种全新的社会本质。

马克思在《关于费尔巴哈的提纲》中对于人的本质有一段为人们所熟知的论述:"人的本质不是单个人所固有的抽象物,在其现实性上,它是一切社会关系的总和。"[①]人的社会化,或者说,社会化了的人,方才是真实的、有血有肉的、活生生的、具体的人。而人的社会化,正是一代又一代历史演进的产物。社会关系的生产与再生产这种历史连续性,和物质生产与精神生产过程一样,充分证明人类的存在必然是历史的存在。

上述事实充分表明,自然界的存在,是历史的存在,而对于人类说来,历史的存在更具有决定性意义。德国著名历史哲学家李凯尔特指出:"我们人既是自然界,又是历史,我们的本性表现在继承中,我们的历史表现在传统中。"[②]继承也好,传统也好,都表现了历史的

① 马克思,恩格斯.马克思恩格斯选集(第1卷)[M].中共中央马克思恩格斯列宁斯大林著作编译局,编译.北京:人民出版社,1995:56.
② 李凯尔特.论历史的意义[M]//现代西方历史哲学.上海人民出版社,1984:43.

连续性在人类形成与发展中无可替代的特殊地位。从这里就不难了解,历史究竟是什么。

(2)历史是人类充满矛盾的活动与成长过程

马克思指出:"人类史同自然史的区别在于,人类史是我们自己创造的,而自然史不是我们自己创造的。"①不少人抓住人类史是我们自己创造的这一点,利用人的活动的主观性、主体性,利用历史发展进程中的多样性、变异性,以及历史发展进程的突然中断,否定人类的存在是历史的存在,或尽量削弱历史的存在对于人类的特殊意义。

"历史不过是追求着自己目的的人的活动而已。"人具有情感,具有欲望,具有思想,具有意志。人的活动,无论个人的活动,还是群体的活动,都出自他们个别的特殊动机、特殊追求。人类活动的这种主观性、主体性或自主能动性,使人们不是被动地顺应外界环境,而是积极地利用外界环境,主动地改造外在环境,并在这一进程中不断调节、提升和实现自己的生活目标。恩格斯指出,社会发展史与自然发展史根本不同之处,就在于在自然界中,"全是没有意识的、盲目的动力,这些动力彼此发生作用",而"在社会历史领域内进行活动的,是具有意识的、经过思虑或凭激情行动的、追求某种目的的人;任何事情的发生都不是没有自觉的意图,没有预期的目的的"。人类活动的这种主观性、主体性或自主能动性,是否足以动摇人类的存在是历史的存在这一本质特征呢?

每个人都在追求自己的目标,都在努力实现自己的愿望。但是,这并不表示他们可以超越历史的联系而随心所欲地行动。实践表明,在大多数情况下,人们很难按照原先的期待而圆满实现自己所追求的目标。结局甚至与原定目标南辕而北辙,恰好相反。哪些目标可以实现,哪些目标可以部分实现,哪些目标完全不可能实现,都得看人类先前的历史给他们提供什么样的既有条件,以及他们在历史所提供的有限时间、空间范围内如何活动。

"历史的每一阶段都遇到有一定的物质结果、一定数量的生产力总和,人和自然以及人与人之间在历史上形成的关系,都遇到有前一代传给后一代的大量生产力、资金和环境,尽管一方面这些生产力、资金和环境为新的一代所改变,但另一方面,它们也预先规定新的一代的生活条件,使它得到一定的发展和具有特殊的性质。"每个人和每一代当作现成东西继承下来的全部生产力、资金和社会交往关系的总和,以及全部精神的文化的遗产,从各个不同角度用各种不同方式制约着人们。人们的自主能动性,只能在与先前历史所提供的所有条件的互动关系中发挥作用。

事实上,人们的思想、情感、动机、追求等精神活动,人的能动性、主体性,无一不是历史连

---

① 马克思,恩格斯.马克思恩格斯全集(第23卷)[M].中共中央马克思恩格斯列宁斯大林著作编译局,编译.北京:人民出版社,1972:409-410.

续性的产物,无时无处不存在于历史的连续性之中。正如意大利历史哲学家克罗齐(Benedeto Croce,1866—1952 年)所说:"精神即历史,在历史存在的每个时刻,精神就是历史的创造者,同时精神也是一切历史的结果。"①人们所有精神活动,不能脱离先前各个世代精神生产的积累和积聚而孤立地存在,还不可避免地要受到世代积累起来的物质生产、人们的社会关系的制约。人们的价值取向、思维方式、审美方式、抒情方式、行为方式,渊源于传统的资源,受制于传统的惯性作用,同时体现着现实社会发展的水准。当以血缘关系为联系纽带的家族宗法制度占据支配地位时,唯家长独尊的孝的观念和唯君主独尊的忠的观念成为普遍的统治思想;当地域性联系及世界性联系占据支配地位时,个性解放、个性独立、个性自由则成为人们的普遍诉求。当农业和手工业相结合的自给自足自然经济占据支配地位时,人们崇尚的是少知寡欲,陈规祖礼;而当机器大工业与市场经济占据支配地位时,人们则转而崇尚争新竞智,率作兴智。道德、宗教、形而上学和其他意识形态,无一不是历史与社会的产物。

精神世界的冲突,经常是现实社会冲突的升华。它们非但不能否定人类的存在是历史的存在,反而更有力地证明了历史的存在对于人类发展来说,具有多么重要的决定作用。可以说,正因为存在着每个单独的意图、心理、精神,存在着人的主观能动性、人的主体性,人类的存在方才超越简单重复与机械性的延续,而充满矛盾、冲突、变迁,因此特别丰富多彩,能在方向各异的错综复杂的运动中实现自身的发展。人类存在的连续性因此便不同于宇宙和自然界活动的连续性,而形成人类独有的历史。

每个人如何确定自己的奋斗目标,为实现自己的目标如何奋斗,会为形形色色的偶然因素所制约,这就是人类活动的偶然性。每一个活生生的个人,每一桩历史事件,都必然具有自己的独特性,任何两个个人或两桩历史事件不可能完全相同,这就是人类活动的个别性。人类活动的这种偶然性和个别性,常常被用作否定人类的存在是历史的存在的口实。他们认为,既然每个个人的活动充满了偶然性,甚至完全为偶然性所支配,既然所有这些活动都是独一无二的个别现象,那么,历史的连续性便纯然是人们主观的臆造。

偶然性,对于单个人或单一事件来说,确实可以说是无时不在,无处不在。然而,所有偶然性的东西,其实都同样处于历史的联系之中,处于历史形成的因果关系之中。事物的联系是多方面的。事物的形成,有其远因,有其近因,有其主因,有其助因。偶然性,无非是包罗万象的外在世界中为人们所不太了解的那些联系。恩格斯指出:"历史事件似乎总的说来同样是由偶然性支配着的。但是,在表面上是偶然性在起作用的地方,这种偶然性始终是受内部的隐蔽着的规律支配的,而问题只是在于发现这些规律。"②这里说的规律,即

---

① 田汝康,金重远编. 现代西方史学流派文选[M]. 上海:上海人民出版社,1982:345.

② 马克思,恩格斯. 马克思恩格斯选集(第4卷)[M]. 中共中央马克思恩格斯列宁斯大林著作编译局,编译. 北京:人民出版社,1995:247.

指的就是事物之间历史形成的广度不同、深度不同的各种联系，尤其是那些具有决定性意义的本质性的联系。

个别性，即每个人、每件事都有其个性或特殊性。但是，就个人而言，只要放在特定时代、特定空间和特定的阶级、阶层、群体关系之中，不同个人之间便会显露出共同性。就事件而言，只要放在特定的社会经济形态、特定的社会政治形态与特定的社会文化形态中，放在物质生产、精神生产与社会关系、社会制度生产的过程中，不同事件之间便会呈现出重复性。任何个人，任何事件，都不是孤立的存在，它们的特点之所以形成，是因为纷繁复杂的历史联系在这里形成了特殊的组合。尽管人们很难把握住全部历史联系，但抓住最基本的一些历史联系，仍可大致了解这些个别性、独特性由此形成的主要原因。因之，偶然性也好，个别性也好，它们的存在和人的主观能动性、人的主体性一样，只是进一步说明了人类活动为什么如此多样、如此多变，历史连续性或继承性具有多么丰富的内涵。

人类存在、人类活动的连续性表明，世代之间绝不是简单的传承、传播和扩散，稍后的世代比之先前的世代，总会发生这样或那样的变异。人类形成之初，自然环境的影响力特别显著，人们血缘、语言、种族以及生产活动、生活方式的许多差异都与此直接相关。随后，生产力发展水准和生产方式的影响逐渐增大，人们的社会交往、社会关系逐渐复杂，他们的需要、利益、意志、感情、价值取向以及行为方式的分歧越来越大。诚然，人们很难认知多样性发展变化中的每一细节，了解历史联系中的每一线索。许多历史细节可能已完全消失，不少历史联系的线索可能已完全湮灭。但是，只要把握住人类存在的本质特征，从人类的自然存在和社会存在，特别是人类的物质生产方式、精神生产方式以及社会交往方式去观察人类的活动、人类的发展，便能透过多样性与变异性，了解历史连续性或继承性的客观存在。

不少文明的发展，曾经突然断裂，古埃及文明，在延续了3000年之后，为古马其顿国王亚历山大大帝发动的远征战争所打断，并就此而夭折，无法继续其历史进程。古巴比伦文明、古印度文明、古玛雅文明、古印加文明，都有过类似的遭遇。历史的车轮常常会非常无情地将一个个帝国碾为废墟，毫不惋惜地毁灭整整一代人。一些王国的兴盛与灭亡，一些民族的产生与存在，可能已完全不再为人们所知晓，因为它们只留下零星的遗址与残骸，甚至连遗址与残骸也未能留下，或未被人们所发现。但是，仍然不能就此否定或动摇历史连续性的客观存在。通过大量考古发现，人们逐步了解了古巴比伦、古埃及、古印度、古玛雅、古印加的辉煌文明。公元4世纪至6世纪，以日耳曼人为主的"蛮族"部落涌入罗马帝国，汪达尔人攻入罗马城以后，全面毁灭罗马文化，而人们仍然可以从保留下来的文献、文物、遗址、遗迹中，复原古罗马文明。当然，很多细节已不可能恢复，但罗马文明客观存在不容置疑。

历史的发展,很少是一帆风顺的。有曲折,有变异,有断裂,是经常的情况。人类的存在是历史的存在,不仅包含不同世代之间的传承,而且包含与传承相伴的变异;不仅包含历史的持续发展或短暂倒退,而且包含历史发展进程中的各种断裂。这一切,都是人类作为历史的存在的应有之义。

确认人类的存在是历史的存在,人们的活动因历史的连续性而必然受制于由历史形成的各种内外因素,与神学家所信奉的命定论毫无共同之处。充满矛盾的历史运动,在特定历史条件下,具有沿着不同道路、朝着不同方向前进的多种可能性。历史终究是人们自己创造的,人们作出的选择和努力,常常直接关系着哪一种可能性将变为现实性。环境造就了人,人又改造与创造着环境。人在社会实践中,将自己的意志、感情、品行、性格、能力,转化为外在于人的各种物质的、精神的以及制度化了的产品,转化为新的外在环境。人们在社会实践中逐步由被动转变为主动。人最初主要依赖自然环境,稍后发展到主要依赖人力与自然力的直接交换,再后来发展到自然力的巨大开发,以及在全新的基础上重建人与自然力的和谐。外在环境制约着人的活动,而人类根本区别于一般自然物包含其他动物的地方,就是人类能够积极地改变外在环境。这就是确认人的存在是历史的存在与形形色色的命定论根本区别之所在。经由历史的发展,人在确定和实现自己的理想与目标时,变得越来越自觉,在强化自己的知识与能力时,变得越来越有效,这样,人类便在人与自然的矛盾统一中,在个人与群体、群体与群体的矛盾统一中,在人自身精神与肉体以及精神与精神的矛盾统一中,逐步确立了自己的主体性。

人类的存在,是历史的存在,历史就是人类存在的连续性。因之,历史就是人类的活动过程,人类的成长过程。李大钊在《史学要论》中指出:"历史不是只记过去事实的纪录,亦不是只记过去的政治事实的纪录。历史是亘过去、现在、未来的整个的全人类生活。换句话说,历史是社会的变革。再换句话说,历史是在不断的变革中的人生及其产物的文化。""历史这样东西,是人类生活的行程,是人类生活的连续,是人类生活的变迁,是人类生活的传演,是有生命的东西,是活的东西,是进步的东西,是发展的东西,是周流变动的东西;他不是些陈编,不是些故纸,不是僵石,不是枯骨,不是死的东西,不是印成呆板的东西。我们所研究的,应该是活的历史,不是死的历史;活的历史,只能在人的生活里发现,不能在故纸堆里去寻。"[①]这里所说的"历史是亘过去、现在、未来的整个的全人类的生活","历史是社会的变革",是人类生活的行程,是人类生活的变迁,是人类生活的传演,都表明历史与人类同在,与人类同步发展,历史就是人类进步,文明成长,人类活动延续、变迁与发展的客观过程。

---

① 中国李大钊研究会编注.李大钊文集(第4卷)[M].北京:人民出版社,1999:384,387.

2. 历史学：对客观历史的主观认知

人类所生活的外部世界是历史的存在，人类的存在更是历史的存在。人类为了生存，为了发展，必须认识自身，认识周围的世界，这就必须努力认识历史。于是，历史记忆，历史诠释，历史反思，对于历史资源自觉与不自觉地利用，由此诞生，历史学亦由此源起。

（1）族类记忆的产生

综观中外历史学发展历程，就包括历史记录、历史诠释、历史反思在内的历史记忆而言，大致都经历了族类记忆、国家记忆、世界记忆与公众记忆四个阶段；就专职治史而言，大致经历了巫史、史官、史家与公众自我参与四个阶段。

在文字产生之前，传递历史记忆与生活经验的主要方法是口耳相传。为了辅助记忆，人们还采用过结绳记事以及刻木、刻骨、刻石、磨制贝珠等多种方法。《易·系辞下》便说过："上古结绳而治，后世圣人易之以书契，百官以治，万民以察。"当时，若有大事，则结之以大绳；若有小事，则结之以小绳；不同类型的事件，用不同形态的结表现。古代埃及、古代波斯、古代秘鲁，都采用过类似的方法。印第安人则运用在地上掘穴的方法，记录部落大事。这些方法可以协助历史记忆，提示和印证各种口头传说。

研究古代非洲口头传说的一位著名专家发现："在世界各民族中，不会书写的人的记忆力最发达。"他在非洲记录了至少一千人讲述的传说，发现"整个说来，这一千位陈述人尊重了事实真相。历史的主线处处相同。分歧仅涉及一些无关紧要的细节，这主要是由于陈述者的记忆或特殊的心理"；"陈述者不允许自己改变事实，因为在他身边总会有伙伴或长者，他们会立即指出错误，当面骂他是说谎者——一条严重违法的罪状"。[1] 非洲人在文字产生以前，通过存在于集体记忆之中的历史故事和各种传说，保存了历史环境、历史人物和重大历史事件的许多资料。

现存很多古代著作，便是先前口头传说的笔录。《旧约圣经》，过去多以为是神话汇集。20 世纪人们利用考古学的各种成就，对它重新加以解读，发现它原是古希伯来人历史传说的记录，尽管在记录整理过程中有不少增补与加工。《创世记》《出埃及记》《利未记》《民数记》《申命记》，即所谓《摩西五经》，记录了闪族的远古历史，记录了希伯来族长亚伯拉罕、以撒、雅各、约瑟和摩西的传说，关于摩西的传说尤为详细。《约书亚记》《士师记》，记录了摩西逝世后约书亚领导希伯来人征服迦南人，以及大小士师率部征战的事迹。那个时代的环境变迁、政治冲突、种族交汇、宗教信仰、生产与生活状况、语言、音乐、美术成就

---

① 这位学者即马里的 A.哈姆帕特·巴。他撰写的《非洲通史》第 1 卷第 8 章"逼真的传说"对此有详细论述。引文见联合国教科文组织编：《非洲通史》第 1 卷《编史方法及非洲史前史》，中文本，中国对外翻译出版公司，1985 年，第 122 页。

等,在这些传说中都有生动的反映。

世界上许多民族都有类似的远古传说和史诗。两河流域有描写早期城邦英雄人物的苏美尔史诗,其中最著名的是《吉尔伽美什史诗》;古代印度有包含大量古代传说和英雄故事的《梨俱吠陀》《罗摩衍那》和《摩诃婆罗多》;古代希腊有盲诗人荷马所传诵的《伊利亚特》和《奥德赛》。它们的性质与《摩西五经》《约书亚记》及《士师记》非常相近。大量传说之所以采取史诗形式,是因为韵文更便于传诵。在这些传说中,历史事件发生的时间与地点常常含混不清或自相抵悟,掺杂有不少想象的或虚拟的东西,但是,结合考古材料,参照众多原始、半原始民族的人类学田野调查资料,便不难发现,这些传说包含着丰富的真实历史。那些和历史真相混合在一起的神的启示或奇迹,正是这些远古民族对于历史的诠释。

在中国古代,史官必须记诵大量历史故事。《国语·周语》:"故天子听政,使……史献书……瞽史教诲……而后王斟酌焉,是以事行而不悖。"《国语·楚语上》:"临事有瞽史之道,宴居有师工之诵。史不失书,蒙不失诵,以训御之。"这里所说的瞽史,便是专门记诵历史传说与历史故事者。先秦典籍中,记录有许多远古传说。《庄子·盗跖》中说:"古者禽兽多而人民少,于是民皆巢居以避之,昼拾橡栗,暮栖木上,故命之曰有巢氏之民。古者民不知衣服,夏多积薪,冬则炀之,故命之曰知生之民。神农之世,卧则居居,起则于于,民知其母,不知其父,与麋鹿共处,耕而食,织而衣,无有相害之心,此至德之隆也。"《韩非子·五蠹》中说:"上古之世,人民少而禽兽众,人民不胜禽兽虫蛇。有圣人作,构木为巢以避群害,而民悦之,使王天下,号曰有巢氏。民食果蓏蚌蛤,腥臊恶臭,而伤害腹胃,民多疾病。有圣人作钻燧取火以化腥臊,而民悦之,使王天下,号曰燧人民。"《礼记·礼运》中说:"昔者先王未有宫室,冬则居营窟,夏则居橧巢。互注。未有火化,食草木之实,鸟兽之肉,饮其血,茹其毛。未有麻丝,衣其羽皮。后圣有作,然后修火之利,范金合土,以为台榭宫室牖户,以炮以燔,以亨以炙,以为醴酪,治其麻丝,以为布帛,以养生送死,以事鬼神上帝,皆从其朔。"这些传说描述了古人从采集渔猎到用火、建筑、居处、制作、衣服,和从原始群居而进至母系氏族社会的历史过程,那些最先发明了这些新的生产方式与生活方式的氏族和部落,因此成为部族酋长而统率周围部落。

汉代《越绝书》记有春秋末年楚国风胡子的一段话:"轩辕、神农、赫胥之时,以石为兵,断树木为宫室,死而龙臧,夫神,圣主使然。至黄帝之时,以玉为兵,以伐树木,为宫室,凿地,夫玉亦神物也,又遇圣主使然,死而龙臧。禹、冗之时,以铜为兵,以凿伊阙,通龙门,决江导河,东注于东海,天下通平,治为宫室,岂非圣主之力哉? 当此之时,作铁兵,威服三军,天下闻之,莫敢不服。此亦铁兵之神,大王有圣德。"[①]这一段话,具体生动地叙述了从旧石

---

① 见袁康、吴平的《越绝书》卷十一《越绝外传记宝剑第十三》。

器时代向新石器时代、从铜器时代向铁器时代推进的过程。古人将这些新的工具的发明推崇为神物，将发明和最先使用这些工具的部落推崇为圣主，是古人的历史意识使然。

古代这些传说所反映的，主要属于族类记忆，是关于氏族与部族起源及其所经历的重大事件的历史记忆。被奉为族类英雄而加以讴歌者，都是对族类发展作出重大贡献者。文字产生之初的历史记录，也多属于这种族类记忆。而随着从酋邦逐步演变为古代国家，历史记忆便渐次演变为国家记忆。这时，被记述的所有人物，都属于与国家命运休戚相关者。

（2）作为国家记忆的古代史学

文字的发明和使用，产生了正式的历史记录，大量文献、文书成为了解历史过程的第一手资料，于是，出现了记述和诠释历史过程、总结历史经验的专门著作。

目前所知，人类最古老的文字系统是古代美索不达米亚的楔形文字。公元前第四千纪①后，在神庙建筑陶制圆筒印章上已有象形文字，已有用黏土制成的泥版文书。公元前第三千纪初，演变为楔形文字，运用拼音表达意义。公元前第三千纪中期，这种文字在神庙管理记录、国王碑文制作和个人契约书写中被广泛运用。古巴比伦马里王朝王宫遗址发现的26000多块泥版文书，其中1600多块为宫廷管理记录，其余24000多块记录了该王朝社会与政治状况。乌尔第三王朝时代编纂的《王名表》，成稿于公元前21世纪，是世界上最早的年代记，它最终结束了神话与传说之王的历史，而代之以人间之王的历史。其后，这一地区相更迭而起的巴比伦、赫梯、亚述等王朝与帝国，一一留下了数量可观的历史文书和年代表、王名表、编年史等作为国家记忆的历史著作。

古代埃及文字也是从起初的象形表意文字演变为后来的表音文字。文字的书写，包含圣刻书体、神官书体、民众书体三类。历史记录出现很早，至少从古王朝第四、五、六王朝开始，国王、王后、重臣、部将的墓碑上，就已镌刻了他们的生平传记。随着纸草的发明，文字书写方便了不少，各类文书日渐普遍，各类历史著作随之出现。公元前3世纪神官曼内托的《埃及志》，将埃及古代历史三十一个王朝划分为早王朝、古王朝、中王朝、新王朝、后王朝等几个不同的时代，给人们了解古代埃及提供了基本历史线索。这一划分方法为后世考古发现不断证实，表明埃及作为国家记忆的历史年代学已经发展到相当高的水准。

公元前16世纪，希伯来陶器、金属器具及石块上已镌刻了不少字母。随后，经过几百年发展，形成拼音文字系统。文字产生以后，希伯来人不仅将各种古代传说笔录成文，而且出现了专职的史官，为君王作传，编纂国家编年史，产生了《撒母耳记》《列王纪》《历代志》等一系列史著，作为国家记忆，与先前作为族类记忆的各种作品一道，后来被编入《圣经》。

中国，至迟在商代，文字已经相当成熟。刻在甲骨上的大量占卜文辞，生动地反映了商

---

① 即公元前40世纪，编者注，后文以此类推。

王朝如何注重国家记忆。《尚书·多士》称:"惟殷先人,有册有典。"卜辞和许多青铜器铭文中多次叙述遣"史"作"册",表明当时已建立了记录重大事件与保存重要文书的制度。西周时,周王朝的国史称作《周书》,各诸侯国的国史或称作"书",或称作"乘",或称作"梼杌",更多称作"春秋"。孔子派子夏等访求周室史记,"得百二十国宝书",墨子也曾"见百国春秋",说明当时各诸侯国都为保存国家记忆而编有国史。

文字产生之后,有了用文字记载的历史。但是,口耳相传的历史资料,长时间中仍具有重要的历史认知价值。孔子就说过:"夏礼,吾能言之,杞不足征也;殷礼,吾能言之,宋不足征也;文献不足故也。"孔子修治《春秋》,于专职史官之外开私人修史之先河。这部著作,广泛搜集了他所见、所闻、所传闻的各种资料,结合文献记录,经过比较、清理、辨析、考订,重现了春秋时期鲁国、周王室和相关各诸侯国的历史活动。这部著作,首尾共 240 多年,按照年、月、日系事,以正名分、辨是非、克己复礼等为衡定是非的坐标体系,利用遣词用字,对重要历史人物和历史事件作出评价。杜预《春秋经传集解序》说:《春秋》"一字之褒,荣于华衮;一字之贬,严于斧钺"。表明这部史著虽是私人修治,仍然属于国家记忆,是为治国者总结历史经验,给统治者提供借鉴与警戒。

中国古代史学,特别是官修的史书以及被视作"正史"的各种史著,是作为国家记忆形成与发展的。当这些史著以帝王将相为中心,甚至被视作帝王将相家谱时,国家记忆与族类记忆实际上混合为一体。从春秋末年到战国时期,出现了一系列以记事为主而以年代为顺序的编年体史书,如《左传》《竹书纪年》等,一批以记言为主而以地区为中心的记言体史书,如《国语》《战国策》等,一些以记述制度、制作为主的著作,如《世本》等,适应于当时各诸侯国争霸称雄的需要。秦、汉以后,史学适应大一统中央集权国家的需要,而得到国家的大力扶植。大批出土的秦简,印证文献中所存留的秦代史家名录与图籍目录,显示秦代非常重视史学。汉代,司马迁所撰纪传体通史《史记》与班固所撰纪传体断代史《汉书》,为后来历代王朝编纂国史提供了范本。魏晋南北朝时期,400 多年间统一和分裂、割据一直进行着激烈的斗争,几乎每一政权都力图通过撰述本朝国史,及时总结历史经验,为自身的存在提供合法性基础,争取正统地位,而贬斥自己的竞争者。以纪传体或编年体的国史为中心,出现了起居注、实录、家谱、杂传、方志等多种体裁的史著,南朝吴均还受梁武帝之命撰成《通史》620 卷,上自太初,下终齐、梁,作为其补充。唐代重新统一后,史学更为繁荣。唐高祖李渊要求组织力量编著六代史书时明确指出,修史是为"考论得失,究尽变通,所以裁成义类,惩恶劝善,多识前古,贻鉴将来"[①]。唐太宗李世民更明确地将史书的使命确定为

---

① 见《命萧瑀等修六代史诏》,出自《唐大诏令集》卷八一。

"览前王之得失，为在身之龟镜"①。唐代统治者除了照例修撰前朝纪传体断代史外，特别着意于通史撰述，李延寿主持编撰的《南史》《北史》，综合了南北朝时期各国各朝历史；此外还有杜佑的《通典》成为典制体通史的典范；裴潾的《通选》、姚康《统史》等文征体、编年体通史，纵贯古今。唐代还特别重视当代史的撰述，产生了《贞观政要》《唐六典》等名著。作为唐代史学发展突出标志的，还有对史著编撰进行综合总结与反省的理论性著作《史通》。宋、元时期，作为国家记忆的史学又有了新的发展。继承给前朝修史的传统，宋、元王朝设馆修撰了《旧五代史》《新五代史》《宋史》《辽史》《金史》，并编撰了一批含总结性的通史著作，突出的代表作是司马光编年体的《资治通鉴》、郑樵纪传体的《通志》、马端临文献总汇体的《文献通考》、袁枢的纪事本末体《通鉴纪事本末》。明、清时期，除了明代修撰《元史》、清代修撰《明史》，保持了为前朝修史传统外，还出现一系列新的特点：其是明代编成《永乐大典》、清代编成《四库全书》，对历代史书作了总汇；其二是私人修撰野史，以填补国史修撰的不足，盛极一时；其三是或依据经世致用原则，或基于实事求是精神，通过史论、史评与史考，对先前史学著作的批评、责疑、考据，从价值评定扩展到史实本身，产生李贽的《藏书》《续藏书》《焚书》《续焚书》，王夫之的《读通鉴论》《宋论》，黄宗羲的《明儒学案》，顾炎武的《天下郡国利病书》与《日知录》，崔述的《考信录》，赵翼的《廿二史札记》，钱大昕的《廿二史考异》，王鸣盛的《十七史商榷》，章学诚的《文史通义》等一系列名著。

古代中国留下了极为丰富的史著。《四库全书》所收录的史部著作十五类 520 种，21000 卷，《四库全书总目提要》著录存目者约 1120 部，12400 卷，加上被禁毁的书籍及本部类至晚清的史书，总数在 5000 种以上，卷数至少 9 万卷以上。从中可以看出，作为国家记忆，它们具有以下一些重要特征。

①治史是重要的国家行为，由国家任命的太史令、著作郎、起居郎等史官和专门设置的修史局、史馆总负其责。为前代修史则多由宰相监修。所修之史被定位为"正史"，以区别于各类别史、野史。私人修史，基本上是国家修史的补充。

②治史的目的，是维护和强化国家的统治秩序。对于统治者来说，治史是为了以古为镜，这就是周王所说的"我不可不监于有夏，亦不可不监于有殷"②。李翰在《通典序》中说："君子致用在乎经邦，经邦在乎立事，立事在乎师古，师古在乎随时。必参古今之宜，穷始终之要，始可以度其古，终可以行于今。"③司马光主编《资治通鉴》，"专取关国家盛衰，系生民休戚，善可为法，恶可为戒者，以为是书"，为的是通过"鉴前世之兴衰，考当今之得失，穷探

---

① 见《册府元龟》卷五五四《国史部·恩奖》。
② 见《尚书·召诰》。
③ 见李翰：《通典序》。

治乱之迹"，可以"有资于治道"①。王夫之认为，"得可资，失亦可资也；同可资，异亦可资也。故治之所资，惟在一心，而史特其鉴者"②。对于广大被统治者来说，史书被用于进行社会教化，这就是《三国志》作者陈寿所说的"辞多劝诫，明乎得失，有益风化"③，《后汉纪》作者袁宏所说的"史传之兴，所以通古今而笃名教也"④，《史通》作者刘知幾所说的"史之为务，申以劝诫，树之风声"⑤。

③修史所关注的内容，主要是关系王朝兴亡盛衰的政治、经济、社会、文化活动。这就是司马迁所说"网罗天下，放失旧闻，王迹所兴，原始察终，见盛观衰论"与"究天人之际，通古今之变"⑥。修史所关注的历史人物，无论视为圣贤豪杰者，还是视为奸佞邪恶者，都以是否有利于国家兴盛为取舍扬抑的标准。

④修史所使用的方法，虽一直倡导"据事直书"，反对"曲笔"，要求不掩恶，不虚美，治史者因此被要求兼具史德、史学、史识与史才。但是，在很长一段时间中，史学虽然最具政治实践性，其指导思想或理论基础仍是传统经学；判断善恶美丑的标准，虽常常受到道家、法家、阴阳家等思想的影响，但占支配地位的，仍是儒家伦理道德。这样，史实的采集和取舍，史料的鉴别与删汰，便都不能不完全从属于以君王为代表的国家利益。历史的诠释，历史的反思，也不能逾越这一界限。

在欧洲，作为国家记忆的史学在古希腊与古罗马时已达到相当高的水准。被称作西方"历史学之父"的希罗多德(Herodotus，约前484—约前424年)撰著的《历史》一书，记述了希波战争过程。他坦率地表白，撰写此书，就是"为了保存人类的功业……使希腊人和异邦人的那些值得赞叹的丰功伟绩不致失去它们的光彩，特别是为了把他们发生纷争的原因给记载下来"⑦。修昔底德(Thucydides，约前460—约前400年)撰写的《伯罗奔尼撒战争史》，记述了这场战争的过程，要让人们由此了解"过去所发生的事件和将来也会发生的类似的事件"，而使他这部著作"垂诸永远"⑧。他们的著作和稍后色诺芬(Xenophon，约前430—约前355或前354年)所撰写的《万人远征记》与《希腊史》，都突出地表现了希腊中心主义。古罗马史学的鼻祖是老加图(Cato the Elder，前234—前149年)，代表作是《起源论》；其后的代表人物与代表作为：萨鲁斯特(Sallust，前86—前34年)所著《喀提林阴谋》《朱古达战争》；恺撒(Julius Caesar，前100—前44年)所著《高卢战纪》；李维(Livy，前59—

---

① 见司马光:《资治通鉴·进书表》。
② 见王夫之:《读通鉴论·叙论四》。
③ 见《晋书·陈寿传》。
④ 见袁宏:《后汉纪·序》。
⑤ 见刘知幾:《史通·直书》。
⑥ 见《史记·太史公自序》。
⑦ 希罗多德.历史(上册)[M].王以铸，译.北京:商务印书馆，1985:1.
⑧ 修昔底德.伯罗奔尼撒战争史[M].谢德风，译.北京:商务印书馆，1960:18.

后 17 年)所著《建城以来罗马史》;塔西佗(Tacitus,55—120 年)所著《阿格里古拉传》《日耳曼尼亚志》《罗马史》。这些历史学家都明确意识到作为国家记忆的历史著作所特有的功能,李维便毫不隐晦地说:历史提供的"各种教训尤为鲜明地刻在纪念碑上,从这些教训中,你可以替你自己和替你的国家选择需要模仿的东西,从这些教训中还可以注意避免那些可耻的思想和后果"。① 塔西佗说:"我认为,历史之最高职能就在于保存人们所建立的功业,并把后世的责难,悬为对奸言劣行的一种惩戒。"②

作者简介

姜义华,1939 年生,江苏扬州人。复旦大学资深特聘教授,教育部人文社会科学重点研究基地复旦大学中外现代化进程研究中心主任,教育部社会科学委员会委员。著有《章太炎思想研究》《章炳麟评传》《大道之行——孙中山思想发微》《理性缺位的启蒙》《百年蹒跚——小农中国的现代觉醒》《新译礼记读本》《现代性:中国重撰》等。策划并主持编纂百卷本《中华文化通志》,主编或合编《康有为全集》《章太炎全集》《胡适学术文集》等。

瞿林东,1937 年生,安徽肥东人。北京师范大学资深教授,教育部社会科学委员会委员。主要研究方向为史学理论及史学史。著有《唐代史学论稿》《中国史学散论》《中国古代史学批评纵横》《史学的沉思》《杜佑评传》《史学与史学评论》《史学志》《中国史学史纲》等,发表相关论文、评论 200 余篇。

🧠 思考题

1. 如何理解钱穆先生在《国史大纲》中提出的"要对中国历史抱有深情和敬意"?

2. 如何理解"对于中国历史,认知比批判更重要"这样的观点?

3. 柯林武德认为,历史学之于个人的根本价值就在于,我们能从中了解到我们已经做过什么,并推知我们能做些什么,最终导出我们本身是什么。请分组讨论:谈谈在学习历史知识时,我们如何更好地认识自己的国家、民族和社会,更好地认识自己?

---

① 汤普森.历史著作史(上卷第一分册)[M].谢德风,译.北京:商务印书馆,1988:107 页注④.
② 塔西佗.编年史[M].王以铸,崔妙因,译.北京:商务印书馆,1997:185.

第九章　诗意的人生：艺术素养

第一节　艺术是什么

作为人类创造的最古老的人文文化，艺术的历史可以说与人类的历史一样悠久。按照古生物学的观点，至少在远古时代的智人那里，尽管当时"人"的思想还处于幼年期，但这些"新人"却拥有了"艺术"，尽管这些艺术还是自然主义的，与我们今天所言说的"艺术"不在同一水平上。但不管怎么说，这种活动毕竟是人对客观世界知觉信号的心理加工、意象建构与经验表达。通过这种符号，人建构了一个人的世界——一个与僵硬的物理世界不同的诗性世界。

什么是艺术？

美国人类学家弗朗兹·博厄斯在《原始艺术》一书中曾这样理解艺术："人的嗅觉、味觉和触觉，例如混合的香气、一顿美餐都可以称之为艺术品"。我认为这是对人类所独有的艺术本质的消解。按照博厄斯的观点，"人类普遍具有艺术表现的需求，甚至可以说原始社会的人比文明社会的人对于美化生活的需求更为迫切。"博厄斯这一认识源于他对"生活的技艺"和"生活的艺术"这两种不同的存在实践之差异的模糊，更源于他对美和艺术的本质的混淆。他分析说：

> 世界上任何民族，不论其生活多么艰难，都不会把全部时间和精力用于食宿上。生活条件较丰实的民族，也不会把时间全用于生产或终日无所事事。即使最贫穷的部落也会生产出自己的工艺品，从中得到美的享受，自然资源丰富的部落则有充裕的精力用以创造优美的产品。……人类的一切活动都可以通过某种形式具有美学价值。简单的一声呐喊、一句话，并不一定有美的成分；即使具有美的成分，也是偶然现象。由于激动而做出粗暴的、无节制的行动，追逐猎物时奋力的

奔跑以及日常工作中的各种动作，这一切只能反映感情，部分地是为了实际的需要，并没有直接美的感染力。劳动产品也是如此。拥有其随意涂抹，把木材或骨头随意切碎，或把石头造成薄片，其结果并不一定是美观的，也未必能赢得人们的欣赏。然而，这一切都可能具有美学价值。身体或物体的有节律的动作、各种悦目的形态、声调悦耳的语言，都能产生艺术效果。人通过肌肉、视觉和听觉所得到的感受，就是给予我们美的享受的素材，而这些都可以用来创造艺术。①

如若博厄斯所言，世界上有机体的所有生存活动，都可以是一种审美知觉，其结果都可以视为艺术，其经验都可以视为美感。如此，也就没有艺术与非艺术、艺术经验与一般生活经验的区别，也就等于取消了美学与艺术。确如哲学家乔治·桑塔亚纳所说："清香四溢的花园，美味佳肴，香气香水，湿软的物品，精美的颜色……这种理想是那么贴近人的本性，因而反而失去了它的魅力"，从事这种生活实践的不是艺术家而仅仅是"生活的艺术家"。②关于感觉、情绪以及其他生命管理的生物调节反应活动的表达及其技巧与艺术表达的区别，哲学家恩斯特·卡西尔的观点很值得我们重视：沉浸于表露情感或具有表达这些情感的无与伦比的熟练技巧，只是情感主义而不是艺术。假如一个艺术家不是沉浸于对它的材料的直觉之中，不是沉浸于对声音、铜或汉白玉的直觉之中，而是沉浸于自己的个性之中，假如他感到自己的快乐或津津有味地欣赏"悲哀的乐绪"，那他就成为一个感伤主义者而不是一个艺术家了。③

那么，我们该如何理解和界定艺术呢？

按照常识化的艺术理论，人们往往把艺术理解为"人类借助一定的物质材料和工具，借助于一定的审美能力和技巧，在精神与物质材料、心灵与审美对象相互作用、相互结合的情况下充满激情与活力的创造性劳动。"④在这里，我们看到了学者们因对"艺术"定义的困倦而采取的一种迂回策略，即不再解释艺术作为一种文化现象的存在性事实而是描述人类的艺术生产这种实践活动。十分明显，这其实不是在解释什么是艺术而仅仅是解释艺术是如何产生出来的。

美国哲学家斯蒂芬·戴维斯在《艺术哲学》一书中曾对"艺术"定义的困难作了详细的分析，并向我们介绍了不同知识视野下的若干"艺术"定义。尽管戴维斯没有向我们提供一个确切的艺术定义，但从他的意向分析，他更倾向于从"功能"的角度来解释艺术。他的观点是："某物的创作意图必须是能为具有一定关注程度的欣赏者提供相当量的审美经验，

①　博厄斯.原始艺术［M］.金辉，译.贵阳：贵州人民出版社，2004：1.
②　桑塔亚纳.美感［M］.杨向荣，译.北京：人民出版社，2013：50.
③　卡西尔.语言与神话［M］.于晓，等，译.北京：生活·读书·新知三联书店，1988：172-173.
④　孙美兰.艺术概论［M］.北京：高等教育出版社，2022：1.

该物就是艺术。①

英国哲学家贝里斯·高特没有向我们提供一个标准的"艺术"定义，但他却提供了一个艺术认知的"簇理论"。在他看来，一件物品之所以可以被理解为艺术，是由于它具有以下的艺术"元素簇"：这件东西是为艺术品而制作的；它正好属于一种既定的艺术门类；它具有美的、表现的、形式的或者再现等特征；它具有表达复杂含义的能力；制作它需要技巧；创造它需要想象力；它本身是一种快乐的源泉；它影响观看者的认识和情感。② 我认为，尽管高特没有给出一个具有"定义"的陈述形式的"艺术"定义，但他的这些表述对于我们思考什么是艺术以及艺术与非艺术的区别提供了一个十分重要的认知框架。

在《艺术人类学》一书中，我曾指出："艺术是人类通过想象与游戏的方式达到对世界的重新创造"。③ 苏珊·朗格在其《感受与形式》中认为，艺术就是"人类感受的符号形式的创造"——"这种表现形式的创造就是动用人的最高技巧服务于他最高的思想能力——想象力——的创造性过程。"④尽管我们的表述句法形式不同，但基本思想是一致的，即我们都强调艺术的"创造"性人文内涵。

根据上述分析，我觉得，尽管到了现在我们还没有形成一个"艺术"的定义，但是，我们对于什么是艺术、什么不是艺术、艺术的产生以及其功能等艺术最核心的元素已经有了基本的知识背景。十分明显，苏珊·朗格的定义过简，高特的表述过于松散，博厄斯的观点过于单纯，都不大适合用作艺术的定义。我们需要重新提炼出一个关于艺术的定义。在《艺术中的理性》一书中，乔治·桑塔亚纳这样写道：艺术是这样一种行为，"超越肉体，将世界变成一种与灵魂相契的刺激物……它所提供的愉悦比感觉更轻盈活泼，更熠熠生辉，更令人欣喜沉醉。"⑤李泽厚在《美学四讲》中认为："只有当某种人工制作的物质对象以其形体……成为审美对象时，艺术品才能在现实中出现和存在。"⑥这也就意味着，首先，艺术品及艺术知觉与博厄斯所说的自然物、生活用品以及动物的生理反应不同；其次，按照高特的分析，艺术生产总是依据艺术品生产的基本规则，包括物质媒介来进行制作（写出的乐谱再好但不是绘画艺术）；再次，所有的艺术都能给人以审美体验，为人创造了一个美的世界。根据这一认识，我觉得可以把艺术定义为：

人类依据艺术创作的规则，借助特定的表达媒介（语言、线条、色彩等），通过恰当的表达技艺生产并能够给人以审美体验的人文文化产品。

---

① 戴维斯. 艺术哲学[M]. 王燕飞，译. 上海：上海人民美术出版社，2008：50.
② 戴维斯. 艺术哲学[M]. 王燕飞，译. 上海：上海人民美术出版社，2008：38.
③ 高长江. 艺术人类学[M]. 北京：中国社会科学出版社，2010：20.
④ 朗格. 感受与形式[M]. 高艳萍，译. 南京：江苏人民出版社，2013：38.
⑤ 桑塔亚纳. 艺术中的理性[M]. 张旭春，译. 北京：北京大学出版社，2014：11.
⑥ 李泽厚. 华夏美学·美学四讲[M]. 北京：生活·读书·新知三联书店，2008：357.

如果艺术是这样一种文化产品,那么我们就可以说,人类的艺术活动,不仅是为了创造生活的消费品,也不仅仅是增添生活的乐趣,而是人类自由、和谐、圆润心灵的绽放,是人类通过这种特殊的文化游戏所展开的心灵远游。人是一种自然动物,受本能驱使;人又是一种社会动物,受各种社会规范制约。这就是存在主义哲学所说的"存在失误"论的语境。但存在主义者忘记了,人还是一种文化动物,我们虽受制于本能和社会,但我们可以通过本能和社会之外的另一个世界——艺术世界——通往自由、和谐、圆润的人的世界。从人类文化史的角度看,人类最早创造的文化形式便是艺术与神话。如果说神话以"精神鸦片"的形式为激情过剩而又软弱无能的原始人提供在世的精神担保的话,那么艺术则是人类通过想象与游戏的方式达到对自我和世界的重新建造,为人类提供神话经验之外的另一种幸福体验。无论艺术史学家和文化史学者如何强调人类源初艺术生产的实用功能(比如,岩石上的动物壁画和人体纹绘及装饰符号所指的挪移),但无可否认的事实是,这些原始造型符号生产的真正意义仍是原始人对现实限制的一种逃避。在杜威"实用主义"哲学的意义上,实用主义取向也可以理解为对现实世界的一种逃避,即对大自然的威严、不可控制与人类力量的渺小、无能这种巨大反差这一不和谐世界的逃避。如果人可以不费力气乃至于不冒任何风险就能抵抗各种自然灾害,获取各种猎物的话,其就不会把想象和激情浪费在岩壁的雕绘和人体的装饰上。即使是日常生活中的手工艺活动,比如各种手工艺品的制作,它的意义也是如此,即在满足基本生活需要的同时给人带来自由活动的快感与游戏的快乐。正是在这种快感与游戏当中,一个自由、和谐、愉悦的世界被创造出来。"如果艺术是理性生活中的一个组成部分,即它能改变生活环境,进而促成其目标的实现,艺术也就能促进人类理想各个方面的全面实现,即使我们的生活更舒适、知识更丰富、精神更愉悦。"①造型艺术、语言艺术乃至于身体纹饰等都充分表现了古人对世界的秩序化以及对天人合一、生命和谐的世界的审美性建构这一人文追求。特别是人在进行艺术生产时并不想知道他从事这些活动时是在创造艺术还是在玩游戏,他只知道他需要这种"白日梦";也正是沉醉于梦(创造和欣赏)中,高级哺乳动物虚弱的灵魂才不再感到压迫。正是在这种意义上,我们说艺术不仅创造了一种文化,而是创造了人类自由、和谐、圆润的心灵和存在的幸福。特别是人类的艺术一经产生便川流不息,由古至今传递着人类自由、创造、意义、审美的人文精神,维系着人文动物存在的独特性。在这种意义上也可以说,艺术是人类真正的主流人文血脉。

---

① 乔桑塔亚纳.艺术中的理性[M].张旭春,译.北京:北京大学出版社,2014:12.

第二节　塑造人生的艺术家

在桑塔亚纳艺术思想中,艺术的本质就是人类的创造本能。在"创造"的过程中,理性对其进行规范引导,创造性想象为其注入"美感",从而使得人生能够发生并且逐步向理性和美的方向发展。

一、艺术满足生命需要

桑塔亚纳认为,艺术追求的最高理想是达到一种"至善"境界。从桑塔亚纳的众多表达中,我们可以看到这样一种观点,即:艺术是一种"善","善"走到最后成为"至善",也就成了人类一直追求的"理性生活"。

桑塔亚纳曾以鸟儿筑巢为例,认为鸟儿只要能够对于自己筑巢的目的有所总结,那么筑巢这个行为就是一种艺术,其抽象与总结出的筑巢方式便是一种艺术程式。这个观点与我们上文对于艺术的解释似乎是相悖的,但只要我们重新回顾一下桑塔亚纳关于艺术起源的说法,就很容易理解他的这一观点。桑塔亚纳认为,人以一种"可塑性"去不断适应周遭环境,在这个过程中,人还动用"理性"有"目的性"的去"占有和改造"外在"物质客体",这就促成了艺术的生成和流衍。分析以上语句中的几个关键词——理性、目的性、占有和改造,可以得出这样的结论:艺术行为是对于人类生活具有实用价值的行为。桑塔亚纳将在许多人眼中与艺术格格不入的工商业纳入艺术范畴,就是因为工商业的发展带来了生产力的进步、促进了经济与文化的快速发展、为社会的全方位良性运转做出了贡献,从而为人类带来了"自由"的生活。桑塔亚纳将语言也归入艺术的世界,语言与工商业相比似乎是无用,因为它无法创造出物质价值,但语言看似无用,实则对人类的发展有巨大价值。语言根植于人类的生物基因与日常生活中,语言为人类的思想交流与文化传播作出了重要贡献。我们从直立行走,到发现火种,到发明工具,再到创建现代文明,种种行为被人类以理性的态度归纳总结,并依靠教育和模仿深植于下一代的天然基因中,从而完成了人类的进化、社会的进步,语言有不可磨灭的功劳。在桑塔亚纳的观念中,这就可称为"艺术"。"越是轻浮浅薄和远离实用性的艺术,就越是无所忌惮地趋向浮华和空洞"。[①] 由此,我们可以看出,桑塔亚纳非常重视艺术的实用理性价值。

---

① 桑塔亚纳.艺术中的理性[M].张旭春,译.北京:北京大学出版社,2014:3.

二、艺术完善生命

桑塔亚纳认为"艺术从属于道德评判"。在桑塔亚纳看来,事物的审美功能与其实用和道德功能是不能分开的,以战争为例,战争在一定程度上促进了人类文明发展的进程,但是战争以其本身的残酷杀戮属性违反了道德基础,因此战争只能是"工具性"艺术,而不能称为"美的艺术"。美的艺术应该包含道德的因素,也应给予人道德的教化。通过艺术,使人形成真善美和谐统一的完善人格。中国古代著名教育家孔子以"礼乐相济"的思想开创了我国古代最早的教育体系。他提出"兴于《诗》,立于礼,成于乐"。其中的"乐"指的就是歌、舞、演奏等艺术形式。诗可以使人的情志得到感发,而乐最终使人的认知、情感、德行达到和谐统一。也正因此,朱光潜认为,"美育是德育的基础。"[①]18 世纪德国美学家席勒在《美育书简》中首次提出"美育"这个概念。席勒认为现代文明的劳动分工和社会分层将人与社会进行了分裂。"国家与教会、法律与习俗都分裂开来,享受与劳动脱节、手段与目的脱节、努力与报酬脱节。永远束缚在整体中一个孤零零的断片上,人也就把自己变成一个断片了。耳朵里所听到的永远都是由他推动的机器轮盘的那种单调乏味的嘈杂声,人就无法发展他生存的和谐,他不是把人性印刻到他的自然(本性)中去,而是把自己仅仅变成他的职业和科学知识的一种标志。"[②]而解决现代人的这种分裂问题,唯有依靠美育途径。正如马克思所指认的,审美教育的本质是人本主义——"创造同人的本质和自然界的本质的全部丰富性相适应的人的感觉"[③]。通过审美活动中和人的"感性冲动"与"理性冲动",使其复归为古希腊人真善美全面发展的和谐健全人格。

三、艺术美化人生

艺术的审美理性价值首先体现为审美娱乐功能,是指审美主体通过艺术鉴赏活动获得身心的愉悦与满足。在日常生活中,我们也常有这种体会。如果我们想休息和放松,我们会选择看一部电影、听一首音乐或欣赏一幅画作,而不是拿起一本艰涩难读的学术著作。在这里,我们先要区分一组概念,即"美感"与"快感"。"美感与实用活动无关,而快感则起于实际要求的满足。"[④]快感带来的快乐是生理层面的,例如口渴时喝到水,饥饿时吃到饭。

---

① 朱光潜.朱光潜美学文集(第二卷)[M].上海:上海文艺出版社,1983:507.
② 席勒.美育书简[M].徐恒醇,译.北京:中国文联出版社,1984:51.
③ 马克思.1844 年经济学哲学手稿[M].中共中央马克思恩格斯列宁斯大林著作编译局,译.北京:人民出版社,2000:88.
④ 朱光潜.谈美[M].南京:译林出版社,2018:58.

而美感所带来的"这种特殊的快乐是一种伴随着艺术的所有功能,使其别具色彩的精神享受。"[①]随着时代的发展,在人民物质生活得到极大提高之后,精神愉悦的获得就显得更为迫切。然而对于愉悦性的体验不是一蹴而就的。从生理层面讲,纯粹的感官享受也会产生愉悦,例如看到一幅美的绘画作品,听到一首美妙的乐曲,"因为它改变了感觉的物质条件,使感觉迅速地变得令人愉悦和富有意义。"而艺术所带来的愉悦性又决不止步于此,"理性既是艺术的原则又是愉悦的原则",艺术从精神层面带给人类一种理性的愉悦。桑塔亚纳说:"凡是艺术势必经历两个阶段:一是机械的或工业的阶段——在这一阶段,还适当的质料被进行适当处理,具有妨碍性的媒介被予以清除;二是人文的阶段——在这一阶段,完美的质料被用来服务于理想,并被赋予明确的精神的功能。"这种理性的愉悦就是艺术被赋予的明确的精神的功能。在体会到艺术品带来的感官愉悦后,我们的精神受艺术之召唤"离开平凡生活的纷扰,而达到更自由更美满的活动之乐趣。"北宋艺术理论家郭熙在《林泉高致》中提出,好的山水画除了"可行、可望"之外,还要能让观者"可居、可游"。也就是说,好的艺术能够让观者的精神在其中寄居与游玩,在进行艺术观赏时可以暂时抛开现实的生活,产生一种精神的飞升,以体会到审美的理性的愉悦。

四、艺术培育人生的艺术家

成为一个人生艺术家并非成为一个专业艺术家。它不要求我们学习专业的艺术技巧,而是引导我们将生活过成一种艺术,将生命史谱成一部艺术史,达到一种至高而又朴素的人生境界。成为一个人生的艺术家,也不是要求我们将生命的形式进行装点修饰而使其极具艺术性,而是要将艺术创作与品鉴过程中的体悟渗透到人性深处,以完善人格,达到真善美三者的完美结合。当今社会,随着市场经济和科技的不断发展及向存在领域的全面渗透,特别是随着互联网技术的不断进步,智能手机已经取代了电脑成为使用量第一的网络终端设备,"低头族"成为我们这个时代一个普遍的群体,现代人平均每十五分钟就要浏览一次网络社交软件。我们接收信息的方式由之前的报纸杂志上的文字变成了图片和视频。图片和视频对于我们的眼睛有比文字更大的吸引力,它带给我们的是直观的感性层面上的刺激。但这些信息却是稍纵即逝的,我们大脑捕捉到这些信息只能留下较浅的印象,不能深入的加工,无法上升到心灵的层面。长此以往,我们会形成一种习惯,仅机械地收集信息却不作深刻的思考和感悟,这就会导致我们的感知力逐渐弱化。特别是使用手机和平板设备的群体逐步年轻化,甚至很多儿童在四五岁就开始接触微信等社交软件,沉迷于网络游戏当中。这种情况所带来的消极影响绝不仅限于生理上的危害,更带来心理上的危害,即

---

① 朱光潜. 谈美[M]. 南京:译林出版社,2018:59.

过度沉浸在个人世界中，缺少与他人的沟通交流，缺少对于人各种情感的体验，造成人与人和人与社会的一种"陌生化"。根据最新的数据统计，中国学龄前儿童患孤独症的数量已达到六十万。长此以往，人不仅会丧失审美能力，更会失去存在能力，成为整日沉溺于利益得失，辗转于柴米油盐中的俗人。在这种意义上，培育人生的"艺术家"已不是一个美学课题，而是一个人类学课题。

培育人生的"艺术家"，需要培养人的艺术审美素养。具体而言，艺术素养在培养"人生'艺术家'"方面具有两个重要功能。

第一，培养人对生活的感受力。

艺术因其所具备的形象性、表现性、审美性特点，使人对生活的感受更加真切与全面。

形象性是艺术的基本特征之一。艺术以具体的、鲜活的、感人的艺术形象来表达情感、反映社会。普列汉诺夫曾讲过，艺术"既表达人们的情感，也表现人们的思想，但并非抽象地表现，而是用生动的形象来表现。这就是艺术的最主要的特点。"[1]艺术中的形象是主观与客观、内容与形式、个性与共性的统一，是社会现状与人类情感的集中表现。通过艺术形象，我们可以认知自然与社会。《论语·阳货》有言："子曰：'小子，何莫学夫《诗》？《诗》可以兴，可以观，可以群、可以怨；迩之事父，远之事君；多识于鸟兽草木之名。'"孔子这段话，生动阐释了艺术在社会认识方面的重要功能。以绘画为例。在西方美术史上，表现主义绘画是主观精神的典型代表，蒙克的《呐喊》是表现主义的代表作。画面中色彩和线条艳丽诡谲，人的脑袋形似骷髅，嘴巴成卵形地做着扭曲夸张的动作。这幅作品是否昭示了作者本人真实的内心世界，我们不敢妄下定论。但作者所运用的鲜明的色彩、扭曲的线条以及怪异的人物意象生动表达了诸如焦虑、嫉妒或忧郁等强烈的情绪，使人真切地感受到了被扭曲的灵魂的"呐喊"。再如崇高与优美。当我们看到埃及的金字塔、古希腊神庙，或欣赏《哈姆雷特》《巴黎圣母院》等戏剧与小说；或欣赏古典绘画与雕塑；或聆听贝多芬的《命运交响曲》，我们都会感受到崇高感所带给我们的心灵的震颤。在崇高面前，人类的灵魂似乎都变得渺小，肃穆而立，更加尊重生命与生活。优美体验与崇高体验不同。不同于崇高感给人带来的压迫感，优美感给人自由的体验。当我们面对着《断臂维纳斯》的雕像，那通体的洁白，完美的比例，流畅的线条，给人以无尽的美感。我们面对她，似乎可以感受到她身体线条的自由流动和无限延长，从而使思绪和心灵也达到一种自由流动和无限延长的境界。

> 悠悠的过去只是一片漆黑的天空。我们所以还能认识出来这漆黑的天空者，全赖思想家和艺术家所散步的几点星光。[2]

---

① 普列汉诺夫.没有地址的信[M].丰陈宝，杨民望，译.北京：人民文学出版社，1962：4.
② 朱光潜.谈美书简[M].北京：中国青年出版社，2014：21.

第二,培养人的美好生活创造力。

人生的"艺术家"培养需要艺术品的欣赏教育,其目的就是要从艺术和审美通向人生,将美导入生命。以艺术作途径,以人生为目的,从而达到"艺术"人生的境界。

丰子恺在《艺术与艺术家》一文中说:"在现今世界,尤其是在西洋,一般人所称道的艺术家,多数是'形式的艺术家'。而在一般人所认为非艺术家的人群中,其实有不少的'真艺术家'存在着,其生活比有名的艺术家的生活更'艺术的'。"梁启超在上海美术专门学校发表的《美术与生活》的演讲中也说过:因为人类固然不能个个都做供给美术的'美术家',然而不可不个个都做享用美术的"美术人"。丰子恺的"形式的艺术家"对应梁启超的"美术家",都是指那些在公众认知中拥有高超艺术技巧的专业意义上的艺术家;丰子恺的"真艺术家"对应梁启超的"美术人",指那些善于在生活中发现美、欣赏美、创造生活艺术的人。无论是丰子恺的"真艺术家"还是梁启超的"美术人",都具有两个共同的特质:其一,他们都有一双能发现美的眼睛。当我们看到洛可可绘画中,那些年轻的少女和少年,绿茵茵的草坪和娇嫩的花朵,画中的光线以及他们柔软衣物的褶皱都会牵动起我们内心的柔情。美的事物一旦进入到我们的知觉,就会调节我们的精神活动,改造我们的心灵。其二,他们都有一颗美的心。这颗美的心包含了想象力和感知力。黑格尔曾说过,人类最杰出的本领就是想象,我们的眼睛捕捉到事物,想象力将它再次加工。感知力则对这种想象加以规范和引导,使我们能够不沉溺于单纯的快感享受,而能够真正地发现美带来的意趣。看丰子恺的漫画,我们总能透过它寥寥的线条或是大片的留白寻到一股生命的鲜活的味道。这一股凝聚在作品中的鲜活的背后应是更为巨大的对于生活的热情。一颗敏锐洞察世界的心可以激起无数的好奇、激起所有潜藏在内心的感情,并促使我们去追随。

关于美的生活创造,前人多有论及。虽话语形式有别,但基本语义一致。梁启超主张通过劳动、艺术、学问、生活等具体实践,把人从"麻木状态恢复过来,令没趣变成有趣","把那渐渐坏掉了的爱美的胃口,替她复原,令它常常吸收趣味的营养,以维持增进自己的生活康健"。朱光潜主张积极入世的生活态度。在《看戏与演戏——两种人生理想》这篇文章中,他将"看戏"这种艺术鉴赏活动与"演戏"这种艺术实践活动比喻为现实中的两种人生理想:"看戏"对应为静观审美的状态,"演戏"则对应实践创美的状态。整合梁先生、朱先生的思想,我们可以提炼出一个真理:高妙的人生不止会看戏,也不止会演戏,而是同时在看戏和演戏。看戏的人认为生命的最高价值在于静观,在于从最高的意义层面来观照人生;演戏的人认为生命的最高价值在于实践,在于从生命最真实的烟火气中感受存在和创造的乐趣。前一种人在审美的过程里,只接收不输出;后一种人则只输出不接收。唯有第三种人生,能同时在动和静中体会生活的热闹。这种人可以将自己在艺术和生活中的所感所得升华到人生意义层次,又能利用这所感所得再创造生活的乐趣,进而影响他人。

朱光潜《谈美》一书的最后一章是《慢慢走,欣赏啊》。在这篇文章中,朱光潜提出:"人生本来就是一种较广义的艺术。每个人的生命史就是他自己的作品"。文章还指出:"知道生活的人就是艺术家,他的生活就是艺术品"。① 什么叫作知道生活?整日游走于金钱利益和柴米油盐中的人不算是知道生活。艺术和审美应是处在整个人生当中除去了"实际人生"的那一部分。生活里可以没有艺术和美,这并不会影响我们"存活",但确是将我们的"生活"变成了一潭死水,也确是将我们的个性和修养消耗殆尽。老子讲赤子之心,庄子讲逍遥游,李贽和丰子恺欣赏儿童,梁启超强调"为而不有"主义,朱光潜提出人生的艺术化等等,这些艺术思想和美学概念剥茧抽丝,最后其实都在讲一个问题:教我们如何免俗。世俗生活无法抗拒,每个人都不能彻底脱俗。人生的"艺术家"就是要掌握好"出"与"入"的关系,轻松地游走在"入世"与"出世"之间,自如地穿行在世俗和艺术之间,尽享"无所为而为的玩索"所带来的乐趣。

"阿尔卑斯山谷中有一条大汽车路,两旁风景极美,路上插着一个标语牌劝告游人说:'慢慢走,欣赏啊!'"② 我们人生的每一条路都像是阿尔卑斯山脉中的这条大汽车路,只要我们能静下心去细细发现,就会看见路边有美丽的风景。人生何其短暂,我们又太过忙碌。因此,人生需要学会取舍,需要学会慢下来,需要学会欣赏,哪怕体会的乐趣只是短短一瞬,日后回想起来也是一次生命的欢愉。将每次在艺术或生活中体会的感悟记在内心,长此以往,封闭麻木的内心就会慢慢敞开,审美能力也会逐渐变得敏锐。能发现美,才能创造美,在生命中收获美感会化作一种创造的动力驱使我们更多地投入到实践中,在生活、劳动、做学问里释放这股欢愉与热情,将生命的美好传递给每个人。其实生命的意义就是在这一次次的发现与创造的惊喜中构建起来的,生命的意义是在"慢慢走"中觉悟,又在这一次次的超脱中得到升华。

第三节 艺术素养的新课题

如今,人类已经进入现代、后现代社会,作为人类文化的主要形式——艺术也发生了很大变化:不仅有美的意象,也有其他意象。在这种情况下,艺术是否还是人类的人文血脉,传递人文传统的媒介? 这确是我们构造"艺术是人类人文血脉"这一命题的困境。确实,

---

① 朱光潜.慢慢走,欣赏啊! ——人生的艺术化,中国现代美学名家文丛:朱光潜卷[M].杭州:浙江大学出版社,2009:3-7.

② 朱光潜.慢慢走,欣赏啊! ——人生的艺术化,中国现代美学名家文丛:朱光潜卷[M].杭州:浙江大学出版社,2009:3-7.

在这个"艺术生活化""生活艺术化"的时代,艺术与非艺术的界限日渐模糊,并且我们今天所遭遇的艺术与传统的艺术也有很大区别。达达主义、波普主义、超现实主义、后现代主义、器具符号、人体符号等,五花八门,光怪陆离。其中有些艺术形态不仅颠覆了我们业已成型的艺术认知模型,还挑战着我们的审美理想甚至于美的底线,成为"反人文"的文化。有人曾借用黑格尔美学理论,将我们这个时代称之为"艺术死亡的时代"。艺术死亡了,也就自然无所谓"人文血脉"和"艺术素养"。我觉得这类观点包含着诸多误解——对黑格尔美学思想和现代艺术人文品质的误解。我做下面具体分析。

1817 年,黑格尔于海德堡所作的美学系列讲演中,在论及艺术由古典型向浪漫型的过渡时认为,艺术发展到浪漫艺术也就到了它的发展终点。黑格尔的这个"终点论",就是人们所说的艺术的"死亡预言"。在黑格尔看来,随着市民阶层的出现,诗意的古典社会解构了,代之而起的是散文化的市民社会。主体对无限的诉求,对心灵体验的关注,使得艺术不再表现为一种静穆和谐的形式,而是变成一种心灵或自我意识的伸张,因而它也就丧失了艺术的传统理念,变成了一种"文化"形式。

> 我们诚然可以希望艺术还将蒸蒸日上,并使自身完善起来,但是艺术形式已不再是精神的最高需要了。我们尽可以觉得希腊神像还如此卓绝;看到圣父、基督和玛利亚表现得如此庄严完善,但这都无济于事;我们终究不再屈膝膜拜了……艺术就它的最高职能来说,对于我们现代人已经是过去的事了。因此,它对我们已丧失了真正的真实和生命,已不复能维持它从前在现实中的必需和崇高地位;毋宁说,它已经转移到我们的观念世界里去了。①

黑格尔这段非常优美而著名的文字,也被人们形象地称之为艺术的"葬礼演说"。那么,艺术是否真的像黑格尔所说的那样走向终结么?

我以为,作为人类创造的最为古老的人文文化,只要人的历史没有终结,艺术的历史就不会终结。没有艺术的生活,是一种不可想象的生活,无论文明的历史如何发展。因此,"艺术的终结"不是作为人类重要人文文化的艺术本身的终结,也不是艺术的人文血脉品质的终止,只是其某种风格、形态、语言和显现方式发生了变迁。

第一,艺术形态多元化。其实,只要我们对黑格尔的这段文字作仔细分析,便不难发现,黑格尔并没有宣告艺术历史的终结,他只是说"古典型艺术"的历史终结了,随之而来的是一种新型的艺术形态。无论是像黑格尔那样将其称为哲学的也好、浪漫的也好,还是我们今天将其称为"现代的""存在主义的""荒诞的""波普的"也好,艺术的历史仍在书写,人文血脉仍在流动,只不过它的叙事风格和修辞形态发生了变化。这应该很正常。现

---

① 黑格尔.美学[M].第 2 卷,朱光潜,译.北京:商务印书馆,1979:15,288.

代世界是一个多元立体的文明体系,前现代、现代、后现代三种不同文明形态在一个共时的平台上翩翩起舞,创构了一种多元化的人类生活场景;现代文化是一个多元开放的文化,传统文化、现代文化、后现代文化多元并存,全球文化、本土文化各领风骚,创造了一种纷繁多样的人类文化景观;尤其是现代人的心灵世界是一个多维的空间——传统又反传统,现代又有些后现代,理性又反理性,爱美但丑诞也不拒绝,向往空灵优美而又追求实在孤峭……正是社会、文化、心灵的这种多元性,使得艺术世界的审美意象、风格流派、修辞形式等呈现出一种多元纷繁的气象。总之,现代艺术尽管不乏轻柔优美、和谐圆润的天使之舞,但也涌现出大量古怪荒诞甚至于伤害我们"美感"的丑陋意象,以致在某种程度上作为艺术的领受者不得不"忍住自己的呕吐看自己的灵魂",不得不"掩埋生命的尊严去承领荒诞的调侃",甚至于在"艺术"面前表现出"无知""美盲"的尴尬和失尊,听任人类审美神经元共同体的阵阵痉挛。

第二,艺术与人类的生活紧密融合在一起,或者说,艺术已经生活化了,成为人类生活的一种形式。"艺术生活化"和"生活艺术化"是我们近年来评论现代艺术和现代生活常用的短语。在一些美学家那里,这两个词往往带有某种贬斥、厌恶的色彩。正如有人所说的那样,艺术生活化将导致艺术与生活的界限消失,艺术个性的丧失,使艺术不再以艺术的高贵身份存在,而是蜕变为一种日常生活。生活的艺术化也导致人类的艺术趣味低俗化,艺术感觉麻木化。概而言之,艺术生活化和生活艺术化将导致艺术与人类的双重沉沦。这是不是黑格尔"艺术葬礼演说"的另一种修辞呢? 艺术走进生活是否就意味着艺术一定走向低俗呢? 而且,艺术是否非要保持其尊贵、神圣的品质才能成为艺术呢? 我在后面会集中笔墨讨论这个问题。在此我只想说,这种观点表面看来是为了维护艺术人文品质的高级与纯粹,但其骨子里却不那么"人文"。它不仅忘记了艺术存在的本意,而且也忘记了人类存在的本意。从艺术的源初意义上说,艺术就是为人的存在而存在的,艺术存在的价值就是对人类存在的关怀。从其诞生之日起,就不是置放于神殿供人们凭吊和礼拜的膜拜物(宗教艺术近乎于此),而是融入人类的日常生活,参与人们的日常生命管理,通过生活修辞变革生活方式,增长生活之技巧,投射和编码人类存在的意义。因此,无论是艺术生活化还是生活艺术化,不仅不会使艺术的人文品位更降低,人文精神更粗糙(这种情形只有在艺术禁欲主义的时代才会发生),而只能使艺术的人文品质更厚实,人类的生命更敏锐、更精致,生活更优雅,更幸福。

总之,现代社会艺术的历史并未终结,艺术的人文品质也没有消弭,只不过给我们理解艺术提出了新的课题。故此,对普通大众进行"艺术启蒙"尤为重要。艺术启蒙不仅是"新人文启蒙"的重要组成部分,也是它的思想平台。正如我所分析的那样,在这个"艺术生活化""生活艺术化"的时代,存在者随时与"艺术"遭遇。"艺术"构成了人类存在的环境,像

水和面包,更像空气和阳光。它们已经成为人类人文精神延存的新机制。这里所说的"艺术启蒙",概括起来有两个维度:一是提高民众拒"丑"的精神防疫力;二是提升大众对真正的现代艺术和后现代艺术的审美能力,以补充人文精神延传和光大的能量。

首先,提高大众拒斥"丑恶"文化的心理抵抗力。粗俗、怪诞、丑陋、恶心、反人文的"艺术"之所以在当代社会大行其道,颇有市场,除了国家文化管理缺失的因素外,另一个重要原因就是大众"反丑"的精神能力过于虚弱,甚至已经涣散。生产创造了消费,消费刺激了市场。如果没有人吹捧,没有人消费,这些"垃圾文化"就会自己消失①。确实,对逗趣、搞笑、肉麻等低俗的东西的趣味是人的一种本能,我也不反对人通过这种本能的释放体验生命的快感,但我还是觉得,当我们放纵"本能"时,我们是否还会想到我们已经不再是以生物本能反应为生命活动基本形态的文化动物?如果仅仅让本能控制我们,我们的生命还有什么意义?在社会生物学的意义上说,人之所以会产生快乐、幸福的生命体验,不在于我们的本能得到了满足,而在于我们的脑和心理所加工的真善美的信息、所激活的对美丽的人生、美好的生活的情感体验与想象。一个每天都加工与知觉无聊、琐碎、丑陋信息的个体必然会不断表征这种经验,从而使自己变得同样无聊、琐碎、丑陋。如果说无聊、琐碎、丑陋的体验也是人类幸福的体验,那我只能说,那只能是旧石器时代的人。经过千万年的进化,人类的基因组、脑组织以及心理系统已经形成了高级的快乐、和谐、幸福的生命管理装置。只有当我们与环境的互动能够产生与这种生命管理装置运动相一致的感受时,我们才有幸福而言。很多人之所以去追捧"网红",跟着"网络主播"一起无聊、发呆,就是因为他们还不知道什么才是人类的"幸福"。幸福的体验只能在幸福的知觉加工与体验中。在这种意义上可以说,大众"艺术启蒙",是形成其精神免疫力的基础。

其次,提升大众对现代艺术、后现代艺术的审美能力。这主要包括"两种能力"的提升。

第一,引导人们认识到现代艺术形式是人类文化发展的必然。文化发展的辩证规律不仅仅是在传统地基上的创新,也是在死亡废墟上的再生。没有死亡,就没有重生。某种文化的死亡,恰恰象征着文化内在生命力的新生。"艺术死亡了!"但这只是传统"艺术哲学"的死亡,宏大叙事的终结,古典美学神圣光环的陨落,代之而起的是一个新颖的、多维的、个性的、自我的、更加多姿多彩的艺术世界。也只有这样的艺术世界,才能适合现代世界人类

---

① 在现代艺术、后现代艺术中,一些怪异、荒诞、丑陋、粗俗的所谓"艺术",不单纯是因为文化的多元与宽容,也反映了文化的某种沉落。正如黑格尔当年所分析的那样,随着古典社会的解体,市民社会的出现,工商文明的发展,消费文化的风行,必然出现与这种社会、文明、文化相应的市民文化。市民社会、工商文明、大众文化本身就不是一个纯粹、优美、圆润的世界,因此,它也不可能生产出古典社会那静穆、和谐、优美的艺术。说到底,它不过是文化嬗变的表征;或如拉塞尔·雅各比所说,是这个没有信仰、没有文化、乌托邦已死的时代文化人的一种"下贱"形式。不过,它也有一个好处,就是为这个矮平化社会提供一种"文化致幻剂",平衡了小市民那不断膨胀的欲望,为社会稳定提供了一种"文化巫术"。

多样化的精神需求。对此，我与丹托的观点是一致的："艺术终结之后艺术家应该做什么也难以回答，但是至少有一种可能性，即艺术也可以应征为人类服务。文化的两副面孔都是解放主义。"①

第二，引导人们认识到现代艺术、后现代艺术这种多主题、多风格、多修辞形态其实象征着人类在结束了一场"去人文"梦魇之后向现代人文主义的重新回归，也是艺术再度找回它曾经操作但后来遗失了的证明自己在世的言说方式。所谓的"主题"和"风格"，只不过是人类参与世界、理解世界的经验和智慧的探索形式，是人类以艺术语言表达自我的一种个性。人与世界的相互关系变了（与古典时代人与世界的关系相比），人类对自我的认识、表现的方式变了，艺术的主题和风格也必然要变，不变才令人感到奇怪。特别是艺术作为人类创造出来的解释自我、世界及自我和世界存在之意义的人文文化，它必然伴随着人类生活世界与人文精神内涵的变革而变革。作为人的意识、心灵、精神的运动形式，既然人类的心灵、精神有多种多样、无穷无尽的姿态，那么，艺术就应该具有无穷无尽的表现形态。苏珊·桑塔格曾说："最伟大的作品似乎是被分泌出来的，而不是被构造出来的。"②这可以说是对艺术与人性之关系的十分深刻的揭示。"构造"是按照固定的艺术标准精工细作，如古典艺术按照古典美学标准创作那样；但"分泌"不是这样，它是人的生命机能或者说人性的一种纯天然流溢。如果说，昨天，我们是在古希腊神像前和圣母玛利亚圣像下、在但丁的"神曲"和莫扎特轻柔的乐音里观看、聆听着人类单纯、和谐、静穆、庄严的"超我"；那么，今天，面对现代技术我们对人性的挤压，面对工商文明对人性的异化，人类则是通过新艺术形式对这个非人化的社会进行反叛和抨击，对传统僵硬、虚伪的艺术和审美理想进行嘲弄和解构，对本真人性的呼唤和回归。这种审美人类学自然使人们不可能再用古典主义的和谐静穆营造乌托邦的梦境，而是用变形、夸张、扭曲、丑陋的形式，用原始、粗鲁的形式，用野兽、蛮荒的形式揭露这个世界的虚伪、荒谬、非人性化。如达达主义，它并非反文化、反美学的恶作剧，而是对虚伪文化和审美理想的反动。"达达一词象征了其与环境的真实之间最为原始的联系，达达主义以此为自身呈现了一种新的真实。生活呈现为由同时出现的声音、色彩和精神节奏的一种混合，它们在达达艺术中以本源的面貌出现，所有美妙的叫声和日常心智中那鲁莽的狂热、兽性的真实也都进入了达达艺术中。这是将达达主义与其他所有迄今为止的艺术倾向区分开来的一个鲜明分界线。达达第一次不再有审美的态度来观照生活，它通过捣毁一切道德、文化与本质的口号，也就是掩盖脆弱肌体的外衣，来实现这一目标。"③尽管达达主义也好，丑陋、怪异、荒谬艺术也好，我们确实难以在其中再度体验

① 丹托.艺术的终结之后[M].王春辰,译.南京:江苏人民出版社,2007:142.
② 桑塔格.沉默的美学[M].黄梅,等,译.海口:南海出版公司,2006:47.
③ 基兰.洞悉艺术的奥秘[M].刘鹏,任慧,许春阳,等,译.北京:北京大学出版社,2010:58-59.

到静穆、和谐、纯净的古典美的梦境,但我们在其中却获得了比古典的审美意境更加深邃、也更加令我们震撼的精神体验:孤独、压抑、扭曲等。(如爱德华·蒙克的《呐喊》,骷髅般的脸型不仅是对命运的绝望,更是对存在的荒谬的命运的拒绝)。正是由于这种陡峭、深度的精神体验,我们再次想起了几千年来人类精神律动的那个永恒的旋律:我是谁,我从哪里来,我要到哪里去……

总之,新的千年,新的文化情境和存在境况,艺术的历史不但不会终结,相反,它还为我们的人文精神传递提供了新的符码。关于人性发展与艺术变革以及人文文化传递的这一关系,早在100多年前,美学家鲍桑葵就在其《美学史》中做了精彩的阐释:

> 的确,在过去一百年间,在音乐、风景、肖像画和诗歌艺术方面,虽然还需要做我指出的某些保留,然而,不协调的现象也变得比以往任何时候都更加深刻了。人民的艺术传统陷于中断。但是,心灵今天是更加坚强了,自我是更加丰满了,而我们知道,它是靠运动而生存,而不是靠停滞而生存的。因此,这种比过去更深刻的不协调现象,是能够经得了的,而且足以证明生命是强有力的,并没有因为这种不协调的现象而受到致命的损伤。当然,这种不协调的现象也需要更长的时间才能解决,而且我们也无法预料将以什么形式来解决。但是,尽管有这一切不利的条件,人现在却是比过去任何时候都更加是人了,他必将能够找到满足他对于美的迫切需要的方法。①

第四节　原典阅读

理解艺术②

乔治·桑塔亚纳

1. 什么是艺术

人有时会出于对善的追求影响其环境。人生活在生命的普遍躁动中,不仅在习俗和追求中需要一种(适应环境的)可塑性,在其生活的周遭环境中他也能发现这种可塑性。生命是一种平衡——这种平衡的获得有时来自接受改造,有时则来自将改造加之于自然。由于人用以从事各种行为的器官以力学的方式与其他物质客体相联系,于是,人的生物本能

---

① 鲍桑葵.美学史[M].张今,译.北京:商务印书馆,1985:598.
② 桑塔亚纳.艺术中的理性[M].张旭春,译.北京:北京大学出版社,2014.小标题为选辑者所加,文中脚注为原注,原典文本顺序有调整。

就迫使他去适应或改造这些物质客体，所以，他的习俗和追求中的任何变化在其接触过的事物上都会留下痕迹。因此，人的栖息地就必然会留下许多他生活的印迹——从这些印迹中，聪明的观察者可以推知他的生活和行为。这些行为的痕迹大都是在无意识和无目的的情况下留在这个世界上的。就像脚印，一般来讲，它们本身毫无用处，但在特定条件下，一个人生命历程中的几乎每一个印迹都会引起人们的兴趣。一个脚印就会使鲁滨逊激动万分，一支大军行军留下的践踏印迹则有可能为历史学家提供许多证据，甚至是房间中无意间留下的凌乱景象，也能生动地显示出主人的生活方式和性格。

然而，某些时候人的印迹则是有用的行动的产物，这种行动改变了自然物，从而使它们与人的意愿相符合。（例如）我们会发现一支箭而不是一个脚印，一个种植得很好的果园而不是一个凌乱的房间——这些东西不仅说明了行动者的（生活）习惯，而且肯定也是其个人意愿的实现和表达。存在于其习惯和想象中的恰当形式，与人赋予物质的恰当形式一样，都是理性生活的工具。因此，任何使客体人生化和理性化的行为都被称为艺术（art①）。

2. 艺术与理性

凡是艺术都既根源于本能，又体现为物质，如果筑巢的鸟意识到其工作的功用性，它们从事的就是一种艺术实践——只要它们对其世代相传的目的和方法偶尔有所意识，本能便随之成为理性。因此，筑巢是一种艺术，尽管筑巢的鸟对其工作的目的并非每时每刻都有清醒的认识，但与其他劳动者一样，他会按照其例行的艺术程式来进行工作。语言是理性的产物，但这并不是因为语言总是有用的或有意义的，而是因为有时候（人们）觉得它是有用的和有意义的。与本能一样，艺术也是不受意志支配的；而且，正如亚里士多德所认为的那样，比之本能，艺术通常也不完全具有目的性。本能通过遗传而世代延续，并被嵌置在先天结构中，所以它的组织原则必须是结构简单但内涵丰富。如果本能出了大问题，它们就会成为一种无法摆脱、难以承受的负担。……因此，所有体现了理性的艺术，都是最壮丽、最圆满的。如果艺术根本是徒劳无益的，不能对外在世界进行实质性改造进而使人在此世的栖息更合理、精神世界更丰富并具有更广泛的传播性，那么，仅仅获得能够用以言说内在经验的某些范畴，或是编造出某些我们能够用以构想宇宙的类比，都不过是一种虚幻的成功。只有以物质形式将自己表达出来，精神才能使自己永恒不灭。理性行为在自然中留下痕迹，进而促成（人类的）发展进步，正因如此，自然便成为理性生活的基础；换言之，所谓进步就是能够改善人类生存条件的艺术。在艺术兴起之前，所有的成就只存在于人的头脑中，一旦个体死亡，成就随之消亡。甚至（即使个人仍然活着，）成就也可能在个体身上逐

---

① 在书本中，"art"这个词在不同地方的具体所指不尽相同。根据上下文，有时候译为"艺术"，有时候则译为"技艺"。

渐消耗而不可复得,一如梦中仙乐。艺术为人类突破其身体限制追求真正的人类生活提供了工具,并且改造了外在的物质世界,从而使其与人的内在价值协调起来,这样,艺术就成为各种价值得以不断产生的基础。今天为我们挡风遮雨的茅屋明天仍将存在,并将继续庇护我们免遭风雨的侵扰;(同样)曾经表达过某种思想的符号,将来还会继续为我们唤起这种思想。

因此,不仅艺术作品能使艺术功能不朽并产生一种更美好的经验艺术,创造过程也因其可传授性而使艺术本身得以不朽。每一种动物都会从自己的生活中获得知识;但若其后代从遗传中所继承到的仅仅是他自己与生俱来的那点东西,后代们就还得从头开始从生活中获得知识——顶多再从其父母的榜样中得到一些含糊不清的帮助。但当经验的成果存在于共同的环境中,当个人获得了某种尚不为自然所知的新工具进而使其装备得到加强时,尽管他仍需自己努力去学习如何生活,他却可以在更有人情味的学校里去学习更多东西——在那里,他随时都能借助人造的条件来扩充自身能力。为了获得先人的智慧,人不再需要仅仅重复那些隐秘的内在程序;他完全可以通过模仿先人们的明显习惯而迅速获得大量相关知识;此外,先人也通过各种手段强迫他进行这种模仿。凡是有艺术的地方,一定存在着培养训练的可能性。一位父亲将其游手好闲的儿子们从树林里揪出来,命令他们下地帮其掌扶犁耙,这不仅是要劳其筋骨,更主要的是想要儿子们观察那一垄垄翻起的新鲜泥土,留心田里刚刚破土而出的簇簇新芽。最初,儿子们会显得心不在焉,甚至会有抵触情绪,但他们最后却会全身心地充满对丰收的向往。当他们的父亲去世后,他们主动接过他的犁耙,并将他们从父亲那里学到的耕作技艺继续传给他们自己的儿子,也就不是不可能的了。艺术以具体的物质形态来体现其自身,它可以通过训练来传授和传播——就此而言,正是艺术促成了理性领域内持续的进展,这种进展是非常伟大的。人们一旦掌握通往某种艺术的手段,就能享受到创造的喜悦,此时艺术的价值最容易被认识到;然后,通过传习性或某种强迫性手段,外在传统又将这些价值的薪火代代相传。

艺术是这样一种行为:它超越肉体,将世界变成一种与灵魂相契的刺激物。因此,所有的艺术都是有用的和功利性的。一些艺术品拥有显著的美学价值,这主要是就其道德意义而言,这些艺术品的本质就是给作为整体的人类天性提供某种满足。在感觉与抽象论述之间,存在一个展开的感觉或综合表征的地带——在这个地带,事物更多是透过一定的距离被审视,而非随时发生的、近距离的(身体)感知,然而,也是在这个地带,(抽象)论述只有通过象征才能达到经验中的朦胧部分,且被重新发掘出来,并按照它们自己的本来色彩和既定关系被予以重构。这一地带常被称为想象,她所提供的愉悦比感觉更轻盈活泼、更熠熠生辉,比理智更恢宏广大、更令人欣喜沉醉。在想象、瞬息的直觉、富有形式的知觉中所固有的价值,就是所谓的审美价值。它们主要存在于自然界和生灵万物中,但也经常存在于人类的人造作品中,存在于语言唤起的意象和声音领域中。

3. 艺术与美

从艺术史及对艺术价值的理性判断两方面来看,事物的审美功能均不能与其实用和道德功能相分离。富有想象力的民族所取得的成就,都是想象的产物;他们说过的话、创造的作品都是合理的、可爱的和优美的。或者,我们也可以从心理学视角来看这个问题:无休止的实验和痛苦的思想冲动孕育出了它所喜欢的东西,在这个过程中也产生出一些虚构之物,正是这些虚构之物的出现,才使飞扬的思想愉快地停了下来;这些美就是我们最初的知识,对这些美的捕捉就是真正有用之物向我们初步暗示的结果。我们很容易就能从玫瑰花的花瓣上撷取到玫瑰花的风致,但要从艺术的主题、时机和功用性中捕捉到美却绝非易事。所有事物都拥有某种审美的魅力;如果能够诱发人的理智或理性,这些事物也能激发人的想象;但这个中间地带是如此繁复混杂和朦胧晦暗,其界限也模糊不清,以至于我们只能从实际存在的事实(而非抽象的理论)出发,才能进行恰当的探索:即将其视为人进入世界并与世界逐渐达成和谐关系之进程中的一个阶段。如果艺术是理性生活中的一个组成成分,即它能改变生活环境进而促成其目标的实现,艺术也就能促进人类理想各个方面的全面实现,使我们的生活更舒适、知识更丰富、精神更愉快。由于自然界在其力所能及的范围内习惯于满足这些兴趣,因此艺术在试图增加那种满足时,就会在每个理想的方面都同时发挥作用。如果它导致与所有其他兴趣相疏远,那么任一方面都不可能建立在完整的善之上,或是诱惑经过锤炼的意志。审美的善因而便与其他的善一样,都是从同一个巢穴中孵出的鸟儿,因此便不可能翱翔在另一个不同的天空中。

4. 艺术的功能

艺术的价值就在于使人们感到愉悦:这种愉悦首先来自艺术实践过程,其次来自艺术作品的收获。这一结论似乎多余——原本也的确多余。然而,如果将其与在这些问题上的通常看法加以比较,我们就不得不承认,上述观点经常不被人们认可,更多的时候根本就没有为人们清楚地认识到。幸福本该是人们追求的东西,但人们却很少追求幸福:先是愚蠢的冲动、后来是违背人性的法律,使得人们远离了对愉悦的追求。为了获得快乐,人们的行为应该是自然本性的流露,同时又对恶行保持警惕。但是人们却总是非常狂热地喜欢某种东西,一会儿是无度的自由,一会儿又是虚假的规范,这就使得人总是显得野蛮而可怜。对愉悦的合理追求(这是一种伴随进步或理性生活的事情)应该体现出自然的虔诚,这种虔诚为生活中的各种事件,如对死亡的悲悼、对爱情的歌颂、对社会传统的尊崇、对自然的讴歌和改造等,赋予了内在的价值。因此,区分出愉悦是艺术的灵魂所在:艺术应该是对经验的真实的表达,而不是对经验的歪曲,这与那些以无愉悦为最高目标的政治或玄学暴政对经验的歪曲恰恰相反。自由的心灵就像创造性的想象一样,向往并希望能够创造人与自然之间的和谐,因为这使它感到愉悦。对于人与自然之间的不和谐或冲突,自由的心灵或者竭力予以调解,或者在惊惧中无可奈何地注视和忍受。

以坦率和真诚将人类心灵组织起来的道德原则,必定包含着每一种美的艺术的成分,也必定使我们的世界充盈着美——这种充盈之美不仅显现在人工物品中,也显现在令人敬畏的雄奇自然中。我们越是接近于人类的基本需求以及能够满足这些基本需求的自然力量,我们就越是接近于美。工业、娱乐、科学,随着人们的长期交往和人们的热情,都刺激着人们不断地去创造和表达新的生命样式,并迫使人们不仅去关注这些样式,还竭力为它们赋予理想化意义。简而言之,艺术只不过是一种充分的工业。当工业被用来满足人类的全部需求时,艺术也就随之产生。在这些人类的全部需求中,也包括那些偶然产生的感官需求(我们称之为审美)。繁重而粗笨的工业无暇也无心欣赏审美,所以往往对其藐视或忽略之。

根据理性原则,以这种方式回应人类自然需求的艺术就是美的,而且这种艺术也能长久地保持着美。当诗以感觉或理性捕捉到自然的和谐时,诗性的美就会感动全世界。人们越是真诚地以愉悦感来评判人类的习俗和追求,这些人类习俗和追求就越显得美,因为在这种情况下,它们与心灵之间存在更多的契合点,进而更加深入地与心灵融合在一起。有的艺术品格低下,或者散漫嬉戏,或者荒诞不经,这种艺术绝对无法胜任评判和创造美的任务——评判和创造美的能力在本质上是一种与实用性效果密不可分的(生活)习惯。所以,我们应该从最终的兴趣和它们与人的善的深刻关联入手来评判我们所有的行动和事务。这样,艺术就可恢复荷马史诗的辉煌。这样的艺术将会深切地触及人类的命运,捕捉到人的崇高和悲怆。然而,这种艺术所怀有的兴趣追求却是热切的,因为它显然仍是动物性的和真诚的。

显然,无缘无故产生的而且缺乏实用功能的行为是不可能产生愉悦的。与真正的高尚艺术不同,它们既非自发产生,又无实际效用。当然,那些行为仍可带来快感,比如几近疯狂的极度激动(尽管疯狂最为无缘无故和最缺乏实用功能)。而且即使作为生活的点缀它们也并非不产生结果,有些结果还可能是非常有益的。所谓缺乏实用功能的意思是,站在某种理想的角度来看,它们是没有价值的,而且对我们关心的具体生活也无所裨益。但是,没有一种现实存在的事物能够脱离普遍的变动;把每一样事物,不管是疯狂还是生存中一切无意义的相反倾向,都包括在一般的变化过程中,并到某个地方予以排除,并非没有结果,因为这些东西一瞬间就会将实体卷入它们的小旋涡。所以,我们苍白空洞的艺术和百无一用的宗教并非不能产生真正的效果或缺乏内在的生命力。当生活处于极端混乱的状况下,我们就会发现,只有在超然物外的瞬间,也即只有在梦想的瞬间,我们才能看见蓝色的苍穹或瞥见某种类似于理想的东西。只有在这种情况下,那些为人景仰但却与实际效用无关的幻象的存在根据才真正显现出来;也只有在这个时候,我们才会认识(看似)虚幻的艺术和欺世盗名的宗教的真正价值:原来,它们是人类经验构成中最美好的成分。人们对艺术和宗教的热情只有通过情感方式才能被认可,其根本原因在于,理性生活的构想在现实中难以真正实现。

如果愉悦是衡量艺术的终极标准,那么反过来也可以说,艺术是获取愉悦的最好工具。与其他活动相比,在艺术中,人的自我表达的形式更为直接,这种自我表达也能得到更直接的回报,因为它改变了感觉的物质条件,使感觉迅速地变得令人愉快和富有意义。在工业中,人仍然是奴隶,为他在活动时必须使用的工具进行准备。尽管他在行动中是自由的,但是把自己的影响施加于一种活动着的、不可靠的媒介物,于是他所看到的便是,结果每时每刻都在越来越远地背离他的意图。在科学中,每一个观察者,他以另一种方式,即通过研究行动的结果和条件,来为(自由而积极的)行动作准备。而在艺术中,他既是有能力的又是自由的,因而也是具有创造力的。他不会被其材料所困扰,因为他已将这些材料完全消化吸收了,从而能够任意处置这些材料。他也不关注现实世界中的任何偶然情况,因为他的根本目的是改造世界,而不是思考这个世界过去怎样和将来怎样。因此,没有什么东西能比真正的艺术更令人愉快,也没有任何事物能比真正的艺术使人更少感到懊丧和空虚的刺痛。艺术完全是发自人的内心,因而它使得每种事物都能以人的语言向人们倾诉(其秘密);艺术直接深入自然的核心,因而能与自然协调合作。艺术是大自然中创造性物质能量的组成部分;艺术借用大自然之手来进行艺术创造。如果世界上各种活跃的生命冲动既不相互排斥也不相互造成灾难,自然本身就堪称一个无意识的艺术家。事实上,只要某种生命冲动获得环境支持,意识就会随之产生。如果这种意识全面深刻地具有预言能力,艺术就会随之诞生。所以说,发源于本能的艺术,既是自然伟力的象征和准确的标尺,也是人的愉悦的象征和标尺。

作者简介

乔治·桑塔亚纳(1863—1952),西班牙裔美国著名自然主义哲学家、美学家,同时还是著名的诗人与文学家,在哲学、美学、文学创作和文学批评等诸多领域均有重大贡献。其中尤以在西方哲学、美学发展史上的开创性功绩为人称道,桑塔亚纳热爱哲学沉思与文学创作,因此他在拥有理性严谨的哲学思辨的同时也极具浪漫的诗人气质。在他的一生中,曾有那样诗意盎然的一刻,被后世传为佳话。

桑塔亚纳一生著述颇丰,堪称著作等身。他的主要哲学、美学论著有《美感》(The Sense of Beauty, 1896)、五卷本《理性生活》(The Life of Reason, 1905—1906)、《三位哲学诗人:卢克莱修、但丁与歌德》(Three Philosophical poets:Lucretius, Dante and Goethe, 1910)、《怀疑论与动物信仰》(Scepticism and Animal Faith,

1917）、四卷本《存在领域》（The Realms of Being，1927—1940）。此外，还有多部文学作品以及文化评论集，例如《十四行诗即其他诗集》（Sonnets and Other Verses，1894）、长篇小说《最后的清教徒》（The last Puritan，1935）、三卷本自传《人世沧桑》（Persons and Places，1944）、《人到中年》（The Middle Span，1945）、《世界是我的东道主》（My host the World，1953）、文化评论集《美国的性格及观念》（Character and Opinion in the United states，1920）、《英伦独语及续篇》（Soliloquies in England and Later Soliloquies，1922）

 思考题

1. 艺术的人文精神表现在哪些方面？
2. 如何理解艺术素养与人生"艺术家"的培养的关系？

第十章 光华的人性:文学素养

第一节 文学的本质

什么是文学?

从文化史的角度看,无论是古代文化还是现代文化,"文学"都不存在一个固定的所指对象。在我国,春秋时期虽出现了"文学"一词,但"文学"一词当时指学艺、学问。《论语·先进篇》云:"文学子游子夏"。这里的文学就是指文章博学,即是说,最有学问的当属子游和子夏两个人。"孔门四科"——德行、言语、政事、文学——就将文学列入其中。由此可见,在中国传统文化中,"文学"其实与"文献""学问""典章制度"等义。

到了魏文帝时代,文学这一概念开始专指以语言塑造形象的诗歌、小说、戏曲等文学作品。按照一些学者的考证,魏晋时期人们将无韵者称为"笔",有韵者称为"文"。另一种更为宽泛的观点认为,议论叙事为"笔",神采飞扬的诗赋为"文"。可以看到,此时中国古代批评家开始从理论上对于华丽优美的文采与其他文体加以区分。"文章者,盖情性之风标,神明之律吕也。"事实上,古人所说的"文章"更为接近现今的"文学"之义,另一些时候也称之为"词章之学"。①

尽管独立的"文学"概念迟迟未出现,但是,古代文章中诗赋词曲这些文体已产生,只不过它们并未统一地纳入"文学"的名义之下。换言之,如今这些公认的文学作品当时并未明确地界定为共同的话语类型而且赢得一个总体的名称,它们更多是因为相近的文辞特征从而常常被相提并论。因此,谈论更多作品的时候,中国古代批评家无法遵循某种严格的甄别原则,另一些似乎不是"文学"的文体往往混杂其间,争得一席之地。由于没有一个

---

① 这方面的详细讨论参阅陈广宏.近代中国文学概念转换的历史语境与路径[J].文学评论,2016(5).

总体的"文学"概念制定清晰的边界,我们甚至无法明确地判断,中国古代批评家是否曾经将叙事文学——例如戏曲,尤其是小说——视为诗赋的同类。对于中国古代文人来说,诗文时常被视为正宗——"诗言志";崇高雄健是诗人追求的风格;相对地说,词更多的是一己的私情,卿卿我我,缠绵恩爱,所谓"诗庄词媚"。这种状况直至苏东坡、辛弃疾的"豪放派"才得到扭转。至于戏曲、小说则不登大雅之堂,不少小说作家甚至因为担心世人的取笑而隐姓埋名。

在西方文化发展史上,西方文化之中 literature 也有相似的演变。英国文化理论家雷蒙·威廉斯在《关键词》中曾经详细地考察了十四世纪以来 literature 的演变史:14 世纪的 literature 意为通过阅读得到的高雅知识;十八世纪以后,literature 不仅是"写得很好的书",而且是具有"想象力"或者"创意"之类的书。"很明显,literature(文学)、art(艺术)、aesthetic(美学的)、creative(具创意的)与 imaginative(具想象力的)所交织的现代复杂意涵,标示出社会、文化史的一项重大变化。"[①]彼德·威德森的《现代西方文学观念简史》也对文学概念的演变做了更为详尽的考察。他认同韦勒克的观点:这个词 1760 年之前经历了一个双重过程,即"民族化"与"审美化"。他的断言是:"19 世纪下半叶,一个充分审美化了的、大写的'文学'概念已经流行起来了。"[②]这时的 literature 开始接近现今"文学"的涵义。

按我们对文学现象的整合性认知,简单地说,文学就是以表达情感和塑造形象为目的的语言艺术品。高尔基曾经说过:文学家写作的时候,把行动化为语言,同时又把语言化为行动。文学与绘画、音乐、雕刻、建筑等艺术形式不同,它的主要表现手段是语言,主要成果也是语言。朱光潜先生在论及文学与语言的关系时曾如此分析道:

> 文学是最原始的也是最普通的一种艺术。在原始民族中,人人都欢喜唱歌,都欢喜讲故事,都欢喜戏拟人物的动作和姿态。这就是诗歌、小说和戏剧的起源。于今仍在世间流传的许多古代名著,像中国的《诗经》,希腊的《荷马史诗》,欧洲中世纪的民歌和英雄传说,原先都由口头传诵,后来才被人用文字写下来。在口头传诵的时期,文学大半是全民族的集体创作。一首歌或一篇故事先由一部分人倡始,一部分人随和,后来一传十,十传百,辗转相传,每个传播的人都贡献一点心裁把原文加以润色或增损。我们可以说,文学作品在原始社会中没有固定的著作权,它是流动的,生生不息的……这种文学作品最能表现一个全社会的人生观感,所以从前关心政教的人要在民俗歌谣中窥探民风国运,采风观乐在春秋时还是一个重要的政典。我们还可以进一步说,原始社会的文学就几乎等于它的文化,它的历史、政治、宗教、哲学等等都反映在它的诗歌、神话和传说

---

① 威廉斯. 关键词[M]. 刘建基,译. 北京:生活·读书·新知三联书店,2005:272.
② 威德森. 现代西方文学观念简史[J]. 钱竞,张欣,等,译. 北京:北京大学出版社,2006:38.

里面。①

文学虽是一种语言现象，但文学语言与日常语言、科学语言、宗教语言等是不同的。文学语言是情感性、想象性、创造性的符号系统。用美国著名文学理论家勒内·韦勒克的话说，文学的本质就在于它们以语言创造了一个"虚构的世界、想象的世界"："小说、诗歌或戏剧中所陈述的，从字面上说都是不真实的；它们不是逻辑上的命题。小说中的陈述，即使是一本历史小说，或者巴尔扎克的如同记录真事的小说，与历史书或社会学书所载的同一事实之间仍有重大差别。其至在主观性的抒情诗中，诗中的'我'也是虚构的、戏剧性的'我'。小说中的人物，不同于历史人物或现实生活中的人物。小说中的人物不过是由作者描写他的句子和让他发表的言辞所塑造的。他没有过去，没有将来，有时也没有生命的连续性。"②就此意义而论，可以把文学定义为想象性的语言艺术。

第二节　想象的世界与可能的人性

大学生之所以要提升文学素养，就在于文学是大众化的人学。哲学、伦理、宗教所解释的人的存在意义、创造幸福生活等这些形而上的问题，通过生动形象、个性鲜明的语言得到了诠释。简单而言，文学素养可以提高我们的认知水平，锻炼我们的想象力，丰富我们的情感生活，培养我们的美好情操，可以让我们过一种幸福生活——在文学欣赏中体验到性情的和谐。"具有文学知识和文学敏感的人们，从他们阅读的作品中寻求一种特别的快感，这种快感要求一种更深层的阅读能力，它能识别出人意料的审美性质"。③ 总之，文学素养可把"自然人"转化成"社会人"和合乎历史理性的人。

第一，文学作品对真、善、美的讴歌及对假、恶、丑的鞭挞，有助于培养人追求真理，追求至善，追求完美的性情。常言云：求真、向善、爱美、厌伪、憎恶、弃丑是人的一种天性；但在社会生物学的意义上，人根本不存在这种"天性"。虽然有时反思我们爱美弃恶的举动，会觉得它几乎是无意识的，是我们人类"天性"的自然表达，但事实上，你的"天性"早已不再"天真"，而是渗入了"社会性"的东西，"你的自由受习惯和过去所做的一贯选择的限制，引导你意识流的根本因素是由家庭和你在其中成长的文化塑造的。"④而对人的社会理性、社会情感的培养，意识形态的灌输与政治教条的教化所起的作用可谓微乎其微，它更多的是

---

① 朱光潜.朱光潜美学文集(第二卷)[M].上海：上海文艺出版社，1983：239.
② 韦勒克，沃伦.文学理论[M].刘象愚，等，译.杭州：浙江人民出版社，2020：13.
③ 拉马克.文学哲学：重返快感[J].基维.美学指南[M].彭锋，等，译.南京：南京大学出版社，2018：177.
④ 科赫.意识与脑[M].李恒威，安晖，译.北京：机械工业出版社，2015：107.

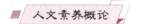

文学、历史、艺术、审美文化无声无息的浸润。正是在文学家创造的审美意象、历史叙事、艺术形象的知觉中,在文学作品所传递的理性的社会信息、情感、知识、观念、信仰的接受中,人的社会理性才潜移默化甚至于无意识的方式培养起来。

文学对人真、善、美社会理性的培育,主要表现于文学作品所塑造的人物形象对人的性情影响这个方面。文学作品中的人物不仅形象鲜明,个性突出,具有知觉输入的"强刺激"力和强大的艺术感染力,而且,这些形象还融入了创造者的好恶褒贬,对人的社会理性的无意识建构产生十分深刻的影响。比如文学作品中的英雄形象,就是个体社会理性建构的一个样板。叔本华曾说过:"一个民族只有通过历史才能完全地意识到自己。于是,历史被认为是对人类的合理认识,历史对于人类犹如反省和联系的意识对于为理性所制约的个人,缺少了它,兽性便会表现出来。……在这种意义上,历史成为整个人类所共有的直接的自我意识,只有凭着历史,人类才成为一个整体,才成其为人类。"[1]这也完全适合文学。如,在文学作品中,无论正义还是善良等所谓正面人物大都被塑造成伟岸、英俊、壮美或优美、圣洁、善果的形象,而那些恶棍、匪徒、叛徒、小人等则被塑造成驼背、畸形、肮脏、污秽等令人作呕的形象。曹操是白脸的,关公是红脸的;许云峰是英俊的,甫志高是丑陋的…… 仅仅从形象知觉上,真、善、美的形象就足以令人们产生尊崇与敬拜的社会情绪,而那些反面人物则引起人们厌恶、弃离的情绪。文学作品中的真善美形象,不仅塑造了人类存在世界的特质,也塑造了人的心灵世界。用认知心理学的原理来解释,追求快乐、愉悦的情绪体验可以说是有机体的生物本能,而这种情绪体验所形成的记忆又促使有机脑更自如地加工与这种情绪有关的感受。久而久之,它就可以形成一种稳定而持久的心理意向。

第二,从心理空间塑造的视角而观,文学作品对人的社会理性的建构,还在于其发掘人性、生活以及世界中的美感,从而激发人们对社会生活人文美感的追求。文学素养的意义不仅在于丰富个体的文学知识,更在于它训练受教育者的高级性情,即能够用真善美的眼睛和情感观察和品位生活和世界,用英雄主义或审美的态度即维护生活美感的态度去做人和做事。一个人一旦拥有了这样一种高级性情,能够从崇高审美的角度去审视人生和生活,那么,他就真正能够出于优美人性的渴求去做好人和做好事,即做好人是为了维系人性美丽的光辉而不是迁就某种伦理制度;做好事是为了维护生活的美丽画面而不是服从某种社会规范。如果全体社会成员都能够形成这种社会理性能力,都能以人性之美、生活之美的理性指导自己做人与做事,那么,这个社会就不仅是一个秩序清明的空间,而且还会是一个十分完美的人道主义社会。我一直坚持的观点是,人生奥秘实质是个美学问题而不是伦理问题与宗教问题,当然更不是什么社会学问题。一个懂得什么是美,能够为美的事物所

---

① 艾德勒,范多伦.西方思想宝库[M].长春:吉林人民出版社,1988:1110.

打动,愿意为美的世界创造付出一切的人,才是实现了人生价值最大化的人;一个由这样的人组成的社会才是一个真正的人文社会。而人的良好性情的培养与提高,很大程度上就在于文学艺术对于个体的熏陶与模塑。正是对文学作品所展现的生活之美、人格之美、艺术之美等各种完美形象的经常加工、反复表征,个体形成了稳定的经验模型。这种经验模型就是我所说的良好性情底版。正是这种良好性情,对文学现象的爱转化为对祖国的爱,对美丽语言的爱转换为对社会秩序的维护,对文学作品所展示的人性之美的敬仰转化为对弱者的怜悯、同情与帮助;对丑陋、邪恶、污秽的憎恶则转化为对人性、生活中丑恶之人之事的拒斥与抨击。

如果我们离开理论思辨,把视野拉回到当代中国社会的文化现实,就会更加清晰认识到文学素养对于人文精神培育的意义。

当代中国正处于从传统社会向现代社会转型的历史时期。我们这里所说的转型,不仅指从计划经济向市场经济的转轨,从极权政治向民主政治的转换,也包括从"精英主义文化"向世俗主义文化的转变。市场经济、民主政治、世俗文化三驾马车拉动着中国社会从传统农业文明向现代工业文明高速奔驰。这场社会转型,不仅加速了整个社会的现代化进程,同时也带来了许多发达国家现代化进程中所遭遇到的一系列难题,这就是维系个体与社会一体化的社会纽带的脆弱乃至撕裂。在许多人的信仰体系中,民族利益、国家利益、社会利益不在,而个体利益、个性主义、个人价值则疯狂膨胀。

应当承认,当代中国社会的这种"人本"思潮,与传统社会强调群体、公家利益至上,泯灭个人价值的社会哲学相比,与20世纪80年代以前那种"大公无私""狠斗'私'字一闪念""革命的事再小也是大事,个人的事再大也是小事"那种对个体利益、个人价值、个性的阉割的意识形态相比,是一种很大的进步,或者说它是当代中国的一次深刻的个性启蒙与精神解放。但是,由于对转型时期的文化思潮缺乏合理的引导,而是采取完全放任的态度,于是,本来推助人性提升与精神进步的文化思潮却走火入魔,滑向了"反人文"的异轨。自由任性,唯我独尊,拒绝群体,嘲弄奉献,躲避英雄,亵渎神圣成为一种文化时尚;利己主义、自由主义、无政府主义、极端个人主义崇尚成为文化生产的目的。

这股气势汹涌的"反人文"文化思潮的形成有多种因素:有市场经济膨胀起来的个人自私自利的欲望;有改革开放过程中社会体制不完善出现的腐败与社会财富分配不公所导致的"反社会"情绪;有社会公义度下降导致的全社会普遍性的"怀旧情结";也有全球化时代域外文化的进入对本土文化的改写;更多的则是由文化世俗化与文化多元化所导致的信仰、价值观、人生观的芜杂与混乱。几千年来一直维系个体与社会一体化之关系的神话、仪式、宗教(儒教)、美德等文化传统流失,从西方而入的现代主义乃至后现代主义文化则语势夺人,贤良、英雄、家国情怀等人文精神开始了流浪。

托克维尔曾说过：一个社会应当有一种教条性的信仰，"一个社会要是没有这样的信仰，就不会欣欣向荣；一个没有共同信仰的社会，就根本无法存在，因为没有共同的思想，就不会有共同的行动，这时虽然有人存在，但构不成社会。"①只有当社会的全体成员对其所拥有的传统、文化、价值观形成共同一致的信仰时，这个社会才能维系与发展。而把一个社会分散的思想、观念、情感、信念整合起来，形成一种公共文化价值观与核心价值体系的，恰恰是这个社会创造与积累起来的文化资本。这种文化资本也就是这个社会的哲学、文学、历史、伦理、艺术等人文文化。

前文曾说，文学不是意识形态，它也不应当成为意识形态。这是文学作为"人学"的灵魂所在。文学一旦意识形态化，它就会变成迂腐的教条、沉闷的道德律令。但这并不意味着文学超然于社会空间之外，无论是为艺术而文学还是为人生而文学都是如此。南帆在批评当代文学理论的"个人化"倾向时写道："文学关注日常生活，关注个人经验和细节。但是，并非历来如此。神话就不是这样。那些大型的史诗也不是如此。那个时期，个人与集体、感性与理性、私人空间与公共空间、文学与历史学或者哲学均未正式区分，神话或者史诗同时承担了这些功能。近现代社会到来之后，由于个人主义的觉醒，日常生活以及个人经验才得到了文学的重视，成为现代文学的一个特点。"②确实，文学家不是社会的牧师，他不应该言说传教的语言；但文学家确是人类真、善、美理想王国的天使，通过有意义的符号形式创造着一个个真的世界、善的世界、美的世界，创造着崇高、伟大、优美、理性、信仰的形象。正是通过这些形象的知觉，社会成员的社会意识即文化认同和社会认同得以形成。因为文学作品所展现出来的集体、民族、国家、英雄的宏伟、伟大、崇高、永恒不仅引起人们的膜拜与委身，而且个体也在这些宏伟与永恒的事物那里看到了个体的不朽与永恒。于是，对个体利益、命运的关注自然转到对群体、民族、社会利益与命运的关注上来。E. A. 罗斯在分析艺术的社会整合功能时曾这样说过："艺术向我们证明了社会本身的存在并使我们得到满足。这个集合的生命被赞美，直到它以其宏大使人神魂颠倒；它被颂扬，直到它以其壮丽的光辉而使人炫目。从而，人们面对宇宙自然流露出来的信赖和敬畏之情被巧妙地引向社会的园地并使它丰产。"③罗斯的表述虽然有些传统，但其思路是对的。《沁园春·雪》以其恢宏的气势、跨时空的文化想象把伟大祖国和伟大人民的优美壮丽的形象展现在世人面前，使人仿佛置身于宏阔壮观、优美妩媚的祖国怀抱之中，一种作为中华儿女的自豪感、荣誉感以及为其献身的使命感油然而生。郭小川的《祝酒歌》把我们的祖国爱、社会情燃烧得沸沸腾腾：

① 托克维尔. 论美国的民主(下卷)[M]. 董果良，译. 北京：商务印书馆，2009：524.
② 南帆. 文学意义的生产与接受：六个问题[J]. 东南学术，2010(6).
③ 罗斯. 社会控制[M]. 秦志勇，毛永政，译. 北京：华夏出版社，1989：202.

山中的老虎呀，

　　美在背；

　　树上的百灵呀，

　　美在嘴；

　　咱们林区的工人啊，

　　美在内。

　　斟满酒，

　　高举杯！

　　一杯酒，

　　开心扉；

　　豪情，美酒，

　　自古长相随。

　　祖国是一座花园，

　　北方就是园中的腊梅；

　　小兴安岭是一朵花，

　　森林就是花中的蕊。

　　花香呀，

　　沁满咱们的肺。

　　祖国情呀，

　　春风一股往这儿吹；

　　同志爱呀，

　　河流一般往这儿汇。

　　党是太阳，

　　咱是向日葵。

　　…………

　　想昨天；

　　百炼千锤；

　　看明朝，

　　千娇百媚；

谁不想干它百岁！

活它百岁！

舒心的酒，

千杯不醉；

知心的话，

万言不赘；

今儿晚上啊，

咱这是瑞雪丰年宣誓的会。

在这明快流畅、气势豪放的诗句中，你难道不能感受到集体力量的美、伟大的社会事业的美、为祖国的繁荣富强作贡献的英雄豪情的美？20世纪五六十年代的中国工人阶级，有几个不是吟诵着郭小川的这首《祝酒歌》而为国家和社会敬业奉献的呢？小说《红岩》《烈火金刚》《欧阳海之歌》，散文《荷花淀》《雄关赋》等，从我们咿呀学语的那一天起，就对我们进行爱国主义、集体主义、社会主义的理想和信念教育，培养我们的社会责任感以及为国家的繁荣富强而努力奋斗的人生观与价值观。

尽管从文艺美学的角度审视，这些文学作品过分注重思想性而淡化了艺术性，或者片面强调"典型"意义而缺乏审美上的深刻，但他们所表现出来的那种明朗而单纯的美，所展现的英雄主义理想和社会集体生活的崇高与和谐之美，不正是创造了新中国成立后前30年中华民族的凝聚力和社会主义亲和力、向心力的"神话"么？它们确实像而且确实具有意识形态性，但意识形态并不丑陋也不可怕。我更赞同格尔兹的看法："无论意识形态还会是什么——无名恐惧的投射，别有用心的伪装，群体团结的庸俗表达，它们最为鲜明的特点是问题重重的社会现实的地图和创造集体良心的母体。"[①]其实，作为一种社会动物，我们从来就不曾与意识形态绝缘，只不过不同的时代、不同的个体有着与意识形态独特的对话方式而已。阿尔都塞说得对，所有的文化都具有意识形态性。因为所谓意识形态，其实就是社会的一种意义框架。它既不圣洁也不龌龊，仅仅是社会整合的符号体系。

尽管现代社会已不是传统社会，不再是那个以群体价值、道德完美、国家与民族利益为个体理想的时代。大公无私的理想主义、肉体折磨的禁欲主义、谦卑忏悔的僧侣主义等弃绝世俗快乐、专注精神崇高的生存方式已不再是个体生命的唯一价值，文学家也不再戴着这个社会的魔法师、巫士、道德家、传教士的面具充当意识形态的宣传者，但是，在培养人的社会理性，维系精神一体化，强化社会认同方面，文学的功能并没有消失。现代文学乃至后

---

① 格尔兹.文化的解释[M].纳日碧力戈，等，译.上海：上海人民出版社，1999：246.

现代文学仍然通过其独特的艺术语言向人们传递着真善美的信息,培养着社会大众的国家、民族意识和社会认同与亲和的情感和意识。《红高粱家族》《人生》《平凡的世界》《白鹿原》等,就是典型的例证。从某种意义上我们甚至可以说,现代文学比起传统文学,对大众社会意识与情感的教育与培育影响更甚。因为它不再通过震耳欲聋的话语喧哗而是通过大众文化那通俗易懂、轻松愉快的形式,以更接近生活、更接近人性的形象演绎着意识形态,使人对文学艺术所表达的语义形成认同。如果说,传统社会的人文教育带有强制灌输的教义性质的话,那么,现代社会的人文教育则具有魔法的性质。这是事实。在这个消费社会或日常生活审美化的社会里,文学社会整合的功能不是遭到了消解而是在方式上发生了变化。功能上得以强化:以娱乐取代说教,以诱惑取代灌输,以温馨的话语取代严肃的律令,以创造出来的需求取代强制性规范,以参与和行动取代被动接受。在轻松快乐的文化游戏中,在通俗文学所流露出的那诱人而缠绵的眼神中,在趣味盎然的纪实文学中,个体的兴趣、理想、价值观被无意识地引导并集合到社会系统上,从而实现了社会的意识、情感、信念、价值的整合。这就是很多文学作品成为经典的秘诀。"文学史上存在众多经典之作,然而,它们成为经典的原因远非一致。从罗贯中的《三国演义》到曹雪芹的《红楼梦》,从荷马的《伊利亚特》到卡夫卡的《城堡》,这些作品的素材、历史视野、美学风格以及叙述模式相距甚远,但是,它们都无可置疑地赢得了经典的荣誉。所以,严格地说,文学传统仅仅表示代代相传,而相传的内容并不相同。'温柔敦厚'的诗教也罢,建安风骨也罢,浪漫主义也罢,现实主义也罢,我们曾经遇到形形色色的文学传统。然而,这一切如今不再是奉行不二的圭臬。没有哪一种文学传统永恒不灭,犹如没有哪一种文学传统与生俱来。事实上,众多文学传统内部只有一种共同精髓——独创精神。独创带来的成功赢得了尊敬与崇拜。"①所谓"独创",不仅是艺术手法的创新,更主要的是对文学所表现的主题、思想的创新,一句话,文学之人文精神的创新。

第三,文学作品也有易于培养人健康的心理。早在 2000 多年前,亚里士多德就发现了艺术(主要是悲剧欣赏)具有一种情感宣泄即心理净化的意义。亚里士多德所说的心理净化,从现代心理学的角度来解释,就是调节情绪障碍,促进心理健康的一种有效形式。其实,不仅是悲剧欣赏,所有文学作品欣赏、创造等活动,都有助于个体的心理卫生,即通过文学欣赏宣泄人们心理世界中的郁闷、痛苦、怨恨、焦虑等消极情绪,促进个体心理的健康与和谐,乃至于形成个体的自尊、自重等健康的人格结构。按照勒内·韦勒克的文学价值论,文学不仅培育健康的情感,而且还帮助人形成"高级"的心智——审美严肃性或知觉严肃性:

---

① 南帆.文学理论十讲[M].福州:福建教育出版社,2018:21.

　　文学给人以快感，并非从一系列可能使人快意的事物中可以选择出来的一种，而是一种"高级的快感"，是从一种高级活动，即从无所希求的冥思默想中取得的快感。而文学的有用性——严肃性和教育意义——则是令人愉悦的严肃性，而不是那种必须履行职责或必须汲取教训的严肃性……①

　　对于我的上述分析与解释，也许有人不以为然：并非文学欣赏有如此功能，任何一种文化游戏、任何一种技能培训都能达到如此效果。我当然不否认其他文化游戏也能取得这些成效。但我还是觉得，文学活动具有其他文化活动无可替代的功能。特别是对那些自卑感很强烈甚至于接近一种绝望心态者而言尤其如此。其他活动（如法律、政治等）具有明显的信息指向性，这些信息往往会使他们产生逆反心理，将其理解为是对自己"罪恶"的清算。文学游戏则不然，它没有那么清晰的信息针对性，它仅仅是一种游戏，一种弗洛伊德所说的"白日梦"，一种任何人都可以自由愉快地玩的游戏，一种没有逻辑、理性而只有情绪、想象组织起来的符号游戏。在这里，"我们是那个世界的创世者，在此，限制我们身体活动的世界和空间都无能为力。"②在文学活动中，任何主客对峙、善恶判断都消除了，人完全投入于感性快乐的游戏之中，不仅给人一种轻松、自由、愉悦之感，而使这个特殊的群体忘记了自己属于"另一个世界"的人，是被这个社会标记为"邪恶"符号的存在，是那些声名狼藉、十恶不赦的恶棍，是一批黯淡无光、平庸无耻、卑微低贱的社会废料，而是和其他人一样属于同一个世界的平等公民，有着正常人的情感、性情与能力。正是这种"自我"感受，消除了他们的自卑情绪，恢复了他们的自尊。特别是当他们的游戏作品受到社会的评价与奖励（只有在游戏的评价中，人们才能消除"身份"的偏见而且公正平等地评判）后，这对他们自尊心是极大的肯定。

　　精神分析学的这一观点，如用知觉心理学和文艺心理学的原理来解释，即个体在与文学的相遇中，每一次快乐与成功的精神体验，都形成了一种经验模型，这种心理经验由于满足了有机体最基本的生命管理自动平衡系统的活动，又使得有机体经常会加工与体验这种经验；随着体验的增加，经验的完型，个体和谐、健康的心理不知不觉地形成。弗吉尼亚·伍尔夫曾有一段优美的文字，可谓对我上述观点的有力佐证：

　　想起伊丽莎白时代的宏大景象，我们的不安就会得到抚慰；语句的自然流淌和降临让我们平静地睡去，或者让我们骑在高大平缓的马背上穿过碧绿的草原。这是炎炎夏季里最令人陶醉的氛围。他们谈论着他们的商品，而在那里你看到了这些商品；他们在批量、颜色与品种上比轮船运来并堆积在码头上的商品看上去

　　① 韦勒克，沃伦. 文学理论［M］. 刘象愚，等，译. 杭州：浙江人民出版社，2020：18.
　　② 弗罗姆. 被遗忘的语言［M］. 郭已瑶，等，译. 北京：国际文化出版公司，2007：6.

更为具体、更为清楚；他们谈论着水果，那些红的、黄的、圆球似的东西一个个挂在原生的果树上无人摘取；他们的视野里就是这样的土地；清晨的薄雾刚刚升起，花儿也自由地开谢。青草上面第一次出现一长串白色的足迹。对于那些刚刚发现的小镇来说，这同样也是第一次。因此，在你读这厚厚的书页的过程中，随意翻阅，想睡就睡，一种幻想产生了，你觉得小河摆脱了两岸的束缚，林间的空地向人们敞开，白色的城堡显现了出来，金色的屋顶和象牙塔也出现了。这的确是一种氛围，不只是柔软和优美的，也是富足的，许多人都能在单纯的阅读中捕捉到它。①

伍尔夫这里所说的"不安得到抚慰""让我们平静地睡去"，或者"让我们骑在高大平缓的马背上穿过碧绿的草原"而感受到"炎炎夏季里最令人陶醉的氛围"，正是文学对人健康的心理情感的塑造。如用朱光潜先生的语言来表述，即："凡是文艺都是根据现实世界而铸成另一超现实的意象世界，所以它一方面是现实人生的返照，一方面也是现实人生的超脱。在让性情怡养在文艺的甘泉时，我们霎时间脱去疲劳，得到精神的解放，心灵如鱼得水地徜徉自乐；或是用另一个比喻来说，在干燥闷热的沙漠里走得很疲劳之后，在清泉里洗个澡，绿树荫下歇一会凉。"②

第三节　原典阅读

文学与人生

朱光潜

1. 文学的产生

文学是以语言文字为媒介的艺术。就其为艺术而言，它与音乐、图画、雕刻以及一切号称艺术的制作都有共同性：作者对于人生世相都必有一种独到的新鲜的观感，而这种观感都必有一种独到的新鲜的表现；观感与表现即内容与形式，必须打成一片，融合无间，成为一种有生命的和谐的整体，能够使观者由玩索而生欣喜。达到这种境界，作品才算是美。美是文学与其他艺术所必备的特质。就其以语言文字为媒介而言，文学所用的工具，无待外求，不像形色之于图画雕刻，乐声中于音乐。每个人不都能运用形色或音调，可是每个人只要能说话就能运用语言，只要能识字就能运用文字。语言文字是每个人表现情感思想的一套随身法宝，它与情感思想有最直接的关系。因为这个缘故，文学是一般人接近艺术的

① 拉马克.文学哲学：重返快感[M]//基维.美学指南[M].彭锋，等，译.南京：南京大学出版社，2018：170.
② 朱光潜.朱光潜美学文集（第二卷）[M]上海：上海文艺出版社，1983：245.

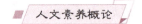

一条最直接简便的路;也因为这个缘故,文学是一种与人生最密切相关的艺术。

我们把语言文字连在一起说,是就文化现阶段的实况而言,其实在演化程序上,先有口说的语言而后有手写的文字,写的文字与说的语言在时间上的距离可以有数千年乃至数万年之久,到现在世间还有许多民族只有语言而无文字。远在文字未产生以前,人类就有语言,有了语言就有文学。文学是最原始的也是最普通的一种艺术。在原始民族中,人人都欢喜唱歌,都欢喜讲故事,都欢喜模拟人物的动作和姿态。这就是诗歌、小说和戏剧的起源。于今仍在世间流传的许多古代名著,像中国的《诗经》,希腊的《荷马史诗》,欧洲中世纪的民歌和英雄传说,原先都由口头传诵,后来才被人用文字写下来。在口头传诵的时期,文学大半是全民族的集体创作。一首歌或一篇故事先由一部分人倡始,一部分人附和,后来一传十,十传百,辗转相传,每个传播的人都贡献一点心裁把原文加以润色或增损。我们可以说,文学作品在原始社会中没有固定的著作权,它是流动的,生生不息的……这种文学作品最能表现一个全社会的人生观感,所以从前关心政教的人要在民俗歌谣中窥探民风国运,采风观乐在春秋时还是一个重要的政典。我们还可以进一步说,原始社会的文学就几乎等于它的文化,它的历史、政治、宗教、哲学等等都反映在它的诗歌、神话和传说里面。希腊的神话史诗、中世纪的民歌传说以及近代中国边疆民族的歌谣、神话和民间故事都可以为证。

…… ……

2.文学与人生意义

先谈文学有用无用问题。一般人嫌文学无用,近代有一批主张"为文艺而文艺"的人却以为文学的妙处正在它无用。它和其他艺术一样,是人类超脱自然需要的束缚而发出的自由活动。比如说,茶壶有用,因能盛茶,是壶就可以盛茶,不管它是泥的瓦的扁的圆的,自然需要止于此。但是人不以此为满足,制壶不但要能盛茶,还要能悦目赏心,于是在质料、式样、颜色上费尽心思以求美观。就浅狭的功利主义看,这种功夫是多余的,无用的;但是超出功利观点来看,它是人自作主宰的活动。人不惮其烦要作这种无用的自由活动,才显得人是自家的主宰,有他的尊严,不只是受自然驱遣的奴隶;也才显得他有一片高尚的向上心。要胜过自然,要弥补自然的缺陷,使不完美的成为完美。文学也是如此。它起于实用,要把自己所知所感的说给旁人知道;但是它超过实用,要找好话说,要把话说得好,使旁人在话的内容和形式上同时得到愉快。文学所以高贵,值得我们费力探讨,也就在此。

这种"为文艺而文艺"的看法确有一番正当道理,我们不应该以浅狭的功利主义去估定文学的身价。但是我以为我们纵然退一步想,文学也不能说是完全无用。人之所以为人,不只因为他有情感思想,尤在他能以语言文字表现情感思想。试假想人类根本没有语言文字,像牛羊犬马一样,人类能否有那样光华灿烂的文化? 文化可以说大半是语言文字的产品。有了语言文字,许多崇高的思想,许多微妙的情境,许多可歌可泣的事迹才能流传广播,由一个心灵出发,去感动无数心灵,去启发无数心灵的创造。这感动和启发的力量大小与深浅,就看语言文字运用的好坏。在数千载之下,《左传》《史记》所写的人物事迹还活现在我们眼前,若没有左丘明、司马迁的那种生动的文笔,这事如何能做到? 在数千载之下,柏拉图的《文艺对话集》所表现的思想对于我们还是那么亲切有趣,若没有柏拉图的那种深入浅出的文笔,这事又如何能做到? 从前也许有许多值得流传的思想与行迹,因为没有遇到文人的点染,就湮没无闻了。我们自己不时常感到心里有话要说而说不出的苦楚么? 孔子说得好:"言之无文,行之不远。"单是"行远"这一个功用就深广不可思议。

柏拉图、卢梭、托尔斯泰和程伊川都曾怀疑到文学的影响,以为它是不道德的或是不健康的。世间有一部分文学作品确有这种毛病,本无可讳言,但是因噎不能废食,我们只能归咎于作品不完美,不能断定文学本身必有罪过。从纯文艺的观点看,在创作与欣赏的聚精会神的状态中,心无旁骛,道德的问题自无法闯入意识阈。纵然离开美感态度来估定文学在实际人生中的价值,文艺的影响也绝不会是不道德的,而且一个人如果有纯正的文艺修养,他在文艺方面所受的道德影响可以比任何其他体验与教训的影响更为深广。"道德的"与"健全的"原无二义,健全的人生理想是人性的多方面的和谐的发展,没有残废也没有臃肿。譬如草木,在风调雨顺的环境之下,它的一般生机总是欣欣向荣,长得枝条茂盛,花叶扶疏。情感思想便是人的生机,生来就需要宣泄生长,发芽开花。有情感思想而不能表现,生机便遭窒塞残损,好比一株发育不完全呈病态的花草。文艺是情感思想的表现,也就是生机的发展,所以要完全实现人生,离开文艺决不成。世间有许多对文艺不感兴趣的人干枯浊俗,生趣索然,其实都是一些精神方面的残疾人,或是本来生机就不旺盛,或是有旺盛的生机因为窒塞而受摧残。如果一种道德观要养成精神上的残废人,它本身就是不道德的。

表现在人生中不是奢侈而是需要,有表现才能有生长,文艺表现情感思想,同时也就滋养情感思想使它生长。人都知道文艺是"怡情养性"的。请仔细思索"怡养"两字的意味! 性情在怡养的状态中,它必定是健旺的,生发的,快乐的。这"怡养"两字却不容易做到。在这纷纭扰攘的世界中,我们大部分时间与精力都用在解决实际生活问题,奔波劳碌,很机械地随着疾行车流转,一日之中能有几许时刻回想到自己有性情? 还论怡养! 凡是文艺都是根据现实世界而铸成另一超现实的意象世界,所以它一方面是现实人生的返照,一方面也是现实人生的超脱。在让性情怡养在文艺的甘泉时,我们霎时间脱去疲劳,得到精神的解放,心灵如鱼得水地徜徉自乐;或是用另一个比喻来说,在干燥闷热的沙漠里走得很疲劳之后,在清泉里洗个澡,绿树荫下歇一会凉。世间许多人在劳苦里打翻转,俗不可耐,苦不可耐,原因只在洗澡歇凉的机会太少。

…… ……

文艺到了最高的境界,从理智方面说,对于人生世相必有深广的观照与彻底的了解,如阿波罗凭高远眺,华严世界尽成明镜里的光影,大有佛家所谓万法皆空,空而不空的景象;从情感方面说,对于人世悲欢好丑必有平等的真挚的同情,冲突化解后的和谐,不沾小我利害的超脱,高等的幽默与高度的严肃,成为相反者之同一。伯格森说世界时时刻刻在创化中,这好比一个无始无终的河流,孔子所看到的"逝者如斯夫,不舍昼夜",希腊哲人所看到的"濯足清流,抽足再入,已非前水",所以时时刻刻有它的无穷的兴趣。抓住某一时刻的新鲜景象与兴趣而给予永恒的表现,这是文艺。一个对于文艺有修养的人决不感觉到世界的干枯或人生的苦闷,他自己有表现的能力固然很好,纵然不能,他也有一双慧眼看世界,整个世界的动态便成为他的诗,他的图画,他的戏剧,让他的性情在其中"怡养"。到了这种境界,人生便经过了艺术化,而身历其境的人,我想,可以算得上是一个有"道"之士。从事于文艺的人不一定都能达到这个境界,但它究竟不失为一个崇高的理想,值得追求,而且在努力修养之后,可以追求得到。①

作者简介

朱光潜,(1897—1986),字孟实,安徽桐城人。现当代著名美学家、文艺理论家、教育家,中国现代美学奠基人。主要著作有:《文艺心理学》《悲剧心理学》《西方美学史》《谈美书简》等,译著有黑格尔《美学》,维科《新科学》等。

 思考题

1. 文学理论和文学批评是怎样的关系?
2. 文学的人文性表现在哪里?

---

① 朱光潜.朱光潜美学文集(第二卷)[M].上海:上海文艺出版社 1983.

第十一章 人文的世界：语言素养

第一节 语言与精神生态

作为有机体生命机能的一部分，作为人类在千万年进化过程中最早获得的工具系统，语言与人类相伴的历史至少可以追溯到"智人"时代。千百万年来，人类通过它在这颗小行星上生存、繁衍、发展乃至于进化到今天这样一种高度智能化的种群。然而，让我们感到惊愕的是对于人类的这个"老伙伴"，我们对它的价值却思考甚少。直到今天，人们语言知识系统中的存储仍是那点既少得可怜又古旧传统的语言价值理论：语言是人类最重要的思想要素和表达思想的工具系统。而实际上，我们利用语言所做的和我们对语言所做的价值评判远不成比例。我们需要重新认识语言。

按社会语言学家的解释，人类的语言主要有八种功能：表白功能、认识功能、人际功能、信息功能、指令功能、执行功能、情感功能和美感功能。

表白功能主要是为了传达说话人或写作人自己的感受，而不管有没有听众或读者。从这一点上看，语言是心灵的符号。

认识功能即通过语言来认识我们的世界。语言作为意识的要素，作为思维的工具，离开它，意识就难以产生，思维就无法进行，认识也就难以形成了。如果没有语言，我们所面对的世界不过是一堆杂乱的符号而已，没有秩序，也没有规律。正是通过语言，我们才清楚地区分开世界的不同范畴，区分开时间和空间，区分开"这儿"与"那儿"。在语言人类学的视角下，符号系统，特别是词汇，是经验的分类。根据我们对事物性质、特征的感受，我们用词汇将世界分门别类。我们的符号体系创造出一个主观的现实世界。正是通过符号，我们才把一个物理世界变成了多元化的人的世界，从而有了宗教（上帝与仆人）、道德（善与恶）、美感等，使本来没有什么意义可讲的世界变成了可以解释的世界。每一种文明都通过自己独特的语言系统和符号系统（艺术的、宗教的和科学的语言）来理解和建构世界。使本来没有意义的世界（如动物的感觉世界）具有了意义。

人际功能也是语言的一个最重要的功能，也可以说是语言的元功能。正如马克思所说，"只是由于需要，由于和他人迫切交往的需要"①才产生了语言。语言就是在人际交往中、在彼此的联系中才产生的。所以我们说语言的这一功能是它的元功能。所谓人际功能主要包括两点：①建立和保持接触；②确立地位。如见面时说"你好吗？""好啊！"或谈论天气（保险的和明显的话题）、聊聊旅行的情况等等，纯粹是为了建立人际关系；确立地位主要是指发话人和受话人根据各自的角色，如教师和学生、监工与工人、政府官员与请愿者，使用不同形式的语言来确立自己的地位。

语言的信息功能通常被视为语言最重要的功能。可以说，这是语言作为人类所独自拥有的符号系统所具有的一个主要功能。"语言是信息的重要载体，又是信息的主要形式。"②通过语言文字的媒介，使人类互相沟通，信息交换成为可能。而且，语言作为一种信息形式，对于人们的认知结构和知识系统的形成产生强烈影响。

指令功能主要是通过言语交流，影响受话人的行为反应，使其做出某种行动。

执行功能主要是为了改变受话人的状态。

情感功能主要是用语言来影响受话人的情绪，即通过语言的情感要素来引发他人的情感。政治家、演说家、牧师等善于利用语言的这种功能。他们在讲话时提供极少的信息而利用大量的情感辞藻和表情手段来打动听众。

美感功能指利用恰当的艺术修辞手法，如生动的比喻、悦耳的韵律、鲜明的词汇、变幻的语序、严密的逻辑以及巧妙的上下文过渡使文章或讲演引人入胜，就像木头可以被雕成美丽的雕塑，词语可以被安排成美感的语篇。③

正因为人类的语言具备上述八种功能，所以，语言学家把语言定义为：

> 语言，人类特有的一种符号系统。当作用于人与人的关系的时候，它是表达相互反应的媒介；当作用于人和客观世界的关系的时候，它是认知事物的工具；当作用于文化的时候，它是文化信息的载体。④

如果从语言形式学的角度看，人类社会的语言体系基本上可以标划为三种不同的闭合系统，它们分别是：自然语言，用于人们的日常交流与沟通；科学语言，属于科学（自然科学、

---

① 马克思，恩格斯.马克思恩格斯选集（第1卷）[M].中共中央马克思恩格斯列宁斯大林著作编译局，编译.北京：人民出版社，1974：35.

② 高长江.现代修辞学——人与人的世界对话[M].长春：吉林大学出版社，1991：27.

③ 奈达.关于社会语言学[C]//祝畹谨.社会语言学译文集.北京：北京大学出版社，1985.

④ 中国大百科全书出版社编辑部.中国大百科全书·语言文字[M].北京：中国大百科全书出版社，1988."语言"条（许国璋撰）.

社会科学和人文科学）领域科学家共同体所使用的一套专业语言；文化语言，我指的是人类特殊的文化实践——神话、宗教、巫术行为以及某些仪式中的语言。语言学主要研究人类自然语言，科学语言和文化语言研究被移交给科技哲学和文化哲学。但科技哲学和文化哲学更热衷于形而上的"大问题"研究而对"形而下"的语言问题似乎不大感兴趣。尤其是文化语言，由于它的活动目的不在于交往与信息沟通，尽管它也承载信息，而是通过这种仪式化、范本化的符号体式融入仪式之中，如唤起人们的文化记忆，建立表达者（个体或共同体）与历史、与文化系统的连接关系，给人以清晰稳固的意义框架，维系个体和共同体的文化认同，进而维系人类精神生活的秩序性。

近年来，人类的语言认知开始从工具价值而转向基础价值层面。传统的语言认知是，作为一套符号系统，语言的价值在于它不仅可以帮助我们澄清意识，整理思想，构成命题，而且它也为我们提供了表述思想、意识、观念的媒介。但现代哲学、心理学、认知科学已经不再满意学者们给出的这些语言价值解释，人们开始透过词语符号表层的茧皮，去触摸这层老茧皮下那新鲜稚嫩的肉芽。其实，语言符号不仅具有稳固意识，使脑中之水的"漂浮物"得以固定的功能，即传递思想，使沟通与行动成为可能的价值，而且，它也具有使不同的"漂浮物"连接起来的价值，甚至具有使"漂浮物"幻变的价值、使水底的"沉淀物"漂浮的功能。言语行为者犹如一位乘客，语言犹如一艘舟船，当人踏上这艘舟船时，一次奇妙的"漂流"便开始了。这艘舟船不仅可将我们漂流到我们想去的地方，而且也可能将我们带往一个意想不到的陌生的世界，甚至于中途触礁翻船而落入水中。"语言漂流"不仅有兴致，也有新奇与浪漫，当然也有冒险和灾难。这实在无奈。作为符号动物，我们注定要被赶上由各种符号幽灵打制而成的这艘舟船。这趟"漂流"是目标旅行还是意外奇遇，是快乐体验还是一场灾难，不仅取决于我们的驾驶技术，也取决于我们的运气。这个比喻想说明的一个道理是，我们在使用符号的过程中，所获得的收获其实是多元的，既有定向的，也有突生的；不仅在向他者传递我们的意识、观念与情感，也是使得"我"与"他"们体验惊奇、寻找归属以及促使心理世界中的某种意识、观念、情感等流动起来这样一种精神活动。简单地说，人类语言至少具有信息沟通、奇迹体验、文化回忆、心理引导这样四种价值。

第一，作为一个受基因与环境复杂多样的交互作用而重建生物结构的特殊的物种，人只能活在信息世界中，语言能力被剥夺人就会不正常。但信息不在基因组中，而在各种环境与有机体相互作用产生的信号中，在语言中。"语言就是发出语音，用以影响其他人的行为；反过来看，语言就是听话者对这些声音的译解，由此可以明白说话者心里想什么。"这儿立刻就发生一个问题：为什么一定要用这种办法？因为心和心之间直接交互不可能，就产生这种必要性。我们要传给别人一个信息，不能直接把我们的思想送到他心里去。为了传递信息，我们可以带一朵花、用特殊的方式贴邮票、扮鬼脸、做手势、出怪声。碰到海伦·

凯勒这种例子,她又瞎又聋,老师只能利用触觉。她发明一套用手指轻轻敲击的系统,这样两个人之间就可以沟通。要是没有这一套,便不能造就海伦·凯勒的教育奇迹。因为只有用某种方式影响感觉器官,我们才能把信息传到对方的心里去。这种在心与心之间建立交流的方式构成了语言的根本问题。"①

第二,我们总是置身于具体的言语中,总是处于某种语言知觉中,总是游戏在周围词语的网络中。对于个体或共同体来说,词语、言说并非零星的或者偶然发生的生理事件,或生物学意义上的动物游戏,彼此之间的闲聊,而是不断呈现着某些在场或空虚的存在者,给我们以奇妙的体验。

第三,语言复活着言语行为者的某些心灵印记,使其回忆着某种生活方式。正是通过"回忆""呈现"等认知活动,言说此种文化方言的人群形成认同,确立了自己的身份归属,如维特根斯坦所说,通过共同的语言游戏形构共同的生活形式,结成了共同体。滕尼斯的古典共同体理论已明确了这一点:"默认一致的真正的机关是语言本身,默认一致就是在这个机关里发展和培育它的品质。"②

第四,语言也是一种心理引导装置。在认知心理学意义上,人的脑作为一种物理装置,它的运动遵循物理学的规律,即按照物理的法则把一个个离散的粒子(脑神经元)组合起来,形成一个网络系统。人类的意识、心理生活就建立在这个系统正常运行的基础上。如果网络连接中断或运行异常,就会出现意识、心理问题,即精神异常。人类的语言体系也是这样一个物理系统,它同样遵循物理法则(句法规则)将一个个离散单位(单词)组合在一起形成语句。按现代认知语言学的观点,人类的语言机制是一种"生物蓝图",先天地嵌入我们的"新哺乳动物脑"(新皮质)中,那么,这也就意味着,人类大脑的神经结构与语言的语法结构是同一种模型,运动的法则也是相同的,因此也可以互相影响。人的大脑发生异常,其生产的语句也不正常(如狂言谵语);同样,脑-心理系统异常,我们也可以通过向其输入语言系统对脑结构进行调节。尤其人类的语言不仅具有物理的规律,而且还有心理表征(语义)的能力,能通过人使用特殊的材料产生异样的感受等。也就是说,人类的言语加工不仅是物理信号形式的处理,言说的情境以及内隐的认知模型也都参与信息加工活动。因而,人类的言语行为,无论是编码还是译码,都是一种知觉加工,因而也是一种意识加工,一种心理构建。从语音到语义、句法,从言语情境到认知模型、从脑水平到心理水平,从认知心理到文化心理,所产生的神经与心理反应不仅将人们的知觉之流通过句法编码成经验表征,而且还产生情绪感受以及想象、幻想等心理活动。

---

① 帕默尔.语言学概论[M].北京:商务印书馆,2013:5.
② 滕尼斯.共同体与社会[M].林荣远,译.北京:商务印书馆,1999:72.

第二节　诗意地栖居在大地上

如果说,语言是存在的家园,存在者通过语言获得了生命实在,那么,我们便可以理解语言作为人类人文文化的另一意义:护佑人类诗性地居留在大地上。

语言是一切存在者的栖居之所,世界万物离开语言便无家可归。正因为语言,世界上所有的"存在者"才能够明晰起来,成为真实的"在场"和光芒四射的"吸引物"。尤其是被我称之为生活世界中的"文化语言",如文学语言、地方语言,通过其艺术性、历史性、审美性守护着人的世界,使人诗性地栖居。如文学、戏曲、传说故事、歌谣、仪式音声等,它们都是高度修辞化、美学化的。以民俗文化的语言为例,它们不仅具有浓郁的地方特色,而且融汇了在地的文化传统与智慧、生活形式与审美情趣等诸多地方文化元素。在海德格尔看来,"方言天生就比普通话和打磨得光滑的交往语言更能诗性地言说"。① 人之诗性地栖居,实质是栖居在诗性的语言中。所谓"诗性的言说"或"诗性的语言"不是说用作为一种文学体裁的诗歌的格律组成的语言和话语,而是说这种语言具有深厚的历史感和饱满的情感温度。在这种语言中,在场者和不在场者、过去和未来、平凡与超凡地交织在一起,给人以存在的整体感、根基感和梦幻感。用海德格尔的话说,这种"语言敞开着人赖以栖居的领域,人在苍天护佑下的大地上拥有世界之乡而栖居的领域。"②如果用美国人类学家伊万·布莱迪的"人类学诗学"理论来观照,也可谓人们的一种"人类学诗学"之实践:传说、故事、戏剧、歌谣等话语系统不仅产生"好的故事""引人入胜的戏剧",而且,它"既传达信息又是情感的表露,既诉诸视觉又诉诸听觉……在唤起想象的意义上,它开启了华兹华斯所说的'心灵之眼',让我们捕捉济慈'听不见旋律'之颤动……"③也正是这种"人类学诗学"之体验,使人不仅丰富了语言知识、文化知识,而且通过诗性语言浸润人性深化了人的存在体验。在经典人类学的意义上,我们也可将这种"人类学诗学"视为人类诗性栖居的护佑。我们就以生活世界的真善美之言与人诗性地栖居的关系为样本对此进行解释。

如前所述,人类所使用的这套语言符号,不仅是意识的物质外壳,思想沟通的媒介,也是人类生命存在的血脉。机体、精神不仅通过语言信号刺激所激活,也通过加工、编码、存储语言的语义乃至于语法形成自己的内涵;通过对语言的深加工——从语义到语感——而生成生命自己的品质。马克思、恩格斯曾风趣地说:"'精神'从一开始就很倒霉,受到物质

---

① 海德格尔.思的经验[M].陈春文,译.北京:商务印书馆,2018:158.
② 海德格尔.思的经验[M].陈春文,译.北京:商务印书馆,2018:134.
③ 布莱迪.人类学诗学[M].徐鲁亚,等,译.北京:中国人民大学出版社,2010:15,163.

的纠缠,物质在这里表现为震动着的空气层,声音,简言之,即语言。"①对马克思、恩格斯这个描述的再诠释,我们便得到了语言对人类精神建构的一幅图像。维特根斯坦对此也坚信不疑。他认为,人们的精神问题就源于语言的问题。维特根斯坦后半生所从事的工作,就是通过消除语言的"迷惑"来消除人们的精神困惑。其实,早在维特根斯坦之前一百多年,著名人类语言学家威廉·冯·洪堡特就提出了比维特根斯坦走得还远的观点:语言影响着人类的精神气质。在洪堡特看来,语言对民族精神的影响,不仅在于语言的概念范畴影响人的世界观框架,而且还在于语言的体式、风格也会影响人们的精神状态。他在《论人类语言结构的差异及其对人类精神发展的影响》这部人类语言学名著中不止一次地论述了人类的精神状态与语言样式之间的关系。如:"如果形式既贫乏,又含混不清,思想就不可能在广阔的言语领域里自由驰骋";语言具有准确性、灵活性、明晰性、生动性以及和谐悦耳的声音(他所谓的"散文语言"),精神就同样能够得到自由、从容、审慎的发展;"语音配合具有独特的节律和音乐形式,借助于这些形式,语言把人们带入了另一个领域,强化了人们对自然美的印象"。② 在这些言简意赅的文字里,洪堡特告诉了我们一个基本的语言心理学观念:语言不仅是精神的表现形式,它也影响着人的精神性态。

至此,语言与人类精神存在之神秘关系现在已经完全清楚了。作为人类这个物种所拥有的独特的符号体系,语言不仅承担着传递信息、分享经验、形构思想的媒介职能,而且它也是生命运动乃至存在的刺激物和"血脉",并通过血液、血流影响有机体的"内环境",如心脏等,产生脑的化学反应,并形成脑的不同的神经表征以及心理经验、精神体验。当这种"体验"形式形成了系统的意识模式时,便形成了人们所谓的"精神品质"。清晰明了、悦耳动听、典雅庄重的语言,更有益于塑造人们健康、和谐的精神;而含糊不清、杂乱刺耳、轻浮无味的语言则可使人们的情绪悲观失落,精神颓唐不振,甚至丧失存在的信念。

在人类语言未被技术"座架"之前,语言成为传递人类的人文精神人文符号,护佑芸芸众生诗性地居留于世界。正如人类语言/精神生活史所呈现的那样,前现代社会,在那个"圣光普照"的年代里,人类的交往生活不仅遵循着人性的基本属性,如冯·洪堡特所说的那样:"心灵最有利、最敏感、最深刻亦且最富足的内在源泉,它用自己的力量、温暖以及深奥的内蕴浇灌着语言,而语言则回应以一些相似的音,以便在他人身上引发相同的情感"③,而且也拥有诗性的特质。尽管我们现在已经难以复原上古时期人类语言生活的原始场景,但是,原始语言的诗性特征,即它的情感性、真诚性、艺术性(比喻)特征却是语言

---

① 马克思,恩格斯.德意志意识形态[M].北京:人民出版社,2018:25.
② 洪堡特.论人类语言结构的差异及其对人类精神发展的影响[M].姚小平,译.北京:商务印书馆,1999:74,109,239.
③ 洪堡特.论人类语言结构的差异及其对人类精神发展的影响[M].姚小平,译.北京:商务印书馆,1999:31.

学、人类学所公认的,并得到了人类社会那些尚未为现代文明所改造的土著部落的语言生活样品的支持。恩斯特·卡西尔曾分析说:"人类文明初期,语言的诗和隐喻特征确实压倒过其逻辑特征和推理特征……"①先人正是通过这种诗性的语言诗意地栖居在海德格尔所说的"天、地、神、人"相互通达、彼此面对的天人合一、万物一体的生活世界中。晨曦中,山坳上、田野里,人们言说着"拟人诗",与天地万物做神秘交流;斜阳下,大树旁,老奶奶言说着"史诗",在孩子的头脑里复现着社区、家族的神圣起源与历史;静夜里,在透过窗棂照射进茅舍内的月光下,妈妈言说着"叙事诗","爱"的生活故事使孩子学会了理解、同情、宽容、感恩;老村的石板巷里、熙熙攘攘的集市里,人们彼此言说着"戏剧诗",于是,生活变成了一场喜剧,一场快乐的狂欢游戏,语言成了联络彼此的纽带,缝合生活缝隙之网的纤维;幽静的荷塘柳下,情侣们言说"抒情诗",词与词之间的碰撞演绎成甜美的呢喃细语,句与句之间弥漫着温和的空气,言辞像柔嫩的手指在彼此的身上轻柔地抚摸,带来了难以言喻的快感,使人恍如进入温柔的梦乡;破旧的祖庙里,人们言说着"赞美诗",赞颂先祖之至大、至善、至美,也放飞自己对未来美好生活的想象和希望;在那落后贫穷的年代,漂泊、孤独的游人用诗的语言叙事或是抒情,通过言辞呼唤着人类的原始情感,引来一双双温暖的手,在言语掠过人们心头的刹那,天使飞过头顶,餐桌上又多了一副欢快的面孔。这就是海德格尔所说的"道说",是人类原初的交流,是诗的语言,是牧歌的语言。经由这种语言,人类为伟大的造物主所"牧",进入了一个田园牧歌的源初世界,一个玲珑巧妙的诗性世界,一个集真、善、美为一体的和谐的世界。正是这"诗性地言说""才能创始地为一种乡土的地缘惠予出护与佑,滋养与慈让,栖居之人在尘世途中的驻留才得以可能。"②我们看这样的言说:

> 莫上桥头唤奈何,
>
> 银光一掷化婆娑,
>
> 前头本是神仙侣,
>
> 月里嫦娥听得多。
>
> …… ……
>
> 茅屋听鸡声,
>
> 桥上行人,风雪吹落满天星,
>
> 云雾沉沉人孤寂,
>
> 人迹何曾。

---

① 卡西尔.语言与神话[M].于晓,等,译.北京:生活·读书·新知三联书店,1988:134.
② 海德格尔.思的经验[M].陈春文,译.北京:商务印书馆,2018:170.

玩月索明皇,

桥现银光,

云中有路任翱翔,

此地莫非因幻化,

令我参详。

…… ……

流水去滔滔,

欲渡无桥,

前路即是奈何桥,

从此渡将桥上过,

快乐逍遥。①

这是一段民间丧葬仪式上说唱的语言。它不仅具有鲜明的地方特色,齐聚天地神人,而且也有诗一般的美。正是这种诗意的语言,在人们面前创造了一个"受敞开青睐的地界"。

海德格尔曾经认为,无论一个时代多么贫乏,但诗人却是富有的。他们之所以富有,就在于他们用诗的语言创造了一个源初或美的世界,诗意地栖居在这块大地上。在海德格尔的"富有""诗意地栖居"这些概念的框架下,我们也可以说,那些穿梭于善言之中的人们也是"富有"的。正是这些"和谐"的善言为人们构建了一个纯净优雅的生活世界和精神世界。尤其是在传统社会的交往生活中,善言成为信仰的表征。检视人类语言交往史,那些具有信仰传统的群体,不仅具有人神之间言说而且也是人与人之间的言说的"神圣的语法"。这种"神圣的语法"不仅是言说的句法学问题,即对与不对;也不是单纯的修辞学问题,即好与不好;更不是简单的语用学问题,即恰当与否的问题,而是一个终极关切问题,即它关涉到的不仅是个体的语文学修养的技艺问题,而是个体能否获得德性、能否获得救赎这样一个存在的历史本体论问题。从犹太人的"摩西五戒"到耶稣为西方人规定的"登山宝训";从佛教信仰地区的"丛林清规"到穆斯林社会的语言规范,从孔子的"仁义"之言到老子的"大美"之言,尽管规则模板不同,但主题都是一致的,那就是力戒假言、妄言、谵言、污言而倡导"雅言"。雅言,就是要讲真话、说实话,言之有物,不做伪证;就是要言谈朴真、礼貌、谦逊、和气。在佛教徒心目中,就是要不妄语、不两舌、不恶口、不绮语,如寂天菩萨所言:"当你说话时,必须不贪不嗔;以温柔的语调和适当的长度,轻松、切题、清晰而愉快地说";在穆斯林心目中,就是要如《古兰经》所说:不发"驴子的声音"(《古兰经》22:24),在

---

① 齐琨. 天地共享的音声:湖北省湘阴县七龙村儒教丧葬仪式与音声表述研究[M]//刘红主编. 中国民间仪式音乐研究·华中卷. 北京:文化艺术出版社,2012:116.

民间百姓心目中,就是要戒"是非口舌"(《灶君宝卷》)。总之,这是一种以"真"为语法、以"善"为语义、以"美"为修辞的圣洁的语言。在这种圣洁的语法、语义、修辞规则规范下的语言生活,其意义已远远超出了沟通信息的框架,而是成为人类净化心灵,安抚灵魂,诗意地栖居在大地上的人文守护:我们不妨略作钩沉。

第一,日常生活中人们相遇以"美善"的言语彼此互动,互相祝安,不仅营造了和谐融洽的群体生活,而且当人接收到这种语言信号、编码这种语言及沉浸于这种信号加工活动时,总之,当这种语言质感被人们所加工,人们的脑-心理所表征的就不单纯是语言之美,也产生了心灵之畅、精神之悦、灵魂之和谐的幸福感受。因为它们唤起的意象表征不仅是情景记忆中的天籁,更是文化记忆中的圣洁之象——社会、家庭的亲和愉悦用认知神经科学的语言来表述,当人产生了这一意象表征,就像大脑播放"天堂的电影",使人产生愉悦、幸福的精神畅想。

第二,即使后退一步,人们的交流不进行精心的"圣洁修辞",没有那么优美的"美善""妙音",仅仅是"和言"的信号加工,也可以使脑产生特殊的情景记忆——亲善之爱的情境。特别是在具有传统文化背景的成员间进行这种信息输入-输出的认知活动时,便会形成独特的心灵体验——人间大同。他使语言游戏者产生了这样的心灵向度:无论你是谁,是富贾还是穷人;来自哪里,是城市还是乡村,你-我都以"善"为核心结成了一个大家庭。这个以"善"为核心的大家庭,要求每一个家庭成员都具有奉献、相爱、委身、宽容、和睦、诚信的美德。随着"善言"丝线的伸展,随着"善"的信号加工所激活的多巴胺的上行弥散,随着爱的想象的徐徐展开,人们的生活结成了一张爱意浓浓之网。从孩童开始,人们就被罩在这张网之中,于是,幼小的心灵开始知晓爱自己,爱为数不多的照管人;成人后,人们通过爱自己的邻人、爱自己的同事;随着爱心的扩展,我们把这张网铺展到社区,延伸到我们的生活世界,如帕姆·卡利斯特所描写的,"我们所做的一切,无论在闲暇时,在工作中,在做父母中,还是在同别人关系中,都作为整个生命的一部分来做。而我们的生命又是为了过好和保持我们自己的和别人的生活,为了彼此欣赏和享有对方的存在和人性。在做父母时,我们教给孩子们和平和正义的价值,告诉他们怎样互相关心互相欣赏以及怎样关心和欣赏整个世界;在工作中我们为创造一个公正和平的世界而斗争⋯⋯在闲暇时,我们只需互相欣赏,欣赏世界并享受它赐给我们的生活,我们的生活将是单一完整的生活,在做任何事情时我们将是一个整体。"[1]人们通过语言的经纬编织而成的这张"善"之网于个体的心理和谐尤为可贵。特别是在这个人际关系冷漠、利益冲突加剧、贫富分化扩大、社会的安全感缺失,快乐感、幸福感丧失,紧张感、焦虑感加剧的时代,"善"的言说使人的生活回归到

---

① 坎默.基督教伦理学[M].王苏平,译.北京:中国社会科学出版社,1994:211.

人类源初的"大精神"的本真境界。最终我们达到超越人而去爱宇宙间的其他存在,去爱宇宙万物的整体本身;去爱人类的动物朋友,爱冬天的积雪和春天的细雨,爱森林中的野花和维持人类生命的空气。

需要说明的是,语言日常交流的人文性和诗意化,并不意味着在日常交往中我们不再言说日常语言,而是像诗人和伦理学家创造诗节符号和伦理句法那样编辑语言。这样恰恰是扭曲了日常交往和语言的人文性之本意。你一旦刻意雕琢,语言的人文诗性就从你的身边溜走了。我想要说的是,在语言生活中,走出逻辑主义、理性主义、文化主义(文化炒作语言)的迷信与阴影,而忠实于语言的日常性、朴实性;不要在人造的光滑的语言路面上放纵幻想,寻求拯救,而应像维特根斯坦所说的那样,回到粗糙的语言地面上来。那里才有泥土的气息,长满青草与鲜花。也只有在这样的语言路面上,我们的言说才能具有亲切感、人性感,也才能具有人文美感。维特根斯坦对于哲学尤其是人类生活哲学的巨大贡献,就在于他试图彻底颠覆哲学以及其他文化科学的"语言形而上学",揭示形而上学的语言空洞,摧毁试图将这些"空洞"填满的任何陈述,消解语言活动中的等级权威和虚假魅力的修辞学光芒,从而把人们拉回到日常语言这个真实而可爱的"人文花园"当中。在维特根斯坦看来,人类一旦回到这个自然的"花园",任何形而上学的躁动与不安都回归于宁静。"把日常语言游戏接受下来,辨认出虚假的表述之虚假","我们踏上了光滑的冰面,没有摩擦,因此在某种意义上条件是理想的,但我们也正因此无法前行。我们要前行,所以我们需要摩擦。回到粗糙的地面上来吧。"[①]

维特根斯坦的这个"自然的花园",在梅洛-庞蒂那里,就是原始的"世界的散文"。所谓"世界的散文",就是语言的符号文本——自然的语言文本。在梅洛-庞蒂看来,我们构建这个世界的"散文",我们言说,"当它没有歧义地指示事件、事物状态、观念和关系时"、不再"成为一个嘈杂而狂热的王国"时,表达就处于其顶点。——"语言的完美就在于它能够不被觉察到"[②]。"能够不被觉察到",就是告诉我们,在语言游戏中,不要想,而要听。听,就是放弃任何形而上学的"妄想"和"美学"的钟情,而是让我们的心灵自由表达正是这种朴真、自由,挟带着历史与人性的符号,在人世间传递着人文血脉,维护着人类诗性地居留。

现在我们已经清楚了,和谐、健康的心理、精神以及生命的幸福源于有机体与纯洁的环境的交互,源于生命系统从环境中接收到的知觉信号的感知,概而言之,源于我们所接收的信号的物理质感在脑-心理系统的物理实现。只有当生命置身其中的环境即信息生态呈现出完美的样态——空气的洁净、形式的优美、节律的和谐——才能够为生命提供积极的能

---

① 维特根斯坦.哲学研究[M].陈嘉映,译.上海:上海人民出版社,2001:70,311.
② 梅洛-庞蒂.世界的散文[M].杨大春,译.北京:商务印书馆,2005:9.

量,生命才能和谐,才能健康,才能幸福。尽管环境仅仅向人类传递了一种物质化的信号,它们所引起的也仅仅是脑进行信息加工所形成的生命的物理/化学反应,并没有改变人类存在本身所固有的苦难与荒诞,没有改变我们"终有一死"的命运;但是,体验这种"感受",这不就是有机体生命运动的最基本原则,因而也是生命存在的最根本的现实吗? 其实,所谓存在的幸福或生命意义的最大化乃至于由此而产生的人类心灵对美好生活的持续不断的追求,就源于我们大脑产生的某种感受以及通过这种感受所虚拟的存在想象。只有在这一前提下,人类才有可能去思考和谈论理想、信念、美感和形而上学。美国哲学家杜威在谈及这一问题时曾说过一段话,我觉得可以说是对我上面所论述的思想的最好的诠释。现将其引录于下:

> 无论我们是多么微弱,也要求我们培植自己愿望和理想,以至于我们把它们转变成智慧,而按照自然所可能允许的途径去修正它们。当我们尽量运用我们的思想而把我们微薄的力量投入这种动荡不平的事物状态之中时,我们知道,虽然宇宙在残害我们,我们仍然是可以信任它的,因为我们的命运总是和存在中的一切好东西相一致。我们知道,这样的思想和努力乃是产生更好的东西的一个条件。①

第三节　原典阅读

语言和语言研究②

吕叔湘

1.语言文字曾经是人们崇拜的对象

语言是人类的创造,只有人类有真正的语言。许多动物也能够发出声音来表示自己的感情或者在群体中传递信息。但是这都只是一些固定的程式,不能随机变化。只有人类才会把无意义的语音按照各种方式组合起来,成为有意义的语素,再把为数众多的语素按照各种方式组合成话语,用无穷变化的形式来表示变化无穷的意义。

人类创造了语言之后又创造了文字。文字是语言的视觉形式。文字突破了口语所受空间和时间的限制,能够发挥更大的作用。

语言和文字是人类自己创造的,可是在语言文字的神奇作用面前,人们又把它当作神

---

① 杜威.经验与自然[M].傅统先,译.北京:中国人民大学出版社,2012:306.
② 吕叔湘.语言和语言研究[M]//中国大百科全书·语言文字,北京:中国大百科全书出版社,1988.选辑中有删节。

物崇拜起来。他们用语言来祝福,用语言来诅咒。他们选用吉利的字眼做自己的名字,做城市的名字,做器物和店铺的名字。他们甚至相信一个人的名字跟人身祸福相连,因而名字要避讳。皇帝的名字、长官的名字、祖宗和长辈的名字不能叫,一般人也都在"名"之外取一个"号",彼此不称名而称号。在后世,认为这是礼貌;在远古,这是人身保护。现代各地口语里也常常有些词语起源于避讳;不久以前,很多行业有各自的避讳字眼。从前有些人家,因为小孩儿不懂得避讳,在堂屋里贴一张纸条"童言无忌",意思是小孩儿说的话不算数。

文字的发明,古人更加认为是一件了不起的大事。《淮南子》里说:"昔者仓颉作书而天雨粟,鬼夜哭。"最能表示文字的神力的是符箓,这是跟口语里的咒语相当的东西。一般的文字也都沾上迷信的色彩,有字的纸不能乱扔,要放在有"敬惜字纸"标签的容器里,积聚起来烧掉。文字里面当然也有避讳,嘴里不能说的名字,纸上也不能写;必得要写就得借用同音字,或者缺一笔。

2. 语言研究的开始和发展

(1)语文学的兴起

有了语言,人们用来抒情达意;有了文字,人们用来记言记事。于是有了书册,世代相传,成为经典。为了方便后世的人读懂这些经典,有人出来加以解释,这样就产生了语文学,这是语言学的早期形式。把语言文字从崇拜的对象变为研究的对象(或研究兼崇拜的对象),这是一大进步。

为了读懂古书而产生语文学,这是中国与西方——印度、希腊、罗马相同的;但是表现的形式不同。西方用的是拼音文字,中国用的是汉字。汉字自成一种体系,跟语言的配合关系比较复杂。这就使得中国的语文学和西方的语文学呈现不同的面貌。

中国语文学的重点是汉字的形、音、义之间的错综复杂的关系。语文学的著作大致有四种形式:①随经典文本加注字音字义,往往跟"串讲"相连。也有汇集成书的。如陆德明的《经典释文》,慧琳的《一切经音义》。②按部首排列的"字书",创始的是许慎的《说文解字》,演变到清初的《康熙字典》。③按音韵排列的"韵书",如《广韵》《集韵》。④按字义分类罗列的,如西汉写定的《尔雅》、三国时代的《广雅》。

西方语文学除了考订语词的意义外,特别重视语词的形态变化,因为语句的理解以它为关键。所以他们很早就产生了语法学。上古时代的汉语是否有过某种形态变化,现在还没有定论,至少是不表现在汉字的字形上。积字成句,理解不难,因而语法在中国语文学中没有形成一个科目。

(2)走向语言学

从语文学发展为语言学,有几个方面的变化。①研究的重点从古代转向现代,从文字转向语言。把现代语的研究提高到应有的地位,并且认识到口语是书面语的根本,无论是在中国还是在西方,都是晚近的事情。②研究的范围从少数语言扩展到多种语言。过去,不但是中国学者的研究局限于汉字,印度学者的研究局限于梵文,西方学者的研究对象也只是从希腊文、拉丁文转移到本国语文。现在是各种语言,有文字的和没有文字的,都有人在研究,并且不限于本国或本民族的学者。许多语言的比较研究使人们对语言的了解更深入了。③零散的知识得到了系统化。拿中国的情形来说,许慎在写定《说文解字》的时候,一方面为 9353 个汉字做注,一方面提出他认为是造字原则的六书说。这以后,很多学者为六书作补充和发挥。……④语言的研究完全摆脱为文学、哲学、历史研究服务的羁绊。中国的语言研究也不再是作为经学的附庸的"小学"了。

3. 语言与时间和空间

（1）共时的研究和历时的研究

语言是经常在变的,语音、语义、语汇、语法都在不断地变化之中。短时间内看不出,时间长了就明显了。因此在对某一种语言进行研究的时候,必须明确是在研究它的现状还是在研究它的历史。第一个强调语言的共时研究（主要指当代）和历时研究的区别的是瑞士的索绪尔,他这个主张对后来的语言研究的影响很大。可是有一点是索绪尔当时没怎么强调而是后来的语言学家加以发挥的,那就是历时的研究是以若干个共时的断面研究为基础的。这个认识对于汉语研究者特别重要,因为直到不久以前,还有很多人把"古代汉语"当作一个单纯的东西来论述。

……

（2）标准语和方言

有人的地方就有语言,在地球上分布着很多语言。常常听到有人问:世界上有多少种语言？这个问题很难回答,因为要分清这是几种语言,那是一种语言里边的一种方言,并不是一件很容易的事情。一般的说法是:完全不能通话的是两种语言,基本上能够通话的是一种语言的两种方言。实际上这不能用来作为唯一的标准。比如德语,在联邦德国和荷兰交界的地方,两边的居民基本上可以通话,然而他们说的话一个算是德语方言,一个算是荷兰语方言。反之,北德意志方言和南德意志高地的方言通话相当困难,可是都算是德语方言。由此可见,能否通话不能作为区别方言和语言的唯一标准,还得加上一条:有没有共同承认的标准语,并且这标准语有统一的书面形式。有些外国学者的著作里讲到汉语常常安上一个复数语尾,这就是只承认前一条而忽视了后一条的结果。

方言一定会首先提出一个简单问题:"语言是什么？"说话是如此无意识的动作,语言是说话者如此不可缺少的一部分,以至在日是历史地形成的,既跟空间有关,也跟时间有关。原来说一种语言的人民,由于居住区域的扩展,不同地区之间交通不便,人们很少来往,语言演变就不会一致,久而久之就形成了不同的方言。以后,为了适应政治、经济发展的需要,形成了以某一方言为基础的标准语。有了标准语之后,通过教育的普及,方言的使用范围就越来越小了。但是对于语言学家,方言还是很值得研究的。

……

语言和语言之间,方言和方言之间,往往有互相渗透的现象,主要在词汇方面。于是某一语言中的外来词的研究就成为这一语言的语源学的一部分,同时也是使用这个语言的民族的文化史的一部分。

由于民族间的交往,主要是贸易往来的需要,曾经产生过许多种"混合语"。有的随着时间的流逝,已经不再有人使用,如曾经在中国通商口岸使用过的"洋泾浜英语"。有的经过长时间的使用,已经由临时性的辅助语言变成本地居民的母语,如海地的海地混合语(法语和非洲语言的混合语)、苏里南的斯拉难汤加语(又名 takitaki,是英语和非洲语言的混合语,又掺杂着一些荷兰语)。

4. 语言的单一性和多样性

(1)语言和语言之间

语言和语言之间有许多共同之处,也有很多不同之处。拿语音来说,数目不完全相同,组合方式不完全相同。语法也是这样,两种语言的构词方式可能不同,词类区分和造句方式也不会完全相同。比较各种语言的异同,可以把语言分成某个类型。19 世纪欧洲语言学家把世界上的语言分成孤立、粘着、屈折三个类型,并且说这个代表语言进化的三个阶段。汉语被认为是孤立语的典型,代表发展的低级阶段。过后又有语言学家发表相反的意见,认为语言从综合型向分析型发展,汉语代表发展的高级阶段。其实是各种语言各有自己的发展方向,都能够满足使用这种语言的人在一定历史时期的表达要求,可以说是各有千秋,不分高低。撇开这种进化论的偏见,语言类型的研究也还是很有意思的。

探寻各种语言之间的共同点的语言学者,过去有,现在也有。过去曾经有西方的语言学家拿西方语言做底本,写"普遍语法"。后来由于交通的发达,发现很多原来不知道的语言,不怎么符合甚至完全不符合那种"普遍语法"。现在研究语言共性的学者谨慎多了。

(2)一种语言之内

一种语言之内也有异同问题。没有异同,就不会有方言。除了方言,还有其他内部变异。不同的人甚至同一个人在不同的场合,说的话不完全一样,用的字眼有所不同。研究这些问题的是社会语言学。

先说社会集团,农民说话跟工人不一样,不同行业的工人也有各自的"行话",知识分子说话又有自己的一套。还有无业游民乃至流氓团伙,他们有他们的"黑话"。再还有一种"社会方言"是历史地形成的,例如美国的"黑人英语"。当然,不同集团的人互相接触的时候,需要彼此适应,这种适应方式也是可以研究的。

年龄不同的人说话会有差异,不仅在词语方面,甚至在语音系统方面也是如此。有些所谓"俚语"往往是在青少年中间产生和流行。在有的民族里,妇女说话所用字眼跟男人有些区别,甚至有很大的区别。

再有一个因素是语言之间的接触。商业往来产生"混合语"。前边已经说过。比这更重要的是由移民引起的双语现象,这是一个内容丰富的研究课题。双语现象不限于移民,在使用几种官方语言的国家,如瑞士和比利时,居民中间也有双语现象。在教育发达的国家,人民中间能说一种或几种外国语的人也不少。方言与方言之间也常常产生双语现象,比如在北京、上海等大城市,不同方言背景的人家杂居在一起,就有人能说几种方言,特别是儿童。

最后应该提到风格问题,就是使用语言随着不同场合而变化。这种变化从极其严肃到十分随便,是一种渐变,如果要分别,可以大体上分成庄重、正式、通常、脱略四级。这里又涉及语言规范问题,对于不同风格的语言恐怕不能做同样的要求。

作者简介

吕叔湘,中国已故著名语言学家。曾任中国社会科学院语言研究所所长,中国语言学会会长。主要研究方向是汉语语法学,被称为汉语语法研究的开创人。代表作有《中国文法要略》《汉语语法分析问题》《语法修辞讲话》等。

 思考题

1.语言为什么是"人文文化"?
2.辨别语言和文字的不同功能。

第十二章　探索的精神：科学素养

第一节　科学的人文品质

按照常识性思维甚至于一般性理论思维,科学知识与人文正式被看作是两种不同的文化系统或知识现象。科学是以理性、逻辑、实验等专业语言、符号构成的探索自然和人类精神的奥秘,从而获得关于世界和人类进化的规律性,并进而改造世界和人类知识系统,而人文文化多是以感性、想象、意象等构成,并以意象、情感和形象思维的方式来表现自然、社会和人类精神的美感,从而升华人们对世界的感受与体验的另一种知识系统(如文学、艺术)。总之,至少从目前人们对于科学与人文文化二者的认识而言,科学文化与人文文化不仅在活动旨趣,而且在活动方式上都相去甚远,甚或处于一种对立的状态。

但这不是事实。

科学文化与人文文化不仅不是毫无关系的两种知识现象,不是两种对立的人类精神活动,而且还具有同一性。关于科学与艺术、美学、历史的相通性,由于受本节主题所限,我不可能在此进行系统论述。这里我只想就科学文化人文性的一个维度——美学性这个范畴做一诠释。我的观点是:人类科学活动的心理动力学源于美;科学所探寻的是宇宙的终极真理——美,并将这种美展示、播撒给天下。因此,科学所承担的使命不仅是发现自然现象,把握自然规律,还包括传递人类的人文精神——爱美、求真、自由、创造。

我们不妨从科学文化之始源开始运思。

什么是科学? 著名科学哲学家 M.W. 瓦托夫斯基在《科学思想的概念基础——科学哲学导论》一书中这样写道:

> 科学是认识世界的一种方式,就如它也是一种知识体系一样。它的特性可以描绘为一种探究的过程,一种对真理的探索。①

---

① 瓦托夫斯基.科学思想的概念基础——科学哲学导论[M].范岱年,等,译.北京:求实出版社,1989:17.

客观地说,瓦托夫斯基的这种科学观还是比较传统、比较朴实的。但即便如此,我们仍可以从中理解科学活动的本质特征:科学不仅是对世界奥秘的探索,也是一种对人类智力能量的探险,或者说是人类更高级的精神游戏。"世界的探索"也好,"智力的探险"也好,它们的意义也许并非我们所想象的那样仅是为了世界"真理"的获得,或者为了达到什么道德和社会的目的,它们本身就自成目的,即给人带来极大的精神享受,或者说给人一种幸福感。想一想有些科学家沉醉于微生物学、基因生物学、粒子物理学以及纯粹数学中的那种乐趣,也许我们就能更加真切地理解这一点。如果不是出于乐趣,那就只能是受虐狂的自我压抑。也正鉴于此,我觉得,科学也可以理解为人类为了存在的幸福而展开的一种以探索世界奥秘为内容的心智游戏。

把科学探索这样一种"神圣"的事业诠释为一种"心智游戏",是否有些轻浮?

这里没有任何的轻薄。我倒觉得"游戏"观念恰好揭示了科学活动的本质特征。物理学家狄拉克就曾经这样说过,"将它(指物理学,也就是科学)描述成一种游戏,一种非常有趣的游戏,这种说法是很恰当的。"化学家卢瑟福在回答别人说他总是处在事业的波峰之上时也这么说:"我自己创造了这个波,难道不是吗?"①"自己创造",即他自己创造的一个精神世界,其沉迷其中自由游戏并从中体验到了精神的乐意。也正因像游戏一样全身心地投入,忘我的工作,科学家才能取得科学上的伟大创见和发现。我想,这也就是狄拉克所说的"二流的物理学家能够做出一流的工作"的原因吧。

如果按照这一观点,科学研究的目的并非都是为了获得真理或某种道德、经济、社会等实效性目的,它本身就是生命或人生的乐趣,那么,科学精神与人文精神便结下不解之缘,或者说在科学世界的建构中,人文精神发挥着极为重要的心理动力学作用——科学本身就是一种趣味性很浓的精神游戏形式,而游戏恰恰是人类人文精神之根本,即美的活动。正是科学工作以其美的形式使人完全沉迷其中而达到一种"忘我""忘物"的精神境界。由此我们导出了第二个观点:由于科学活动中的审美活动,使得科学的目的成为一种人文目标——美的世界的发现与构造。于是,人类科学文化由古至今的延续与发展,便成为人类人文血脉流传的方式。为了将人文精神尤其是审美意识与科学文化之关系解释清楚,下面我将具体探讨这样三个问题:其一,科学活动的动机;其二,科学活动过程中人的存在状态;其三,科学活动的终极诉求。

一、科学的缘起:世界秩序之美的探索

如果说人类科学活动的动机源于对世界的认识,那么,接下来我们必须面对的一个问

---

① 钱德拉赛卡.莎士比亚、牛顿和贝多芬[M].杨建邺,王晓明,等,译.长沙:湖南科学技术出版社,2007:94,95.

题是:人为什么要认识世界?

　　人与世界打交道,认识这个世界,最朴素地说,有三种目的:一是纯粹智力游戏的乐趣;二是为这个世界所惊异、所吸引;三是掌握世界的规律,使其为我所用。就一般的科学文化而言,出于纯粹智力游戏的当然也有,但不普遍。第三种目的者较多,但大体上属于应用科技。大多数科学家的认识活动属于第二种情况,即因世界存在之庄严秩序所迷魅,于是产生了探索的欲望,希望通过揭示其奥秘而体验存在的愉悦。海德格尔曾说:惊异是哲学思索的开始。其实,不只是哲学,人类所有的形上之思都是源于对所思之物的惊异。惊异是人类一切精神探险活动的心理动力学。关于人类形而上学活动产生的这一起因,早在2000多年前,古希腊的亚里士多德就做出了朴素的阐释。在《形而上学》一书中他这样写道:

　　　　古往今来,人们开始哲理探索,都起于对自然万物的惊异;他们先是惊异于种种迷惑的现象,逐渐积累一点一滴的解释,对一些较重大的问题,例如日月与星辰的运行以及宇宙之创生,作成说明。①

　　亚里士多德这里所说的"哲理探索"并非专指哲学活动,而是人类的一切形而上学活动,当然包括纯粹科学活动在内。不过,人们对世界的惊异,并不仅像亚里士多德所理解的那样是因其神秘,更在于这个世界具有一种美的属性——和谐的秩序;或者说,是因为他们为这个世界秩序之美所惊异、所感动、所魅惑,于是产生了探索的动机。"对自然秩序的信念使科学得以成长起来",所谓"自然秩序的信念"就是"这种事物体系包含着逻辑理性的谐和与审美学成就的谐和——逻辑谐和在宇宙中是作为一种无可变易的必然性而存在的,但审美的谐和则在宇宙间作为一种生动的理想而存在着,并把宇宙走向更细腻、更微妙的事物所经历的残缺过程融合起来。"②特别对于宇宙现象的宏观研究(如天文学、理论物理学,量子力学等),其科学探索的动机在很大程度上就是被理性谐和与审美谐和所激发起来的。彭加勒的一段话道出了科学家科学研究的精神动力。他这样写道:

　　　　科学家之所以研究自然,不是因为这样做很有用。他们研究自然是因为他们从中得到了乐趣,而他们得到乐趣是因为它美。如果自然不美,它就不值得去探究,生命也不值得存在……我指的是本质上的美,它根源于自然各部分和谐的秩序,并且纯理智能够领悟它。③

　　在彭加勒的眼中,宇宙与其说是一个物理世界,还不如说是一个美的世界。也正是它的审美秩序,产生了人类科学探索的精神动力。英国著名物理学家保罗·戴维斯也说过:

① 亚里士多德.形而上学[M].吴寿鹏,译.北京:商务印书馆,1959:5.
② 怀特海.科学与近代世界[M].何钦,译.北京:商务印书馆,2017:24-25.
③ 钱德拉赛卡.莎士比亚、牛顿和贝多芬[M].杨建邺,王晓明,等,译.长沙:湖南科学技术出版社,1995:68.

"所有伟大的科学家都被他们要试图理解的自然界的精巧和优美所感动。"①有所感动才能有所倾心，才能投入心智。甚至于爱因斯坦也坦白地承认，他的科学研究是因为他被自然界向我们显示的数学体系般的简洁性和优美性所强烈地吸引："只有具备科学美学理想的人，才能对科学表现出极大的热忱和献身精神，因为这一科学美学理想是科学研究最有力、最高尚的动机，他们深信宇宙的合理性，并且想通过自己的辛勤劳动了解这种宇宙秩序的合理性。"②德国19世纪著名数学家魏尔斯特拉斯说得好："如果一个数学家不具备诗人的某种气质，他就永远休想成为一个大数学家。"③所谓"诗人的气质"，也就是美学家的气质，就是对美的感受、挚爱与追求。也正是在这种意义上，我们可以说，人类科学文化的精神原型是美——美的发现、创造和传播。

二、科学活动与审美游戏

在科学活动中，主体处于一种极度兴奋、愉悦、忘我的状态中，把全部身心投入他的研究活动中而几乎忘记了世界的存在。这不仅在于他的活动是一种趣味性极强的智力游戏，更主要的还在于他所认知的客体以其独特的审美魅力深深吸引了他。他同研究对象的游戏实质是一种审美游戏。只有这种审美游戏的超功利心态，才可能做出重大的科学发现。

1983年诺贝尔物理学奖获得者、美籍印度天体物理学家S.钱德拉赛卡在谈到科学家科学研究的艺术游戏或审美游戏特征时曾这样说过：

> 有人认为科学家努力工作是因为他们对追求真理有一种"神圣的激情"或对于解开自然界的"奥秘"有一种"炽烈的好奇心"，这种看法我不能接受。我不相信每天沉浸于工作的科学家，与放弃帝王生活而沉思对人生有意义的伦理和道德价值观的释迦牟尼之间会有什么共同之处。而且，我认为科学家与马可·波罗也不会有什么共同之处。……科学家试图做的工作就是选择某一领域、某一方面或某一细节，来检验它们在具有一定形式和连贯性的总体框架中是否占有适当的位置；如果它们的位置不当，科学家的工作就是做进一步的探索以使它们占有适当位置。④

他在解释他所说的"适当"的含义时指出，这就是一种艺术或美的标准。说得直白一些，科学的宗旨就是力求使认知客体成为"审美谐和"的事物。

也许有人认为S.钱德拉赛卡的观点只是他个人的经验，而不具有普遍性。并非如此。

① 戴维斯.上帝与新物理学[M]徐培，译.长沙：湖南科学技术出版社，2005：241.
② 徐纪敏.科学美学思想史[M].长沙：湖南人民出版社，1987：586
③ 赵鑫珊.科学、艺术、哲学断想[M].北京：生活·读书·新知三联书店，1986：56.
④ 钱德拉赛卡.莎士比亚、牛顿和贝多芬[M].杨建邺，王晓明，等，译.长沙：湖南科学技术出版社，2007：14.

我们可以再看看另几位著名科学家对这个问题的表述。

彭加勒在论及科学定理创造的审美原理时认为,作为宇宙途径的描述,宇宙发现的定理是简单和深远的。而简单和深远两者都是美的,所以我们特别刻意于寻求简单和深远的事实,我们醉心于探求恒星的巨大轨道;我们热衷于用显微镜寻觅极为细小的东西,我们欢欣于在遥远的地质年代中寻觅过去的痕迹,都是由于这些活动给我们带来了美感。① 彭加勒说得十分明白,科学家之所以沉醉于纯粹理性思维中,就在于他体验到这种活动是一种审美游戏;也就是说,他的认知行为是一种对于美的意象的知觉加工,他和研究对象之间是在游戏。也正由于这种"审美游戏",使科学家的科学活动超越了"主-客"对峙或功利主义的框架而进入一种忘我的境界;而"忘我"恰恰是科学研究取得重大成就的关键。正如赵鑫珊所说的那样:"数学、物理学那种所向披靡的力量……是人类智慧美的力量。谁的心灵不感受到这种智慧美的伟力,谁就没有希望攀登到数理科学的顶峰。"②数学家 G. N. 华生证明印度数学家拉马努扬留下的几百个恒等式,花费了几年的时间。当他回忆他当时的研究过程时这样说道:

> 研究拉马努扬的工作和由此提出的问题,不禁使我想起拉梅在读埃尔米特关于模函数的文章时的评述:"令人惊心动魄。"而我无法用一句话说明我的感受,像一个的公式……给我心灵的震撼,恰如我走进美第奇教堂的圣器室,见到米开朗琪罗放在美第奇家庭墓上的名作《昼》《夜》《晨》《暮》所引起的震撼一样。这两种感受是无法区分的。③

正是拉马努扬留下的恒等式的和谐、匀称以及音乐般的节奏之美感吸引了华生,使他沉醉其中而忘记一切,最终证明了这些恒等式。确实,正如 19 世纪大数学家魏尔斯特拉斯所说,"如果一个数学家不具备诗人的某种气质,他就永远休想成为一个大数学家。"④没有美的感受,没有游戏的愉悦,科学家不顾一切地思辨某种事物,这是一种多么可怕的行动!英籍以色列量子物理学家戴维·多伊奇在谈到科学家面对人类时间旅行即宇宙的终结这一结局而仍然保持一种乐观的心态时这样说道:

> 他们的思维,也像我们的一样,是这些计算机执行的虚拟现实描绘。的确,在宇宙结束的最后一秒,一切复杂机器都将被摧毁。但我们知道,在虚拟现实里人主观感到的时间间隔并不取决于流逝的时间,而取决于在那段时间里能完成多少计算。如果计算步数无限多,则将有足够时间作无数次思维——足够思想家把自

① 徐纪敏.科学美学思想史[M].长沙:湖南人民出版社,1987:567
② 赵鑫珊.科学、艺术、哲学断想[M].北京:三联书店,1986:59.
③ 钱德拉赛卡.莎士比亚、牛顿和贝多芬[M].杨建邺,王晓明,等,译.长沙:湖南科学技术出版社,2007:70.
④ 赵鑫珊.科学、艺术、哲学断想[M].北京:生活·读书·新知三联书店,1986:56.

己置于喜欢的虚拟现实环境中。如果他们对某个环境感到厌倦,他们可以换到任何其他环境中去,或他们精心设计的任何数量的其他环境中去。从他的角度看,他们并不是处于生命的最后阶段,而是处在最初阶段,他们并不需要着急,因为主观上他们将永生。虽然只剩下一秒或一微妙时间,他们仍然拥有"全世界的所有时间",可以做更多的事情,体验更多的感觉,创造更多的知识——无穷多,比多重宇宙中任何人在此之前所曾经做的一切都多。他们将有充分的动力全神贯注地管理好他们的资源。①

作为一名量子计算专家,戴维·多伊奇深谙宇宙的奥妙。在他看来,科学家之所以面对人类时间旅行的终止而不动声色,就在于他们并不是生活于真实的物理时间流程中,而是生活于一个虚拟世界——一个趣味很浓的游戏世界中。对游戏的全神贯注和游戏不断变换的乐趣,是他们战胜"原始焦虑"的精神基础。从这个角度看,科学家全神贯注于科学事业,与其说是为了献身于真理,还不如说是委身于美。我们再来看著名物理学家海森堡发现量子力学时的心理感受:

> ……在短短的几天内②,我明白了在原子物理学中,只有用可观测量才能准确取代玻尔-索末菲的量子条件。很显然,我的这个附加假设已经在这个理论中引进了一个严格限制。然后我注意到,能量守恒原理还没有得到保证。……因此,我集中精力来证明能量守恒原理仍然适用。一天晚上,我就要确定能量表(能量矩阵)中的各项……计算出来的第一项与能量守恒原理相当吻合,我很兴奋……当最后一个计算结果出现在我面前时,已经凌晨3点了。所有各项均能满足能量守恒原理,于是,我不再怀疑我所计算的那种量子力学了,因为它具有数学上的连续性与一致性。刚开始,我很惊讶。我感到,通过原子现象的外表,我看到了异常美丽的内部结构;当想到大自然如此慷慨地将珍贵的数学结构展示在我眼前时,我几乎陶醉了。我太兴奋了,以致不能入睡。天刚蒙蒙亮,我就来到这个岛的南端,以前我一直向往着在这里爬上一块突出于大海之中的岩石。我现在没有任何困难就攀登上去了,开始等待着太阳的升起。

海森堡的这段文字可谓科学活动的审美体验性的极好诠释——"科学家在作出科学发现的瞬间或在他的科学理论完成时的心情。完全类似于艺术家灵感泉涌或在他的艺术品将要竣工时的心情。这是一种特殊的美学意义上的快感。"③由此我们不难断言:科学活动不单是与枯燥的公式或数字打交道,而是像审美一样审视各种符号。"是事物的艺术和美

---

① 多伊奇.真实世界的脉络[M].梁焰,黄雄,译.桂林:广西师范大学出版社,2002:301-302.
② 指海森堡在赫尔果兰岛休假期间对量子理论的研究。
③ 徐纪敏.科学美学思想史[M].长沙:湖南人民出版社,1987:646

让人感到震撼,感到兴奋",这几乎成为许多大科学家对自己科学研究动力的表达。哲学家和数学家伯特兰·罗素曾这样说道:"公正地看,数学不仅拥有真理,而且享有最高的美——一种冷峻的、严整的美,就像雕塑的美一样。它并不向我们天性中软弱的方面发出呼唤……真正的欢乐精神、精神上的高扬和擢升,那种飘然欲仙的感觉。作为对最高的优越性的测试和检验,都肯定可以如像在诗歌中一样从数学中找到。"最后,让我们在希尔伯特在纪念闵可夫斯基的一篇致辞中的一段文字来结束本论:

> 我们无比热爱的科学,已把我们团结在一起。在我们面前它像一座鲜花盛开的花园。在这个花园熟悉的小道上,你可以悠闲地观赏,尽情地享受,不需要多大力气,与彼此心领神会的伙伴同游尤其如此。但我们更喜欢寻找幽隐的小道,发现许多意想不到的令人愉悦的美景;当其中一条小道向我们显示这一美景时,我们会共同欣赏它,我们的欢乐也达到了尽善尽美的境地。①

三、科学是真善美的发现

科学研究的最终目的,是发现和传播科学的真理。这几乎是所有科学活动的终极诉求。但是,在科学家的观念中,这个所谓"真理"不是一个抽象命题、理论、模型或枯燥的公式和冷冰冰的物理世界图像,它还应当是一件艺术品,具有美的属性,比如凝练、匀称、和谐、简妙等,就是说,它应当像音乐、像诗歌、像建筑一样具有美感。"没有'美','真'则沦为平庸。"②没有美感,这个真理就不会为自己所认可,为人们所接受,甚至怀疑它的合理性。保罗·狄拉克曾这样说道:

> 让方程式优美,比让方程式符合实验更重要……因为差异可能是由于未能适当地考虑一些小问题造成的,而这些小问题将会随着理论的发展得到澄清。在我看来,假如一个人在进行研究工作时着眼于让他的方程式优美,假如他真有正常的洞察力,那么他就肯定会获得进步。③

在这里,狄拉克向我们表白了一个科学家之所以献身于科学理论的两个原因:其一,科学理论是美的,如果不具备美的属性,真理性就会受到怀疑;其二,只有具有审美洞察力,科学研究事业才能进步。薛定谔在谈及他的物理学"波动方程式"的动力时表述得更直率:"由于波动力学更符合物理学家的审美习惯,所以更容易引起人们的美感。"④也正因此,一个科学真理应体现出美的意蕴。对于这一点,曾为牛顿和贝多芬等写过优美传记的沙利文

① 钱德拉赛卡.莎士比亚、牛顿和贝多芬[M].杨建邺,王晓明,等,译.长沙:湖南科学技术出版社,2007:61-62.
② 怀特海.观念的冒险[M].周邦宪,译.贵阳:贵州人民出版社,2000:248.
③ 戴维斯.上帝与新物理学[M].徐培,译.长沙:湖南科学技术出版社,2018:241.
④ 徐纪敏.科学美学思想史[M].长沙:湖南人民出版社,1987:636

给予了肯定。他说：

> 由于科学理论的首要宗旨是发现自然中的和谐，所以我们能够一眼看出这些理论必定具有美学上的价值。一个科学理论成就的大小，事实就在于它的美学价值。因为，给原本是混乱的东西带来多少和谐，是衡量一个科学理论成就的手段之一。我们要想为科学理论和科学方法的正确与否进行辩护，必须从美学价值方面入手。没有规律的事实是索然无味的，没有理论的规律充其量只具有实用的意义。所以我们可以发现，科学家的动机从一开始就显示出一种美学的冲动……科学在艺术上不足的程度，恰好是科学上不完美的程度。[①]

由于科学家将其科学活动宗旨视为"美"的发现和创造，故他的心智活动就不仅是与毫无生气的人工符号打交道，也是一种审美活动，其研究结果自然是艺术或美的作品的创造。正是这种科学理念，科学界对于一种理论和一个科学真理的评价，美的尺度成为一条重要的标准——不美的不能说是一种坏理论，但绝不可能是完美的理论。科学研究的重要的学术规范，其中之一就是："单个陈述或者整体理论的表达方式，亦即美感与简单性。"[②]正如保罗·狄拉克在谈到他发展海森堡的量子力学所提出的新理论被人们所接受原因时说的那样，物理学家们这样乐于接受这一理论，那就是它伟大的对称美。[③] 甚至于出现这样的情形：当科学家面对自己最终提出的若干科学理论或模型而要做出选择时，通常选择的是美的而不一定是真的。弗里曼·戴森曾引用魏尔的话总结自己的研究工作说："我的工作总是尽力把真和美统一起来；但当我必须在两者挑选一个时，我通常是选择美。"戴森在介绍魏尔的引力规范理论确定时这样描述道：魏尔曾经承认这个理论作为一个引力理论是不真的，但它显示出来的艺术气质和美感又使他不愿放弃它，于是为了美的缘故，魏尔没有抛弃这个理论。（多年以后，当规范不变性应用于量子动力学时，魏尔的直觉被证明完全是正确的。）[④]这类例子其实在科学史上有很多，如雅可比的《动力学讲义》、玻尔兹曼的《气体理论讲义》、索末菲的《原子结构和光谱》、狄拉克的《量子力学原理》等，既可说是科学理论的重大发现，也可说是美的世界的创造和展示。

对科学研究活动的最终成果即科学真理——定理、模型、理论——选择的审美尺度，我们也许不宜仅仅从美与真的内在关系这一角度来理解，尽管一些科学家表达了类似观点——如保罗·狄拉克。科学史很多事实也证明，一个具有极强的美学敏感性的科学家，他所提出的理论即使开始不那么真，但最终可能是真的。其中的原因可能因为人类心灵最

---

① 钱德拉赛卡.莎士比亚、牛顿和贝多芬[M].杨建邺，王晓明，等，译.长沙：湖南科学技术出版社，2007:69.
② 波赛尔.科学：什么是科学[M].李文潮，译.上海：上海三联书店，2001:159.
③ 徐纪敏.科学美学思想史[M].长沙：湖南人民出版社，1987:661.
④ 钱德拉赛卡.莎士比亚、牛顿和贝多芬[M].杨建邺，王晓明，等，译.长沙：湖南科学技术出版社，2007:75.

深处感到美的东西能在自然界得以成为现实。美的东西是否就一定是真的,或者凡是科学的东西就是否一定是美的,可能在科学认知上我们永远也言说不清,至少在现在,人类的科学研究还没有验证这个事实——魏尔的引力规范理论由美而为真具有偶然性。我想,它也仅仅是一种信念,就像著名天体物理学家 A. S. 爱丁顿所说的信念一样。① 尽管它并不为真,但它作为一种信念,却激活了科学家精神远游的动力。"美的一定会是真的"也正是基于这样的信念,使得许多科学家在科学理论最终确定时都会选择艺术或美的形式。科学史学家托马斯·库恩甚至认为,人类科学革命"美学上的考虑的重要性有时却是决定性的。"②

这并不意外。科学活动的终极目的就是创造一个融真、善、美为一体的世界,就是把人类心灵深处最渴望的东西、人类存在最有意义的世界——美创造出来。正是这一理念使得科学研究成为 S. 钱德拉赛卡所说的那样:通过个人努力,检验所研究的对象(无论是天体世界还是生命世界,是数字世界还是量子世界)是否合适、和谐,或者说"形式""连贯性"如果它们还没有达到这一点,科学家就通过进一步的探索使它们达到这个境界。或者像戴维·多伊奇所说的那样,通过在虚拟环境中的计算游戏,使得"宇宙的终结"这种"丑恶"的现象消除掉,而创造一个"永恒"的世界、和谐的世界这样一种人文活动。正是由于科学家对于真、善、美的理想世界的追求,才使得他们所创造的科学世界不仅符合真的标准,也符合美的理念;不仅是一个逻辑的世界,也是一个美的世界;不仅是一种关于自然的文化,也是一种人文文化。

最后,我用爱因斯坦在《我的世界观》一文中说过的一段大家耳熟能详的话来结束本题的讨论:

> 照亮我的道路,并且不断地给我新的勇气去愉快地正视生活的理想,是善、美和真。……要不是全神贯注于那个在艺术和科学工作领域里永远达不到的对象,那么人生在我看来就是空虚的。

第二节　培养科学素养

我们可以最广义地把科学定义为理性活动,这种活动的根源可能就是智力冒险活动或

---

① 爱丁顿曾说过:"拒绝信条与保持生活信念并不矛盾。科学没有信条,但并不等于我们对信念漠不关心。我们的信念并不在于相信已有关于宇宙的全部知识永远正确,而是确信我们仍在前进中。"转引自钱德拉赛卡.莎士比亚、牛顿和贝多芬[M].杨建邺,王晓明,等,译.长沙:湖南科学技术出版社,2007:106.
② 库恩.科学革命的结构[M].金吾伦、胡新和,译.北京:北京大学出版社,2012:130.

个人好奇感的满足。在这种意义上,科学精神就是一种探索精神。它的行动指南和判断是批判、反思和求证的理智。这种理智所追求的不仅是意向而且是结果,不仅是直接的成败,而且还有想象力和洞察力的品质。这种批判的理性、这种理性的智能同时也一直是苏格拉底、柏拉图、亚里士多德、康德、冯友兰、费孝通以及其中外名家在他们的人文社科理论中所寻求的理性信念和理性活动的模型。

　　科学的生命、当我们都忠实于科学的不受阻碍地追求知识的目标时彼此相处的方式,是可以用一种具有明显的积极特征的伦理学来加以描绘的。我们形成了一个民主社会,它的公民们决定着将要采取的政策,即公认的指导公共财富的真理……我们科学家并没有形式上的选举,更不用说正规预定的选举了;但是我们确实具有一种真正的民主实践且有理性:我们提出一种思想,或一种理论,或一种技术,一种试验;我们选定某些人及他们的建议,让他们管理我们的日常事务,过一段时间后,我们便用我们的经验来检验他们,确定他是对还是错,是聪明还是愚蠢,成功的可能性是最大还是最小。通常我们总是更换他们……显然,爱因斯坦是怀着对牛顿的最崇高敬仰而取代了牛顿的;但在态度上仍存在着某种心理学的意义,科学出于积极目的便靠此而利用着青年一代对老一代的反叛。总之,这种科学的民主还具有另一种需要尊重的品质。我曾强调过的社会协作是同对个人工作的特别尊重结合在一起的。假如古典资产阶级个人主义和古典社会主义的冲突性主张将在一个完全健康的社会中得到调和,那么我相信,它将反映出科学内部的独立性与相互依存性的这种美妙的合法性……在科学中,我们把主观态度同客观需要结合起来,例如,把美的喜悦同需要的合理性结合起来。我们把美丽同实用结合起来。我们把骄傲同谦逊结合起来。我们把权威与领导同个人的判断与持续的个人批评结合起来。①

考察科学思想的起源与发展,它的结构与方法论以及它的一些基本概念,目的在于把它当作一种人文现象研究。但是这样一种人文研究确切地说又是什么呢? 哪种理解可称为对科学的人文理解呢? 不单是把科学理解为一种人类活动,虽然它是这种理解的一个方面,而且也是科学社会学、心理学和科学史中的正当的科学研究课题。对科学的理解不单是学艺②中的一种,这类学艺的特点就是探求理性知识和真理,远远超出了它们的实用性和技术意义。一种人文理解也不意味着以某种肤浅的观点对普遍性的理解。而且它确实意味着一种普遍的观点,它同时体现着科学的方向与特性、它们的相互关系、它们与外界的关

---

　　①　关于对这种观点及对默顿的观点的尖锐批判,参见前述 Daniel A. Greenberg 的未发表的论文。

　　②　学艺(liberal arts),在中世纪大学指文法、伦理、修辞、算术、几何、音乐、天文七科。在现代则包含语言学、科学、哲学、历史等。——译注。

系这样一种深刻的意义。因此它不是探讨普遍性，而是探讨科学的深刻结构，作为通达科学基础的事业这种意义上的智力领悟。这些基础并不是像豌豆在豆荚中那样存在于具体的科学之"中"；但它们唯有在科学中才能得到例证，如同人性只能在具体的人及其具体活动中得到例证那样。为了认清一个人的人性，就不仅是认识他是如何行动的，甚至也不仅是知道如何去判断或估计他的行动。这就要掌握他的性格，掌握其人性的来源；如同认识自己一样把他当作人类之一员去认识他。因而，达到对科学的人文理解就是在自身中实现和认识到由科学本身所例证的那种概念理解的模式；去影响一个人自己的理解与科学所显示出的那种理解之间的和睦关系，这就使得有可能认识科学思想的充分的人文主义。

这绝不是一件突然的直觉的事情，而是研究和发现的事情；发现时常是对研究的酬报。这种发现只是点点滴滴得来的，因为科学是一个复合的而不是一个简单的"整体"。科学的统一性的意义产生自对其方法和基本思想的概念分析，而其本身就是复合的。从哲学的最美好最深刻的意义上说，对科学的人文学理解，就是对科学的哲学理解。①

第三节 原典阅读

科学：什么是科学？②

汉斯·波塞尔

从事科学研究，遇事问个为什么，不满足于古老的神话传说，而是采用一定的方法，通过一定的途径，系统性地继续提出问题，进而解决问题——这就是古希腊时欧洲理性文化的诞生。从此以后，各个时代的科学便在某种程度上囊括与代表了这个时代的知识与学问。除了满足理论思辨上的好奇心外，这些知识逐步在实践中得到了具体应用。发展到了今天，科学，还有技术，以空前未有的程度与速度控制与决定着我们的生活，渗透与贯穿了人类生活的各个方面。

第一，科学不仅为我们的生活创造了舒适的条件，为我们提供了可以随时使用的技术。

---

① 本节文字选自瓦托夫斯基.科学思想的概念基础：科学哲学导论[M].北京：求实出版社，1982：565－569.选辑中有删节。文中脚注为原注。小标题为选辑者所加。M.W.瓦托夫斯基是当代著名的科学哲学家和社会科学家，1928年生于美国。他和著名哲学家 R.S.科恩合编的《波士顿科学哲学研究》文集收集了当代著名科学哲学家的大量重要论著，探讨了科学哲学中一系列重大问题，在国际哲学界有重大的影响。作为一位自然科学与社会科学的哲学家，研究兴趣广泛，学识渊博，说理透彻。他的长期合作者 R.S.科恩称他为"一位哲学家的哲学家，但又是一位大众的哲学家。"1968年他发表了科学哲学代表作《科学思想的概念基础——科学哲学导论》，1979年，又出版了科学哲学论文集《模型——表象和科学的理解》，提出了许多独特的见解，奠定了他作为一位英美科学哲学界代表人物的地位。

② 波塞.科学：什么是科学[M].李文潮，译.上海：三联书店，2001.选辑中有删节，文中脚注为原注。

很久以来,科学已经不再满足于为人类服务的角色。科学研究早已开始为自己寻找目的,而这些部分已经达到的目的均是事先无法预料的。也就是说,在我们的日常生活中,科学已不再是单纯供我们使用的工具,起着单纯地为我们达到某个目的而创造条件的作用。科学已开始不断地为自己寻找目的,探讨自身的可能,正在朝着这些方向阔步前进。

第二,在许多场合,科学已经代替了宗教的功能。人们今天对科学的崇拜并不亚于昔日对上帝的信仰。铁面无私的法庭上,起决定作用的不再是《圣经》中的上帝提出的律条,亦不是传统力量的约束,而是"专家们"的一纸鉴定;世俗权力,譬如国家领导人制定国策时,也不再征求神职人员的看法,不再通过占星问卜的方式探求"天意"是否站在自己一边。经过科班训练的各科"精英状元"成了更符合时代潮流的"风水先生"。

第三,科学彻底改变了我们对世界与自然的看法。对我们来说,宇宙已不是古希腊人所想象的那样,茫茫的大海上漂浮着一块扁圆形的地球,头顶上的星空如同一块穿了几个洞的瑞士奶酪,再往上便是永不熄灭的天火。枯燥的科学认识代替了诗人的丰富想象。不仅如此。科学将《圣经》中的上帝创世论变成了自然进化论。科学改变了我们对肉体与灵魂二者之间的关系的看法。

第四,摆脱了神学与宗教的束缚。18世纪时,欧洲启蒙运动曾寄人类进步于科学的发展。科学也确实没有使我们失望。可惜事情却并非如此简单。福兮祸所倚,有一利必有其弊。科学的发展也给人类带来了恐惧与担心。我们对科学的迅速发展感到害怕,害怕造福于人类的科学亦会给人类带来灾难。这些灾难有的已经发生,有的可能发生,有的根本不可能出现,更有甚之,我们担心对人类生存条件的破坏,最终将导致人类的自我毁灭。

鉴于以上几点,我们要提出的问题就有点燃眉之急了。这个问题是,科学,到底什么是科学?

……

我觉得,这是探讨另外一个问题所带来的直接后果。这个问题是,我们为什么要从事科学研究?科学研究的目的及方向是什么?很明显,上面提到的诸如科学史、科学社会学等研究范围均未直接涉及这一问题,因为在上面提到的各种研究领域内,科学均得到了某种程度的肯定与承认。

为什么要提出科学研究的目的与方向这个问题呢?提出这个问题,不仅是因为在今天从事科学研究要耗费大量的科学家的精力、纳税人的财力,而是因为这个问题被看作是与人类未来的生存休戚相关的一个大问题。正是这一问题,对科学的合理性与必要性的探讨与认识,迫使我们同时思考科学的地位,进而对科学本身进行科学性的研究。18世纪以及19世纪时不存在这个问题,至少还不迫切。那时候,科学进步便意味甚至等同于人类进步。

这个看法的原因其实也很简单:随着人类对其行为所带来的后果的认识,人类将会放弃那些可能带来不堪设想的后果之行为,因为人类不会有意识地自我毁灭,趋利避害应该是人的天性,由人组成的人类亦不会做出趋害避利的蠢事。两次世界大战彻底摧毁了这一乐观主义的幻想。与 19 世纪对科学进步的设想相反,科学进步并没有带来人类道德的进步,相反,科学研究以及所带来的技术进步已经造成了威胁人类生活的后果。这同时意味着,对科学的定义及道德规范这一问题已是当代人类生存的本能要求,并不完全来自于对科学认识的科学分析。

但是,什么是科学呢? 康德的《自然科学的形而上学起源》第一页上有这么一个定义:"每一种学问,只要其任务是按照一定的原则建立一个完整的知识系统的话,皆可被称为科学。"这一定义对我们很有启发,因为它含有我们对科学的理解中的几个主要成分:第一点,也是最主要的一点,是科学与知识有关,由"知识"这一概念已经要求,作为知识系统,科学中的所有的表达与陈述必须是有根有据、有头有脚的,因为所谓的知识就是被证明是真的陈述。第二点,是科学并不是单一陈述的堆积,尽管堆积中的每个陈述都是正确的。在科学中,这些陈述必须共同构成一个系统。也就是说,科学可以被理解为通过采用一定的方法或程序而达到的某种结果。程序决定了陈述与陈述之间必须互相联系,此联系构成一个整体。第三点,是这一系统必须具有说理性与论证性,也就是康德所指出的,是个"按照一定的原则而建立的完整的"知识系统。按照这一理解,科学上的所有东西都得被证明一下,起码自圆其说。在土地测量的实践中,人们都很熟悉毕达格拉斯的勾股定理,但古希腊的思想家们却别出心裁,要"证明"一下这一原理的正确性进而使其成为公理,这便是科学的开始。不管在什么地方,人们以何种方式从事科学研究,其目的总是试图建立一套得到证明的陈述系统。这样的陈述系统亦可被称为理论。……

康德定义给我们提供了一个非常有用的对科学的共同理解,以便我们能够进入科学,尽管康氏的定义需要得到补充与扩展。

作者简介

汉斯·波塞尔(Hans Poser,1937—),当代德国著名的哲学家,主要研究莱布尼茨哲学、科学哲学、技术哲学和 17—18 世纪欧洲哲学史。德国哲学界称誉波塞尔教授是一位屹立在人文科学、自然科学和技术科学之间交叉位置上的学者,他视野开阔,学识渊博,科学哲学和技术哲学是其主要研究方向之一。

思考题

1. 对于"科学精神就是理性精神,就是自由的精神",如何理解?

2. 简述科学活动与审美活动的共同点与差异。

3. 瓦托夫斯基说:"从哲学的最美好最深刻的意义上说,对科学的人文学理解,就是对科学的哲学理解。"请结合现实问题,谈谈自己的理解与认识。

后 记

《人文素养概论》第一版于 2021 年出版。经过三年的教学实践，在总结各种意见的基础上于 2024 年重新修订。现对本次修订的主旨和情况作一简要说明。

第一，考虑到主编思想、观点以及教材知识体系的一致性，本次修订由我独立承担。本着注重质量，打造精品的原则，对全书的基本框架和主要内容进行了全面修订，并融入了我近年来最新研究成果。修订后的文本保留了第一版由余小平、孙德川、崔一贤、于勇成几位老师辑录的部分原典以及根据我授课视频记录整理的文字，并对原文本进行了补充和完善。在此向他们表示衷心感谢。

第二，本次修订坚持以马克思主义基本原理解释人类社会和文化现象，并包容性、对话性地借鉴当代世界公认的西方著名思想家尤其是一些著名科学家，如心理学家、认知科学家、物理学家、生物学家、进化人类学家、理论科学家等的经典学说，此外还引用了一些工具性的史料，如科学史、文化史、人类进化史等。此不仅可以丰富"概论"教材的知识体系，开阔学生的视野，也可通过东西方文化比较培养学生"深化文明交流互鉴"的基础和能力。

第三，本次修订因考虑"概论"教材知识的体系化、系统化、理论化方面的完善，将第一版的上、下两编合成一个整体。人文素养的根本意义在于造就高素质的人，造就全人。因此，我从人文文化与人的生命、生活、理想、传统的关系逐步深入，层层推进，系统阐释，然后过渡到人文科学领域较有影响的思想家的原著阅读与解释方面。在知识阐释上，既讲究深入精髓，又注重可理解性。作为一门"人文素养概论"课程，其与专业课程不同，不仅应注重人文知识教学，使学生系统掌握人类的人文文化成果，更要注重培养学生的理论思维。"学以致用"之"用"，不仅指技术应用，更应是人生之"用"。

高长江

2024 年 3 月